憲政中國演講錄

憲政中國演講錄
中卷：思想啟蒙

張千帆、彭錞 編

香港城市大學出版社
City University of Hong Kong Press

國際統一書號：978-962-937-578-2

出版

　　香港城市大學出版社
　　香港九龍達之路
　　香港城市大學
　　網址：www.cityu.edu.hk/upress
　　電郵：upress@cityu.edu.hk

Discussing Constitutionalism in China
Volume 2: Initiating New Ideas
(in traditional Chinese characters)

ISBN: 978-962-937-578-2

Published by

　　City University of Hong Kong Press
　　Tat Chee Avenue
　　Kowloon, Hong Kong
　　Website: www.cityu.edu.hk/upress
　　E-mail: upress@cityu.edu.hk

Printed in Hong Kong

目錄

中卷 ● 思想啟蒙

上卷 • 制度變革

下卷 ● 政策改良

總序

本書的素材來自北京大學人大與議會中心在 2011 年至 2014 年之間舉辦的「憲政講壇」。第一期講壇於 2011 年 3 月 24 舉辦，由哈佛大學法學院傅傑瑞（Jerry Frug）教授主講「聯邦治理的憲法架構」，毛壽龍、任進、王建勛教授評論。可惜由於準備匆忙，這一期講座未能整理成文字。第二期講壇是在 2011 年 5 月 23 日，由中國政法大學原校長江平教授主講「中國法治的困境與突破」，梁治平、賀衛方教授評論。記得那一天盛況空前，剛開放的法學院凱原樓學術報告廳擠滿了人，連講台後面地上都圍坐了人。我們戲稱這是江老師為凱原樓「開光」。

此後，我們奉行寧缺毋濫的原則，每一兩個月不定期在北大舉辦「憲政講壇」。先後邀請了和江老師並稱中國「法治三老」的郭道暉與李步雲教授、張思之大律師、資中筠教授、袁偉時教授、杜光教授、高放教授、鄭振源司長等大陸思想界「元老」。我們也邀請了何光滬、張維迎、賀衛方、童之偉、蔡霞、雷頤、章立凡、張鳴、劉澎等大陸學術中堅談論各自研究領域最拿手的話題。75 歲高齡的夏威夷大學成中英教授剛摔傷不久，胳膊還纏着綳帶，給台下的年輕學子講了兩個多小時的《洪範》，場景令人感動。北京律協憲法與人權委員會原主任徐燦律師帶病評議張思之律師的講座，後來因癌症惡化而英年早逝，令人噓唏不已。前後兩年多近 30 場講座，留下了許多令人難忘的故事。

隨着 2013 年 5 月反憲政逆流的興起，「憲政講壇」的維持變得愈來愈艱難。有時候，校內場地也會出現問題。資中筠、許章潤教授講座的時候，我們就不得不「轉移」到中央黨校的《學習時報》所在地。最後一次講座是 2014 年 9 月 22 日，由中國政法大學原校長陳光中教授主講「司法改革的癥結與前景」，徐炳教授評議。但是隨

着言論環境的每況愈下，我們只好暫停「憲政講壇」，並期待在未來環境改善的時候再度開張。2015 年，北大博雅公法論壇曾舉辦兩次相關憲政問題的講座，分別由吳思、盛洪教授主講，也一併收錄本書。

本書按照講座主題，分為制度變革、思想啟蒙和政策改良上中下三卷。總體上說，所有講座都是圍繞憲政民主這個大的核心，因而三卷的主題不可避免存在一定的重合。但三卷的重心和特點也各有不同，有的側重理論與歷史敘述，有的則側重制度與政策實踐。合而言之，三卷對大陸思想界與實務界對中國憲政民主的思考提供了一個多維度的動態視角。

承蒙香港城市大學出版社出版本書。特別感謝社長朱國斌教授的大力支持，以及陳明慧編輯對本書的耐心校讀。是他們的努力使本書得以和廣大讀者見面，在中國憲政遭遇寒流之際維持憲政探索的溫度和生機。

張千帆

本卷引言

憲政的最終落實有賴於制度建設，更離不開思想啟蒙。一百多年前，魯迅曾就中國文明的轉型與未來提出「外之不後於世界之思潮，內之仍弗失固有之血脈，取今復古，別立新宗」的設想。一百多年後，中國憲政的發展仍然需要在國家與社會、傳統與革新、普世與中國之間求得平衡、發掘道路。本卷「思想啟蒙」的十餘篇演講正是從這些角度切入，深入淺出地探究中國憲政的過去、今天與未來，旨在為讀者提供憲政普遍原理與中國具體語境結合的智識資源與思想火花。

中卷 ● 思想啟蒙

張千帆、彭錞 編

打出來的天下，談出來的國家

時間:	2013年10月15日
地點:	北京大學法學院

主講人

資中筠： 著名學者、翻譯家，中國社會科學院榮譽學部委員，曾任中國社會科學院美國研究所所長、《美國研究》雜誌主編。著有《美國對華政策的緣起和發展：1945–1950》、《資中筠集》、《資中筠自選集》等著作。

許章潤： 清華大學法學院教授，博士生導師，清華大學法政哲學研究中心主任。主治法律哲學與政治哲學，兼及思想史與憲政理論。代表作有《説法·活法·立法——關於法律之為一種人世生活方式及其意義》、《法學家的智慧——關於法律的知識品格與人文類型》、《漢語法學論綱》等。

張千帆：歡迎大家來到今天晚上的講座。資中筠教授是資深學者，專業是國際問題和美國研究，通曉英語和法語兩國語言，也是社科院當之無愧的榮譽學部委員。資先生是清華大學畢業，跟北京大學也有淵源。根據網上資料，資老師 1947–1948 年肄業於燕京大學，曾在燕京大學就讀，從 20 世紀 50 年代開始擔任外事和翻譯工作，80 年代轉入學術研究，曾任中國社會科學院美國研究所研究員、所長。資先生今年已經 80 多歲了，但還是一如既往的睿智和高產，有很多著作、代表作。據我的不完全了解，包括《美國對華政策的緣起與發展（1945–1950）》、《20 世紀的美國》、《啟蒙與中國社會轉型》、《讀書人的出世與入世》、《斗室中的天下》。2011 年出版的《資中筠自選集》共五卷，覆蓋面很廣。讀資先生的文章，能體會到傳統知識分子的使命感躍然紙上。她對中國近 60 年有一句非常精闢的總結：前 30 年中國知識分子是為威武所屈，後 30 年不是為貧賤所移，就是為富貴所淫。

另外一位嘉賓是清華法學才子。許章潤教授是安徽人，應該不是在桐城，但是讀他的文章，我感覺有桐城遺風。他是墨爾本大學博士畢業，博士論文寫的是儒家研究。章潤以前主要從事刑法研究，寫過《監獄學》、《刑罰學》等專著。後來轉行做法理學，代表作有《說法・活法・立法》，最近有一本散文集《坐待天明》。我和章潤教授有過多次合作，一開始聽他講話，立馬就給人一種詼諧、風趣、出口成章的印象。但經過和他的合作，知道他還有很強的社會責任感。這很難得，因為現在有社會責任感的人一般比較沉重，不會像他那樣詼諧幽默；那些風趣而有文才的，卻又大都沒有多少社會責任感。魚與熊掌不容易兼有，卻同時體現在章潤兄身上。

資老師對美國非常熟悉，所以今天主要是給我們講中美兩國不同的建國過程和不同的國家觀念對法治的影響。

資中筠：謝謝張千帆老師。兩位老師都是我很敬重的法學界的專家，我不懂法律，完全不是學法律的。讓我報題目，我就說了一個不同類型的國家跟法治的關係，但什麼叫法治你們都比我更在行。

雖然我一直研究外國、搞洋務，但我真正比較感興趣的還是中國歷史。為什麼中國歷史上中原常常被周邊少數民族打敗，很多次了，真正完全亡於少數民族的一個是元朝、一個是清朝，不能說中國從沒有亡過，絕對亡過。還有過去的五胡亂華、南北朝等等，少數民族比漢族好像更強悍，漢族明明在文化、社會進步、生產力各方面遠優於周圍的遊牧民族，但為何總被打敗。有一個說法說漢族比較文弱，遊牧民族比較彪悍，所以打不過人家。但仔細想會發現這經不起事實考驗，因為漢族文韜武略很發達，歷代出過很多名將，有很多著名的戰役是載入史冊的，還有每次改朝換代都是靠武力打出來的。在逐鹿中原時，各路英雄混戰都很英勇，如《三國志》所描寫的情況，論謀略還有《孫子兵法》和諸葛亮，是世界級的。那為何每個朝代站住腳之後反而弱了？我後來得出一個結論：主要是執政者總是把精力放在防止謀反上。誰最有可能謀反？當然是武將，因為天下是打出來的天下，覺得誰掌握軍權誰就可能謀反，所以凡是掌握軍權的武將最後的下場往往不好，皇帝不放心，就要不斷地掣肘。所以抗擊外侮時，武將在前面打得好好的，愈打勝仗皇帝愈不放心，很容易被進讒言、敵人搞反間計，因為皇帝最關心的並不是丟失了多少土地，而是武將千萬別造反。所以看歷代，隨便舉一個例子，如漢朝的韓信、宋朝的岳飛、明朝的于謙一直到袁崇煥，這些人忠心耿耿地捍衛邊界時，最後被懷疑謀反而不得好下場。宋太祖「杯酒釋兵權」是最客氣、溫和的方式。這說明什麼？說明皇帝最在意是他一家政權，領土是次要的，所以「寧予外夷不予家奴」，這是中國的傳統。在這裏我得出這樣的結論：漢族之所以打不過少數民族，真正原因在於所有的政權都是靠武力打出來的，是一家私有的。打出來的國家就是這樣的。

當然古代國家，包括歐洲、中東以前都是靠武力征服建立起來的，但中國是最典型、時間最長而且模式最一致——每一個朝代更替都是打出來的。歐洲國家打來打去，有的是爭奪領土佔領了別的國家，不一定都體現在改朝換代上。特別是到近代以來，情況愈來愈複雜，今天我就不講了。不管怎樣，最早中國黃帝大敗蚩尤成為中華民族的祖先，然後武王伐紂、春秋戰國、秦始皇統一列國，以

後各個朝代全是打出來的。所以在中國這片土地上內戰最多，最後被總結出「槍杆子出政權」，這句話十分精闢、高度概括，中國政權就是從槍杆子出來的。

到辛亥革命部分地改變了這種國家觀。辛亥革命號稱是「武裝起義」，實際上辛亥革命流血最少。清朝和平退位，沒有打得一塌糊塗，民國政府也沒有對清朝皇族開殺戒，並且還給一定的生活待遇。所以辛亥革命之後，部分改變了這種國家觀，也已經不是一個家族的起義了，是改變了「家天下」的繼承制度，至少在理論上實行憲政。理論上統治者是選出來的，國體變了。但以後半個世紀還是槍杆子決定，先是軍閥混戰，誰有槍杆子誰就有地盤，大家憑槍杆子說話，最後北伐也是憑槍杆子統一中國，確定了蔣介石的領導。但蔣一直沒有能真正統一中國，所以念念不忘用武力先安內然後攘外。各種政治勢力，誰掌握多少軍隊、軍權，最後就是成者為王，敗者為寇，政權仍然是打出來的。

打出來的國家有哪些特點？

一是政權是私有的，天下是個人的。國家建立的最高目標是保證我這個家族永遠掌握權力，政權是目標不是手段。這個政權對誰負責？不是對老百姓，而是對祖宗，失去政權就對不起列祖列宗。儘管國庫都是從稅收而來，但各級官員都認為自己是「食君之祿」，而非由納稅人供養。因為整個國家是君主一家的，率土之濱莫非王土。這一家為何能長期執政？祖先的武力打下來的，「國」是放大的「家」，老子打江山，兒孫坐江山，像家族遺產一樣，所以兒孫的責任是要對得起祖宗，永遠保證江山不落到別的家族手裏。誰要覬覦王位就像打家劫舍一樣，被認為是大逆不道的，是違法而且也是不道德的。「犯上作亂」是最大逆不道的，這是儒家道理。「孔子著《春秋》而亂臣賊子懼」。「亂臣賊子」是什麼？是想造反奪取王位的人。歷代帝王都自稱是儒家，實際上他們並不完全按照儒家所宣傳的仁義禮智去做，但取的就是這一點，就是不許造反。

二是愛國就是忠君，這兩個合而為一。所以文臣武將忠於國家就是忠於君王和他的家族，誰幫助這個君王打天下出力最多，就論

功行賞。現在那些民主國家選舉，總不能誰幫我選舉最多，就給你官做得最大，不能這樣做。但在中國的歷朝歷代都是這樣做的。論功行賞，等到功勞太大，賞得太多了，又不放心，就把你幹掉。

三是輕視個體生命，人命價值按等級分，皇帝或者皇族是至尊之體，富貴之家是金枝玉葉，百姓的命如螻蟻，就是在歷史上一筆帶過的數字，歷來說的「坑降卒幾十萬」、「血流成河」、「橫屍遍野」都是模糊的概念，老百姓死多少人沒有關係，客觀上人口的控制是靠戰爭和饑荒，打仗論功行賞是以殺敵的人頭來計算，殺了多少人頭回去報功。這樣在政治鬥爭裏基本沒有妥協，總是你死我活，要麼你取代我，要麼我保住我的江山。

四是需要愚民，便於統治當然需要愚民，不需要你知道什麼，也不需要你參與什麼。現在被認為最先進的選拔制度是科舉，這個科舉好像是比較公平的。「朝為田舍郎，暮登天子堂」，好像大家都是可以參加的。但科舉通過考試也可以統一思想，考的內容一樣，大家積極要念的書、做的事情都一樣。科舉制度最能夠統一思想。在科舉之前搞貴族政治時，如魏晉時代的情況，貴族們的思想比較自由，自己有自己的看法，互相爭奪。但等到用科舉來統一思想時，普及面非常大，一方面普及了教育，給了相對平等的機會；但另一方面更加進一步統一思想，而且所有讀書人唯一的出路是為皇家服務。所以唐太宗非常得意：「天下英雄盡入吾彀中矣。」

五是需要適當改善民生。每個朝代開國之君都要改善民生，不改善民生站不住腳，這當然是題中之義。但改善民生是手段不是目的，是為了怕水覆舟。「舟」是目的、是皇權。民生是可以考慮的，但民權不在考慮之內。因此民生的考慮也有限，一個朝代愈到後來，君主愈驕奢淫逸，只能搜刮民力，犧牲民生。直到民不聊生，起來造反。

所以，打出來的天下最終只能人治而非法治，有時候強調「德治」，實際上往往流於虛偽，歸根結底還是人治。古代法家如商鞅、韓非、李斯跟現在的法治觀念完全是兩回事，因為第一不保護人的權利，不承認私有財產，只講懲罰；第二最高司法者是君主或者被

授予大權的宰相如商鞅，還是人說了算，所謂「王子犯法與庶民同罪」完全是一句空話。最公正的，大家都說包青天，但包青天最後靠的是皇帝的尚方寶劍，如果皇帝把尚方寶劍一收回他完全完了，最高裁判者還是君主。所以我想到「把權力關在籠子裏」這句話，一定要搞清楚誰把誰的權力關在籠子？誰來掌握籠子的門？

這是第一種，打出來的國家是這些特點。

第二種是談出來的國家，開會討論的國家。開會討論出來的國家以美國最為典型。別的國家是從打出來慢慢演變為討論出來的，而美國一開始立國就是討論出來的，除此之外沒有任何一個國家是這樣的。美國並不是先有一個國家然後宣佈獨立，再打一仗。美國原來有 13 個獨立的或半獨立的邦，跟英國打仗時，一開始並不是要獨立，而是抗稅。13 個邦因為利害關係先聯合起來，等到把英國打敗了再自己回到自己的邦。最後想來想去覺得有一個聯合起來的國家應該比沒有一個國家好，所以大家在一起開會。於 1787 年開了一個有名的「制憲會議」，先確立一個原則，到底要不要統一的國家，還是 13 個邦依舊是分散的、獨立的？大家討論到最後，覺得有一個中央政府比沒有好，但他們很警惕，特別怕中央政府侵權。討論來討論去，討論了 116 天就通過了一部憲法。所以是先有憲法才有國家，沒有憲法根本就沒有這個國家，這個國家就是建立在憲法之上，不建立在任何傳統之上。這個憲法是怎麼來的？是投票投出來的，投了 569 次票，每一條款都要投好幾次票，有的人今天投了贊成票，第二天覺得不對，有意見，然後重新討論再重新投票。這可能也是破天荒的，一個文本投了 569 次票通過，一條一條通過，通過後許多人還不滿意，還有人不想簽字。這個過程非常複雜，但不是動武的，大家先說好，最開始的議事日程是不許用暴力、不許打架、不許罵人，君子動口不動手，可以給你任何時間發表你的意見。所以這個國家是如此討論出來的，討論到最後先有憲法才有國家。到現在為止，維繫這個國家的就是憲法，憲法有至高無上的權力。美國這個國家是移民國家，什麼樣的民族都有、什麼樣的宗教都有，可以保持你的宗教、生活方式甚至於語言，但你得承認這部憲法，做公民的唯一條件是忠於這個憲法。

　　談出來的國家的執政理念是怎樣的？開始時美國執政理念是從洛克（John Locke, 1632–1704）《政府論》來的。不過洛克當時想像的是君主國家，只是君主是被大家推選出來的，而不是王位、血緣繼承的關係。據我理解，洛克覺得國家存在的理由是保障基本公民權利，基本公民權利的核心一條是私有財產權利。洛克認為一個自然人在沒有政府時，大家可以去大自然拿無主的東西，譬如打獵、打漁，這些都是可以的，這些東西是無主的，歸你的。一旦你射箭射中了獵物，付出了勞動，這個獵物歸你，就變成你的私有財產。但有人想搶你的東西，應該自然地有一種權利保護自己通過勞動得到的私有財產。可是這個事情愈來愈複雜，有的人力氣特別大，硬給搶走了，這就需要推選一個或幾個人來管這個事。所以大家推選出幾個人，立一些規矩，並且自願地讓渡出來一部分自己的權利，由他來執行，所以洛克心目中君主有執法權。政府是手段，統治者是大家要求他來統治，其合法性在於得到公民認可。所以私有財產可以繼承，公權力不能繼承。假如推舉出來的君主死了，應該重新推舉，而不能說他的兒子自然而然就繼承了，這是我理解的最初的、最原始的談出來的國家的一種觀念。政府結構的設計是為了貫徹憲法的精神，憲法可以隨發展的需要而改進，所以美國到目前為止有二十七條修正案，但都是要經過已制定的程序而後通過，是很複雜的過程。

　　談出來的國家還有一個特點。既然保護公民自由權是最高的任務，那誰是主人、誰養活誰就比較明確。「納稅者」是什麼意思？是我們要推選出來一個人來管我們的事，但如此會佔時間，譬如不能去種田、打獵或者賺錢，大家自願地補償一點，給他費用，或者再發展下去，管理需要一定的成本，所以納稅者自己願意給一點補償來管理。其實共產黨最初在解放區，叫「脫產幹部」就是這個意思。那時解放區大多數人都要生產，有人脫產、不種地了，專門從事管理，只有很少的津貼。當初所謂「脫產幹部」的觀念是這麼來的。我記得 1949 年以後初期農村的農民很不願意當幹部，因為耽誤他生產，可見那時幹部待遇津貼很少，有時幾乎沒有。

還有一個觀念是新聞自由，是杰斐遜（Thomas Jefferson, 1743–1826，第三任美國總統）說的，因為要公民參與，既然要參與就必須要讓他知情，愚昧的、不知情的公民不可能參與民主社會，所以他說寧可要一個沒有政府的國家，也不能要一個沒有報紙的國家。這種觀念都是由於國家是談出來的，不是打出來的。無論如何軍人不參政，不能由槍杆子來決定誰來當政，或者哪部法律應該通過或者不應該通過，這類國家最後一定得是法治而非人治，因為它的核心就是憲法。

法治精神在於平等，在法律面前必須人人平等。如果說同一部法律只適用於這部分人，而不適用於那部分人，有的人同樣犯罪就應該判死刑，有的人殺了好多人都不判死刑，這不叫法治。我忽然想起來前幾年討論《物權法》時有一位號稱是法學教授的人反對《物權法》，理由是：難道乞丐的打狗棒和富人的豪宅應該一樣受到保護嗎？他認為乞丐的打狗棒應該受到保護，而富人的豪宅不應該受到保護。我看到這個講話後很吃驚，覺得一個學法律的人不該說出這樣的話，因為法律最基本的原則是一律平等。我們希望改革社會，使得乞丐少一些。但不管什麼樣的情況，不能按照他的說法，財產多到什麼程度就應該不受保護，就可以動員「打土豪分田地」。何況，在現實生活中最沒有保障、經常被剝奪的恰恰是類似乞丐打狗棒那樣的弱勢群體的一點點財產，例如小販的小貨攤、農民、貧民的自住房、地等等。所以對這種法律的概念，一個號稱是法學教授說出這樣的話，說明在我們這個國家的傳統裏，法治觀念確實非常淡薄。

第三種國家是第一種國家的變種，還是通過武力奪取的政權，但並不公然地說這個是我的家族天下。根據列寧《國家與革命》的理論，國家是階級專政的工具，所謂一個階級壓迫另一個階級，並不承認人人平等的觀念，無產階級和資產階級不能夠平等，因此也不承認普遍公民權。但是無產階級有千百萬人怎麼統治？通過自己的政黨。但這個政黨不是階級選出來的，而是自己組織起來說我代表那一個階級，而且這個政黨人數愈來愈多（姑且不說怎麼發展的），只能通過少數的領袖集中統治，最後高度集中到一個人，然後這個人被神話，權力無邊，超過歷代任何一個皇帝。

　　暴力革命時間可以短可以長，有的幾天之內暴動。但在中國有大規模的槍杆子出政權，當代內戰時間持續得比歷史上任何一次改朝換代的時間都長。如從辛亥革命以後算起，10 年之間是軍閥打來打去，裏面包括從共產黨成立之後的「圍剿」和「反圍剿」的 10 幾年戰爭；其中有八年是打外戰、抗戰，是日本侵略；之後又接着打了三年內戰。總體上內戰的時間遠遠超過跟外國打仗的時間。所以這個政權絕對是槍杆子裏出來的。根據列寧的理論，後來通過林彪之口講出來的，政權就是鎮壓之權。政權就是專政，是一個階級對另一個階級的專政，變成了鎮壓之權，這個政權在理念上缺少另外一個功能——保護公民權利。

　　「人民」概念非常模糊，跟「公民」概念不一樣。「人民」到底有什麼權利不清楚，哪些人算人民不清楚。譬如 1949 年對國旗上四顆小星星的解釋是：民族資產階級、小資產階級、工人階級、農民，四個階級算人民內部。後來忽然一下資產階級算外部了，國旗就另作解釋。到文革時，階級概念變成路線，今天同意我的意見、擁護我的，就算革命，是無產階級。明天站隊站錯就成資產階級，整個沒有章法，更不能說有權威的憲法一說。這樣的國家跟歷代朝代還有一個不同，即更加虛偽。因為歷代朝代說清楚我是天子，之所以能夠打下天下來是因為我是「奉天承運」，有天命在身，兒子當然繼承我的王位，老百姓認了，合法性就在於血統。共和國則不能夠公然地說就要按血統來傳位。那究竟按什麼？一家的天下變成了少數幾家的天下，而且又不能夠公然說必須按血統傳位，到底如何繼承？權力更迭問題實際上沒有理順，也沒有很明確的交代。但此類國家有很多特點跟第一種國家，即打出來的國家是相同的：

　　第一，最大的罪惡是謀反。現在稱「篡黨奪權」，這遠遠超過任何其他罪，譬如大規模地殘害百姓、侵犯民權等，都不如奪權謀反的罪大。

　　第二，政權目的是什麼，是絕對不能丟掉這個政權——存在就是目的，自我循環。最高使命是要後代保江山永遠在同一團體手中。那麼當政者對誰負責？對祖宗。否則對不起列祖列宗，對不起曾經流血犧牲打下江山的「先烈」（現在不叫「祖宗」）。我記得

1962 年古巴危機時，最後赫魯曉夫（Nikita Khrushchev, 1894–1971）跟肯尼迪（Jack Kennedy, 1917–1963，第三十五任美國總統）妥協，現在來看非常明智，已經到了核戰爭邊緣，大家讓一步，赫魯曉夫同意美國在公海上檢查蘇聯船隻，證實船上確實沒有導彈，化解了當時一觸即發的危機。那時中共批「蘇修」，我聽到一些高級幹部罵赫魯曉夫：說他對不起祖宗——指列寧，說列寧如在墳墓裏知道的話都會不安生，指責赫魯曉夫投降了，先是冒險主義，後來是投降主義。所以當時的觀念還是對不起祖宗，認為赫魯曉夫對不起列寧。至於如果爆發核戰爭對蘇聯廣大群眾如何、乃至全人類如何，不是主要的。我們的一些老革命，雖然是無神論者，但一說到將來去世的話一定是說去見馬克思去了。如果犯了錯誤，就說無臉去見馬克思，說的是對不起祖宗，而非對不起人民。這些觀念都是一脈相承的。

第三是輕視個體。毛澤東說過，核戰爭沒關係，死了三億人，還有三億人。甚至有一個說法是全世界有幾十億人，死了一半人也沒有關係。在有重視個體生命的傳統的國家，政治人物絕不會公開說這種話。在這類國家，軍隊不是屬於整個國家，是對一黨、一個統治的集團負責，軍隊職責不光是外戰，還包括對內鎮壓造反，鎮壓對政權的挑戰。

當然，此類國家有一點跟皇權時代不太一樣，那就是宣傳工作的重要性遠遠超過皇權時代。因為現在社會信息這麼流通，民眾耳目不可能完全封閉，可以有橫向比較，而且公開的說法又不能以血統為依據，愚民的難度愈來愈大。過去皇帝不需要宣傳工具，也沒有一天到晚宣傳，只要頒佈一下號令，大家自然而然就接受了。皇恩浩蕩，理應如此。但現在宣傳機器之龐大、之重要，遠遠超過歷朝歷代。

另外一個區別是民生要求愈來愈高，不是稍微給點小恩小惠就滿意了，因為有橫向比較。而且生命的價值以等級論的觀念愈來愈不能為普通百姓接受。更重要的是，第三種國家自稱比第二種國家優越之處在民生，所以保障民生的任務非常重，但民生還是手段不

是目標。常常有人說，載人飛船都能上天、都能做得到，但污染問題、毒奶粉問題為什麼就沒有辦法解決？主要是因為民生不是最終目標，最終目標還是政權本身，需要保的最重要的是江山。所以執政理念不可能是法治，還是人治，並且常常要講「德治」。在當下的語境中德治的意思是意識形態統一、信仰統一、強化思想教育。總之，在政權的終極目標是保自己，而不是保障公民權利，甚至根本不承認公民權利，我認為在司法不能獨立之前，不可能成為一個法治國家。

結論是只有政府根本目標改變，只作為一個保護公民基本權利的手段，不能達到這個目標就要改革或被換掉，這樣才能建立法治。我覺得這是一個很根本的問題。

張千帆：感謝資老師的精彩演講。她提了一個很根本的問題：「談出來」的國家和「打出來」的國家出發點不一樣。其實在打出來的國家，勝利者才是主人，其他人都是奴隸或者說是統治者的財產。只要這個國家是打出來的，我們只能做他們的財產，人權、民主、法治只能是一種宣傳而已。只有在「談出來」的國家，只有當國家願意坐下來和你談判時，才把你當作人看待。這是憲政、法治、民主的一個基本起點。所以我很同意資老師講的，只要這個國家還沒有願意跟我們坐下來談，其他一切都免談。

下面讓我們有請許章潤教授的精彩評論。

許章潤：資先生、千帆兄、各位同道，資先生娓娓道來，講的是一個立憲民主、人民共和與法治建國的故事。這是一個歷史故事，也是一個政治敘事，更是一個涉關芸芸眾生居家過日子的生活故事。我和大家一起聚精會神聆聽下來，獲益頗豐，浮想聯翩。在此，想從以下六點談我的體會。

第一，關於「打出來的天下」與「談出來的國家」。資先生在歷史脈絡和比較場域，經由梳理相關現象，而尋覓現象背後的制度原因，追溯其意識形態情結，據此展開自己的理路。其中，資先生首先提出來的「打出來的國家」與「談出來的國家」這一兩分法，

蔚為綱領，實堪玩味。不過，這裏我想僅就修辭略作一點修改，覺得以「打出來的天下」或者「打出來的江山」與「談出來的國家」措辭，似乎更為貼切。「江山」與「天下」，不脫帝制王朝家產的痕跡。除此之外，資先生並提出了有關國家的第三種形態，作為「打出來的天下」的一種異形，所指如「金三胖」統治的北朝鮮（北韓）也，其為範例，正為一種權貴的江山，不折不扣的家天下也。

資先生說「打出來的國家」或者「打下來的天下」具有五個特點，不僅表現為「天下」為我犧牲億萬身家性命所俘獲的財產，因此具有代際的繼承性，而且在於講「天下為私」而非天下人之天下，其與「公天下」截然相對，可謂昭彰。資先生還講到，置此情形下，愛國等於忠君，必然輕視個體生命，實行愚民政策；可能會考慮民生，但不會由此發展至重視民權特別是個體民權這樣一種現代境界。凡此種種，在下以為，均絲絲入扣，鞭辟入裏，辛辣之至卻又清晰道來，真所謂「四兩撥千斤」也。

那麼，「打出來的天下」能否過渡成為「談出來的國家」呢？特別是能否實現「和平過渡」呢？資老師說她不知道，我同樣不知道。不過，事關中國的未來歷史發展前景，雖說不知道，但卻希望如此，可謂人心所向，而情同理同。如果從世界範圍的比較政治來看，則事有前例，倒也未必太過悲觀。譬如台灣也算是「打出來」的，「中華民國」同樣是打出來的，但台灣於晚近 30 年裏順利實現了和平政治轉型，可謂大中華文明圈「先民主起來」的樣板。今日台灣政權的民主更替已然上了軌道，雖然還有諸多問題，包括民粹主義、民主運作之有欠成熟、黨際鬥爭極化等等，但民主轉型及政權的和平、公開、理性授受已然完成，實堪欣慰。東歐國家在蘇聯解體之後基本上以和平方式，從共產專制轉型為現代的民主國家。當然也有問題，如有了「民主」後，卻一度匱乏「麵包」。但我相信，事實上也是，經過那樣一段顛簸之後，還不都解決了。所以我相信資先生、千帆兄、我也好，在座各位也罷，都希望「打出來的天下」能夠和平、漸進、有序，一步一步地走到「談出來的國家」之境。我們這些人都是手無寸鐵之輩，天天坐在書房裏冥想天下，

彷彿為家國天下而憂而慮，本性善良，防範這些人有什麼意思？有時候想起來不免覺得好笑，手上有武裝力量卻又心虛，何必呢！

第二，關於權力來源及其正當性。資先生的講座其實提出了一個重大問題，也是古往今來法政哲學的基本問題意識，即「憑什麼你來統治？」、「你的統治權力從何而來？」事到如今，全面的愚民已然不可能，外部世界撲面而來，整個地球連為一體，先發起來的國族彰顯的榜樣力量，包括海峽對岸同為炎黃子孫先民主起來的生活實踐和政治實踐所提供的典範，迫使我們不得不面對這樣的問題。換言之，共和國的13萬公民本應分享的家國天下，為何「人民共和」難以坐實，而官僚資本、權貴資本代際繼承？其所據為何？憑什麼？如果你所提供的論據不過是說「打出來的」，則值此民權時代和平權時代，立憲民主和人民共和蔚為正統與政統，這樣說豈非自絕於時代？資先生說現在好像不太好意思這樣提了，或者，不敢提了。我猜想，背後提而當面不敢提了，私下提而公開不願提了，羞羞答答地提卻無法厚顏無恥地提了，如此而已。除此之外，也有人說刻下的「權力交接」類似於一種禪讓制，頗有盛世古風，三王之治，云云。殊不知，此為「天下黨有，私相授受」，恰相忤逆於「主權在民，授受以公」之權力大道，談何正當性？！

問題在於，將政治奠基於程序公正之上所組建的民選政府這一範型，是晚近三百來年間，尤其是法國大革命以來，世界人類所能獲秉的普世價值，也是現代文明於政治領域的精髓所在。今天，我們要問，中國作為世界五分之一人口所在的棲息之所，一個煌煌五千年文明的古國，能不能渡過這座橋？能不能越過這道坎？還能不能躲避13萬人關於天下為公的追問？在此，政權的政治合法性首先取決於程序的合法性，「私相授受」絕非自求多福之道。因而，重申「權為民所賦」這一晚近世界的政治常識，蔚為時需，而重在以具體制度坐實之。說「權為民所用，利為民所謀，情為民所系」，有一條不能迴避，那就是「權為民所賦」。如何賦予你權力？誰賦予你權力？當今中國，刻下世界，人類現有的政治想像力和政治智慧所能提供的一個較不壞的選擇，不外乎是把我們化作選民，每人手上拿

一張選票，一票一價，在公開、直接、競爭性的透明程序中，於公共場域的公共選擇博弈中，做出自家的選擇。倘若被選中，則閣下接受委託，執掌權力，其方式正不外乎組織政府，依法施治；若未能選中，則落選靠邊，夫復何言？！

置此情形下，博取執政權的民選程序是一個基於公共選擇而凝練公共理性的自然淘汰過程。也就因此，既言「權為民所賦」，則啟動這一自然淘汰過程，也就是啟動政治改革和政制建設，實在是躲避不了的事情！

第三，立國與立憲及其政治承諾。資先生在中美比較中談這個問題，是以一種理想型作為鋪墊，而旨在陳述己說。當年美國立國之初，制憲會議的代表們關於憲法舉行了 569 次投票。因此，僅就內政立國而言，美國的確是一個「談出來」的國家。換言之，是通過討價還價、政治妥協和協商民主而建立起來的一個民主政權。同時，是一個循依嚴格的法治程序締造出來的共和國。因此，從一開始，它是或者可能是一個億萬公民分享的政治家園。當然，此處的「億萬公民」尚需兩百年磨洗，將外延擴展至有色人種和婦女，方始周延，而名實相符也。如此這般，資先生的描述給我們提出了這樣一個問題：近代立國、立憲應當是並且可能是怎樣的一種進程？資先生講到，此前兩千多年是王朝政治，以打天下坐天下為正統。1911 年之後，政統遷變，辛亥一役，中國從此告別了王朝政治舊體，而步入一個現代政治歷史進程。所謂新中國、新社會，實開啟於彼也。

迄至目前，中國究竟走到了哪一步？為了說明這個問題，不妨將眼界稍稍放寬。在此，我有一個深切感受，即香港作為中國政治版圖的一部分，是「先法治起來」的地區；台灣作為大中華的一員，是「先民主起來」的地區。中國大陸同為炎黃子孫，傳統和背景類似，刻下所缺，正不外乎民主與法治也。而就中國主體的大陸情形來看，法治之難行，恰恰因為民主為法治的基礎，無民主基礎，則法治云乎哉！刻下今天，舉凡司法獨立、權力制衡、遏止腐敗諸項，不取決於立法條文如何規定，而取決於是否啟動了民主進程。

因為民主意味着整個社會多元化的政治力量之公開博弈，而這才是權力制衡和司法獨立的最為強勁有力的基礎。

第四，關於國民與公民，及其愛國與愛祖國的區別。資先生講到了一個問題，我聽後將它翻轉為政治哲學術語，即「愛國」和「愛祖國」不是一回事，切切不可混同。過去講忠君就是愛國，今天卻要分梳這樣的概念：作為國民之愛祖國，以及可能都愛祖國，與作為公民之愛國家和他們可能不一定非愛這個國家不可，實乃並行不悖。換言之，作為公民，沒有義務非愛這個國家不可。為什麼？因為國家是我們公民讓渡權利而共同締造的政治家園，以互惠關係為基礎，而牽扯到相互承認的法權。就是說，國家有德性，以民權、民生至上，照顧億萬公民的身心，則對你奉獻政治忠誠和法律信仰，蔚為互惠一方公民之義務。基此，我服從你、我熱愛你、我為你完稅納糧、我為你當兵打仗。但是，如果這個國家背信棄義，視民眾如草芥，根本沒把億萬人民當做國家的真正主人，而不過是稅基的數字。置此情形下，公民自然有權用腳投票，既可以改變國籍、另擇忠誠，也可以公民不服從方式表達不滿與反抗，而重新締造一個新國家。當此之際，我愛祖國，但不愛這個國家，怎麼不可以呢！無論是在政治自由主義還是共和主義公民美德視角審視，此上合天條，中順人情，下符法理。從羅馬古典政治智慧所予我們的一個重要啟示來看：國民可以愛自己的祖國，但作為公民有權利對抗我的國家，因為我的國家不仁不義，因此我對他的抨擊、批判乃至於強力反抗恰恰表明我愛這個國家，好比斯諾登（Edward Snowden, 1983–）[1] 是最愛國的是同一個道理。從中國古典智慧之「邦有道行之、邦無道藏之」來看，同樣正相合轍。抹黑對方，譬如動輒指責你「裏通外國」，結果不僅於養育民族主義和愛國情操無益，而且造成了一大批民粹主義的懵懵懂懂的愛國賊，一有風吹草動上街就砸同胞的汽車，可堪訝異者也。

---

1. 斯諾登（Edward Snowden），前美國中央情報局職員，美國國家安全局外包技術員，因 2013 年在香港將美國國家安全局的秘密文件披露給英國《衛報》和美國《華盛頓郵報》，遭到兩國通緝。

　　第五，關於公民理性與國家理性。公民理性指向政治共同體的政治德性和集體善好，基於公民理想，而以個體主義的自由、幸福為指歸，同時並不排除共和主義的公民德性價值觀念。國家理性基本以集體尊嚴和民族主義為指向，圖謀國族的繁榮富強，以及必要的治理術，等等。在此，如何以公民理性和公民理想救濟國家理性，而以優良政體承載國家理性，從而迫使這一方水土真正成為億萬國民分享的政治家園，也是億萬公民皈依的文化家園，考驗着一個國族的政治智慧和政治德性，則刻下中國於此兩面均有待提澌。特別是於優良政體一面，更且面臨轉型壓力，而需好自為之。

　　常常有人說，一旦啟動政治轉型，中國就會出現混亂。因而，政治轉型急不得。若說政治轉型需要審慎，則無人得持異議。但是，假若因其複雜而敏感，便拖宕不決，甚至以為畏途，則坐失良機，坐困圍城，實為不智。既然轉型是早晚要做的事，何能搪塞而拖延者也。其實，很久以來，從官方到民間，都有這樣一種講法，認為在中國今天實行憲政民主會出現三種可能性：一種可能性是經濟滑坡；第二種可能性是邊疆少數民族會獨立；第三種可能性是整個社會梟雄並起，群龍無首，一下陷入無政府狀態。我想，凡此擔憂純屬子虛烏有，說好聽一點是杞人憂天，說得不好聽一點是用來嚇唬我們的。為什麼？民主憲政作為現時代的政治治理方案和立國方案，本身就是維繫國家的大經大法，而恰恰強調法治並立基於法治的嚴肅性，而經由為政治權力設限，為經濟發展、社會進步提供基本保障。在此情況下，可能會出現短時間的 GDP 下滑，但從長遠看，則恰恰有利於經濟的健康有序發展。否則為什麼現在世界上最發達的經濟體都是民主憲政國家？

　　其次，指謂實現憲政民主就會導致邊疆少數民族紛紛獨立、整個中國解體，亦屬不當。我們知道，這並不是唯一的歷史前景。實質上，通過多元文化的分解及其所構成的憲政愛國主義，早已為多族群政治上的和平共處提供了解決方案。若尚未實驗，就以這樣的歷史必然前景而置事關整個國族前途之政治轉型於不顧，可為不智。憲政愛國主義從來不曾迴避國族的領土完整性。

　　再次，指謂社會出現群雄並起、群龍無首的狀態，這更不可能。為什麼？這就牽涉到你所說的「動亂」是什麼意思。如果你說的「亂」是多種政黨和社團出現，大家紛紛走上街頭，我認為是民主來臨時刻的正常狀態，是對專制集權的反撥，沒什麼不好的。而且，經過這樣一個時段以後，我相信，經由公共理性的篩選，這個社會將走向有序政治、常態政治。民主政治是一種有序政治和常態政治，中國人在經過這麼多年奮鬥以後有能力運用這樣的制度。台灣、香港是很好的例子。現在有一種觀念特別需要破除：動不動以「亂」作為阻止進一步發展民主憲政的藉口。到底什麼叫「亂」？民眾上街遊行叫不叫亂？當然不叫亂。如此正說明公共權力特別是警察權力沒有到位，沒有透明公開的讓我如何申請、怎樣舉行以及派人現場維持秩序的一整套法律法規安排。如果有，我相信以北京而言、以全中國而言，每天有幾百場遊行示威是常態。美國、法國這些國家，哪天沒有遊行示威？這是一種民主常態，不是亂。好比最近把一個十幾歲少年抓起來，後來又放了，說村民遊行就是亂了。怎麼是亂了呢？《憲法》第 45 條規定公民有遊行示威集會的權利嘛！

　　第六，開放三大市場與啟動第四次改革開放。資先生以「談出來的國家」為期，讓我想到中國今天需要開放三大市場，儘快啟動第四次改革開放。各位知道，1860–1895 年，35 年裏，以洋務運動為標誌，蔚為中國的第一次改革開放。1902 年清末變法，繼之以北洋新政，到 1827–1837 年整整 10 年的自由經濟黃金時期，同樣是 35 年，是中國的第二次改革開放。1978 年 12 月 18 日到現在，又是一個 35 年，是中國的第三次改革開放。三次改革開放，其主流政治意識和政治意志，不外乎是「發展經濟社會、建構民族國家、提煉優良政體、重締意義秩序」。其中三次改革開放都指向市場經濟，這是第一個「市場」，需要開放和建立，中國到今天止尚沒有最終完成。與此同時，中國需要形成自己的軟實力，開發民智，讓民族的智慧和德性接受陽光的照耀，為此需要形成「思想市場」。沒有思想市場，中國沒有自己的知識力量、道德勇氣和精神領域的那種剛健、博大，則中國只能說是一個小國。而今天恰恰缺乏言論自由與自由思想，所以需要開放思想的市場。緊接而來的是要開放「政治

市場」，以政治多元化，讓全體國民作為政治的博弈者，以組織化生存，以自己的組織性力量參與政治博弈，在博弈中決定誰享有政權。可能，這是 174 年來的中國改革開放最終所要臻達的一種政治成熟之境。因此，儘快啟動第四次改革開放是當務之急，可能也是從資先生這一代知識分子，到我們這一代知識分子，到今天在座的 20 多歲的讀書人，所共同衷心希望所在。1949 年時，很多人就說這下中國問題全解決了。後來胡風先生獻詩歌，第一句就是「時間開始了！」梁漱溟先生冷眼旁觀，慨然指謂：問題根本就沒解決。為什麼？政府垮台了，換了一個新政府，但政治體制沒有解決，中國民族在政治上依然沒有上軌道。這是 1949 年梁先生的原話，所以中國政治不上軌道，則萬事無望。

剛才有聽眾說中國三次改革開放，35 年是一個很神奇的周期，感喟數字之神。說實話，你所說的神秘的數字，我從來不相信，60 年一甲子或者正好是 35 年都是巧合。我說要儘快啟動第四次改革開放意味着什麼？在我個人觀察，第三次改革開放從 1978 年 12 月 18 日開始，其實在 2008 年奧運會之後已然停頓。姑且不說 1989 年 6 月到 1992 年鄧公南巡之際這三年的停頓，就拿 2008 年後的停頓來說，公權力那種盲目自信、自我膨脹，所謂集中力量辦大事所造成的「三個自信」[2] 等，其實等於將改革開放之門封閉了。中國現在未富先驕，因為原始資本積累已經完成，過去曾經的改革推手現在成了既得利益者，已然不想有任何變革，這時候無論是市場經濟的紅利還是權力盡收其轂中，因此不想改革了。所以 2008 年到現在，五年之間，改革其實中止了。很多領域還存在着倒退現象。譬如言論自由領域，我認為出現了倒退。最近這一波不過是潛伏經久、一時發作而已，表像的背後反映的是公共權力對於整個市場、整個思想壟斷的體制衝動又發作了，如此而已。和平漸進、有效推進是最好的方式，問題在於不推、不願意改怎麼辦？這才是重大問題。

---

2. 「三個自信」指「道路自信、理論自信、制度自信」，是當時中共中央總書記胡錦濤在中共十八大報告中提出的政治概念。

我聽資先生的講座以後，略作評議，和資先生、千帆兄一樣，我們衷心希望經由民主轉型，此水土蔚為億萬國民分享的家國天下，成為一個愜意而宜居的家園。這是我對資先生的講座所透露的心靈世界所做的解讀，也許觸及了資先生的心思，而道出大家共同的焦慮與憧憬，則言有盡而意無盡。

資中筠： 剛才許先生不是說聽我講話後的感想，而是另外做的報告，對我非常有啟發，我回去好好學習。我想補充一點，很有意思的一個事，你說的愛祖國不一定愛國家，自己可以選擇。這個話最符合誰的理念呢？最符合馬克思的理念，最符合過去的共產黨理念，而且可以從《毛選》裏找到這樣的話，因為所有過去沒有執政的共產黨都不忠於他的祖國，認為祖國是在資產階級專政把握之下，完全認為有理由不忠於自己的祖國，而忠於共產國際。他們忠誠於共產國際，有了蘇聯國家以後，世界上所有共產黨人的忠誠多數都在蘇聯。毛澤東在 1939 年有一篇文章說蘇聯利益代表全人類最高利益，他這是為蘇聯和希特拉（Adolf Hitler, 1889–1945）簽訂《互不侵犯條約》辯護。因此，老早有先例，當初共產黨革命時就要推翻自己的國家，並且理直氣壯地接受外國的援助，接受國際的援助。所以我覺得真的不在於你是忠於國家，而是在於你是否忠於最廣大的祖國同胞，是不是想為他們的利益而服務。

就我自己個人來講，我們這一代人活到現在，也許跟很多年輕人還有一點不太一樣的情懷。我們對中華民族本身有非常深厚的感情，我們現在的焦慮就在於這樣下去的話，我們這個民族的大好河山，從物質的河山到民族的精神正在加速度地被摧毀下去，這是我們最大的焦慮。因此所謂國家，假如用專有名詞來講「State」指的是政權，用不了「忠於」，要「忠於」的是「Nation」。我一切深厚感情所寄托的、不可排遣的一種焦慮在於我們這個民族，曾經有過很輝煌的歷史，曾經有很深厚的文化，也有綿延很長的道德核心。我們這個民族有文化和道德，但需要更新、需要揚棄、需要改造，但現在看到的是正在一點一點爛下去，而且大好河山快要沒有乾淨的地方了。這是我個人最焦慮的一件事。

　　張千帆：章潤章潤，出口成章，果然名不虛傳，侃侃而談講了六點，總結起來回到資先生的主題，那就是一個「打出來」的、把人民當作私產的國家是不值得我們愛的。「打出來的天下，談出來的國家。」人民之間談、人民和政府談，政府選出來的代表之間談，總而言之國家是談出來的，不會為維護某一個國家或者主權的名義動用武力。

二
辛亥革命與百年憲政

時間： 2011年9月17日
地點： 北京大學法學院

主講人

袁偉時： 著名近代史專家，原中山大學哲學系教授，曾任中
山大學孫文學院院長。著有《中國現代哲學史稿》、
《晚清大變局中的思潮與人物》、《路標與靈魂的拷
問》等。

童之偉： 華東政法大學教授、博士生導師，中國憲法學會副
會長。代表作有《國家結構形式論》、《法權與憲
政》等。

魏汝久： 北京魏汝久律師事務所律師，曾任北京市律師協會
憲法委員會副主任。

張千帆：首先歡迎大家。今年是辛亥百年。這一百年中國是怎樣走過來的？中國又向何處去？這兩個問題緊密相關。托克維爾（Alexis de Tocqueville, 1805–1859，法國思想家、政治學家）曾經説過，一個不能把握自己過去的民族也不能把握自己的未來。這句話説得很對，中國目前就是這樣。百年歷史在本質上是一部黨史，先是國民黨的黨史，後是共產黨的黨史。黨史最突出的特點是説自己的好話，不説對自己不利的真話。然而，一百年以來中國究竟發生了什麼，這是一個十分重要的問題，對於國民性的培養和民族的性格都有很大影響，所以我們需要一部真正能夠還原真相的歷史。

本來歷史學不應該是一門非常需要勇氣的學問，歷史就是研究以前發生過的事，但中國近代史不是這樣，不但需要很大的勇氣，而且即便是有勇氣、有才學，愈是這樣的東西卻愈難發表。我們特別需要像袁偉時教授這樣的大家為我們正本清源，為我們還原一部真正的中國近代史。今天晚上非常有幸請到袁偉時教授，下面把時間留給袁老師，大家歡迎！

袁偉時：感謝大家來這裏與我進行交流，這個交流很有意思，其中一個很尖鋭的問題是：辛亥革命究竟是勝利還是失敗？或者講勝利在哪裏、失敗在哪裏？對於百年憲政究竟帶來什麼樣的影響？這是一個很值得探討的問題，我今天晚上跟大家交流就想將我自己的一些讀書心得跟大家分享。

我認為辛亥革命是一個偉大的勝利，但跟一般的教科書所説的「辛亥革命推翻掉二千多年的帝制」的結論我不太認同，因為有沒有皇帝對於一個現代國家來講不是一個問題，很多國家有皇帝，但憲政推行得很好，所以這不是這個問題所在。另外，推翻掉專制這個任務，實踐證明辛亥革命並沒有完成，到現在有一些東西，辛亥革命提出來我們還在做，所以説推翻掉專制、帝制的結束不是事實，但確實有很大的變革。這個變革在哪裏？我想這樣一個革命就帶來一個社會制度的一個大變化，主要是政治制度大變化，這個變化在哪裏？建立了三權分立的現代國家制度，議會、獨立司法系統，還有行政系統，一下子就建立起來了。在清代最後 10 年的新政是有

意識推行這樣的政治體制改革，從 1906 年決定立憲開始就在地方到中央推行三權分立制度，好些地方在這方面有很顯著的成績，直隸（河北）、浙江乃至其他省份都有很突出的表現，但在全國範圍內雖然準備向這方面前進，但關鍵時刻沒有邁出最重要的一步——真正的實行三權分立。辛亥革命以後一下子就實現了，從此以後，整個政治鬥爭或者歷史就圍繞着是要結束或者鞏固那樣一個制度，還是否定這樣一個制度的變動，這是一個成績。

第二個成績，一下子把自由度大大提高，言論自由、結社自由，這些一下子就實現了，學術自由也實現了，這是前所未有的，從這方面來講是一個勝利。在經濟領域上沒有大的變革，而是繼續推行市場政治制度，但政治領域的力量非常突出。

上面所講的是很簡單的事實，現在我們討論的是為什麼這樣一個政治制度鞏固不下來，為什麼當時提出在中國實行民主、共和的目標到現在還沒有完成？原因在哪裏？這是一個最值得探討的問題。所以，研究歷史的人都有一個說法，辛亥革命失敗了，但對於失敗的解釋有多種。有一些解釋說袁世凱偷竊革命果實，袁世凱登台意味着辛亥革命失敗。這個說法跟歷史事實不符，因為袁世凱當上臨時大總統是經過法定程序當選的，當上第一屆正式大總統也是經過法定程序當選的，所以不存在所謂「竊果」的問題。

他是不是賣國賊？歷史研究否定了這個結論，1915 年，袁世凱在「二十一條」談判裏的表現非常好，得到歷史學家的讚揚。在當時的條件下中國那麼弱，日本那麼強，日本提出要強迫袁世凱接受「二十一條」，袁世凱在當時的條件下盡了最大努力，「二十一條」分五部分，關於第五部分袁世凱就說這一部分簡直是把中國變為日本的殖民地，要求在中國政府各個部門請日本人做顧問，要用日本的武器或者跟日本合作在中國製造，中國的警察、軍隊要請日本的教官等，袁世凱說這部分堅決不討論，所以「二十一條」第五部分根本沒有進入議程，其他部分袁世凱也想盡辦法拖延談判或者是討價還價，將消息透露出去，利用列強之間的矛盾給日本施加壓力。到 5 月 7 日日本發出最後通牒，在不得不結束的情況下袁世凱才簽訂。

歷史上日本提出的「二十一條」，但中日之間實際達成的協議沒有二十一條，之後他馬上召開有關官員會議討論怎麼執行，那時所有的辦法是抵制，盡可能減少中國的損失。實際上當時十多條都沒有實行，所以戰後日本有一個著名首相吉田茂寫《百年日本史》，中文翻譯是《激盪的日本百年史》，裏面對「二十一條」下了一條結論：這個全部沒有實現，徒然增加了中國對日本的不滿。

所以袁世凱當選不是辛亥革命失敗的標誌。袁世凱的稱帝是辛亥革命的一大挫折，但很快取消，而且他也死了，死了以後又繼續維持原有的政治架構。這個政治架構直到什麼時候被破壞掉？辛亥革命真正崩解日（1926 年 4 月），這是一個標誌，標誌是什麼？3 · 18 事件以後段祺瑞下台，段祺瑞挽救共和的努力失敗，從那時候開始，整個三權架構就完了，那個時候東北軍閥不要三權架構就成立了北京政府，一年多時間後國民黨建立了全國政權，建立黨國體制，那個標誌着辛亥革命徹底失敗。國民黨捧着辛亥革命的招牌，到台灣去說建國百年，好像它的是正統，我想這不對，因為這是另外一個革命鬥爭手段建立了一個新的政權，那樣一個黨國體系建立以後，中國人面臨的任務就是重建一個民主、憲政國家，原有的體制完結。

辛亥革命所取得的政治自由、言論自由、學術自由也在國民黨統治下基本終結，不給人民真的憲政（這是另外一個命題），在國民黨的黨國體系下怎樣慢慢恢復這樣一個體制？再講前面那一段，前面那一段沒有鞏固下來表現在什麼地方？主要一條是軍閥混戰，亂。1926 年 4 月以前這一段，我們通常叫北洋時期或者北洋政府。現在冷靜考慮一下，北洋政府對中國歷史的貢獻相當大，主要有以下方面。

一是經濟繼續發展，過去講那個時候經濟發展比較快，是由於第一次世界大戰列強無暇東顧，我們鑽了空檔，結果發展起來，這個講法有一定道理。這是國外的條件。更重要的是清末義和團事件以後慈禧太后痛改前非決定接受市場經濟制度，決定要實行教育革命、司法和法律體系的革命。這兩個革命很了不起，而且都成功

了，同時要進行政治體制的改革，但後者沒有成功，關鍵時刻失敗了。市場經濟體制為經濟發展建立了非常良好的基礎，在辛亥革命以後中國的經濟一直是高速發展，特別是民國建立後 10 年間，那時候的經濟發展以百分之十至二十的速度增長。到 20 年代，世界經濟又發生危機，但總體上中國的經濟是上升的，直到抗日戰爭，所以一個研究中國歷史的法國學者把義和團事件和抗日戰爭之間的時段說成是「中國資產階級的黃金時代」。政治上是這樣。

外交方面，過去我們說北洋政府是賣國政府，是否真如此？除了剛才講的袁世凱事件以外，其他在外交上應該講北洋政府是收回中國主權的開端，維護了中國主權。這裏面有很多歷史事實。首先，從領土來講，想辦法維持整個國家的統一。沙皇俄國想把蒙古變為殖民地，後來蘇俄建立以後繼續延續沙俄的政策，要把蒙古變成它的殖民地。段祺瑞政府就是進兵蒙古，第一次就把蒙古收回來，而且袁世凱經過談判迫使沙俄承認中國的主權。除此以外，所有的關稅自主權、司法自主權以及其他不平等條約的廢除都在努力，都在談判。譬如關稅自主權於 1929 年 1 月開始交回中國，但由於當時談判沒有簽字，段祺瑞下台，國民黨上台在這個基礎上撿了一個大便宜，1929 年 1 月實現了關稅自主。司法主權廢除治外法權也是在那個時候，五四運動愛國學生要求收回青島主權、山東主權。在北洋政府時代，1921 年末到 1922 年初，華盛頓會議就講這個問題，將青島收回，也就是說五四愛國運動提出的要求在北洋政府期間解決了。所以北洋政府不是一個賣國政府，而是收回中國主權的開端，沒有完成這個歷史任務的主要原因是亂，鞏固不下來。

鞏固不下來的原因在哪裏？我們的眼光更寬一點，從世界範圍來看，所有的革命政權最初都有一個混亂的階段，1640 年的英國革命到什麼時候才真正勝利？到 1688 年光榮革命才鞏固下來，前面那四十八年都是混亂的，不斷內戰，1688 年以後有法治，慢慢改革穩定下來。法國大革命什麼時候鞏固下來的？1799 年拿破崙（Napoleon Bonaparte, 1769–1821）上台講大革命終結了。是否就此終結？沒有，一直到 1871 年普法戰爭後才鞏固下來，所以中國現在的問題是辛亥革命的任務沒有完成。

北洋政府沒有完成的原因在哪裏？在於幾大政治勢力都沒有完成向民主政黨轉化的歷史任務。革命以後，是要由革命組織變為民主政黨。假如不完成這個轉變，整個社會動蕩，沒有辦法穩定下來，沒有辦法使整個國家走向法治道路，但為什麼各大政治勢力都沒有完成這樣的轉化？

先從北洋派講起，當時國內整個政治實力最強的是北洋派，它本來是清末憲政時推行中國改革的一個很重要的派系。發展市場經濟，它支持；改變中國的管理體制、推行三權分立的制度，它支持。到辛亥革命以後，所有的要員（各省乃至中央）口口聲聲講法治、民主、講軍人不要干政，都是那一套話語。這是當時的教育所致，口頭上雖這麼講，但實際並不是這樣。以袁世凱為代表的北洋勢力派一方面有想維護三權分立體制的表現，另一方面又有破壞的表現。破壞的表現是什麼？譬如袁世凱成立了一個所謂軍政執法處，這個軍政執法處實際上是他的東廠，隨便亂抓人、殺人，包括湖北一些革命領導人，武昌起義的領導人。因黎元洪跟這些人有矛盾，向袁世凱推薦說這些人到中央去做官吧，後來黎元洪打電報給袁世凱說這些人應該殺頭。袁世凱真的就將這些人抓起來殺掉，這是胡作非為、專制的本性表現出來，不是真正的支持法治，這是一方面。

可這樣的侵犯法治不光是來自於政府，民間也是這樣，同盟會、國民黨照樣這麼幹。當時最突出的是國民黨裏面的陳其美一派，在辛亥革命勝利時同光復會之間有矛盾，派人將浙江的都督陶行章殺掉，這是蔣介石幹的事。除了這個，國民黨還在北京砸報館，這方面的事很突出，民間也搞暴力。但它並非不想轉變，一個很明顯的事實是：大家在讀歷史教科書都說安福俱樂部，這是臭名昭著的，可從另外一個角度看，它其實是段祺瑞那一派勢力，想向一個政治組織乃至政黨組織轉化，但這個轉化沒有完成。

另外就是原來的維新派或者保皇派梁啟超這一派的勢力，這一派有一個問題：辛亥革命以後立即跟袁世凱合作。跟袁世凱合作沒問題，他接受袁世凱的支持，梁啟超辦刊物的資金是袁世凱給他

的，組黨的經費也是袁世凱給他的。作為北洋政府時期的一個組織沒起到監督執政的作用，我想它是否是中國參政黨的一個開端？到袁世凱稱帝，其原來的獨立本性又發揮出來，成為復國運動、保衛共和制度的一個很重要的力量，表明這一部分勢力還不是完全喪失獨立性，但沒有產生一個很大規模、很有力量的監督政府的反對黨，或者執政黨都沒有這樣的情況。

更關鍵的在於國民黨，它沒有完成這個歷史性的轉化，沒有從革命組織向民主政黨轉化，這個情況更加突出。民意上是改組了，從同盟會變為國民黨，但這個國民黨在很多方面都在違法。在我看來，這個辛亥革命的成果不能夠鞏固下來，國民黨要負很大的責任，因為北洋勢力派本來就是大清帝國的文官武將，有專制的畸性，問題是號稱革命組織的這一派力量在革命成功以後怎樣運作，當時全國對他們都寄予很大希望。所以第一次國會選舉，國民黨在800個席位裏佔據了大部分，但沒有真正按照法治民主程序管理這個國家，或者推動這個國家向民主法治道路前進。從南京臨時政府時代開始，就踐踏法治。為什麼這樣講？有兩件事最突出。

首先，南京成立臨時政府時，由最初57個省的革命政權派出代表成立一個臨時代表會或者臨時參議院來選舉產生，原來有過一個聲音，革命力量跟袁世凱斡旋，只要袁世凱支持共和就選他為大總統。袁世凱南北議和，他本來的希望就是召開一個國民代表會議，直接選舉自己為總統，但沒有想到要另外先成立一個以孫文為臨時大總統的一個政府，孫文回來以後的結果是成立臨時政府。由於各種條件的滙合，臨時政府成立後就要按照民主原則選舉。1912 年 2月 12 日，清帝發表退位詔；2 月 13 日，孫中山辭去臨時大總統；2月 15 日，臨時參議院選舉袁世凱為大總統。那個時候臨時參議院通過決議，袁世凱要求將首都遷到北京。臨時參議院表決通過將首都遷到北京，孫中山和黃興非常不滿，結果黃興發話「你趕快給我改過來」。臨時參議院說「你不同意，總統有權退回我們的決議案，你提出質問來說這個不合適，得重新議論」。孫中山、黃興說，「沒有必要，明天給我改過來，要是不改，就派兵將你們捆起來」。黃興是革命黨，道德方面沒有什麼值得深究的地方，就是這樣講。這標誌

着當時的革命黨人的水平就是這樣，你不能怪某一個人，這是當時思想文化發展的一個情況。這是第一。

第二個問題更大，本來臨時政府是根據中央臨時政府組織法選舉出來的，既然是通過組織法成立臨時政府，袁世凱也是臨時大總統，讓他繼續這樣下去，然後制定憲法就順理成章。但那些革命黨不幹，說政權馬上要交給袁世凱，那我們原來實行的總統制，總統有實際的權力來執政的這個架構不行了，還要改變，馬上開始制定《臨時約法》，這就是當時的憲法文件。它的制定很荒唐，是一個漏洞百出的憲法文件。荒唐處在哪裏？首先制定的步驟不對。為什麼？制訂一個憲法，一定要全國各種勢力、各派，來自民間代表，特別是要民選的代表很慎重來擬定，但沒有這樣做。當時已經通過臨時參議院，要改組，改組由各省的軍政府派代表改為由各省省議會選舉出代表參與。這些代表還沒有選出來，應該等這些代表選出來以後在臨時參議院比較健全的情況下來制定，這樣的一個制定應該由當選總統組織下的機構主持，但是國民黨不幹，他就在有那樣的總統組織下決定重新整頓改組的臨時參議院，那樣匆匆忙忙的制訂，無論從政治角度或者法律角度都是非常不可取的。

制訂以後由誰來簽字？這時候已經到三月份。3月10日，袁世凱已經完成一切手續。3月11日，《臨時約法》公佈。3月10日，袁世凱宣誓完畢，當總統的一切手續完全完畢，但孫文還在3月11日簽署《臨時約法》。這樣的話，制訂的程序上有很大缺陷。為什麼會這樣？這值得我們追問。

同時，《臨時約法》從內容上來講，很多錯誤。有多少錯誤？首先一個錯誤是沒有達到世界上憲法的最高水平。當時成文憲法制訂最好的是美國憲法，《權利法案》規定「國會不得通過法律限制公民宗教自由、言論自由」，但中國的《臨時約法》抄日本憲法，還是延續大陸法系的那些條款，每一條公民有什麼自由，譬如有言論自由，後面加一個「得依法律限制之」，每一條幾乎都是這樣，或者最後加上這一句。當時的章士釗在民國初年是真正懂得法治的，是從英國學法律後回到中國的法律界的先驅。他提出，假如有人違

反憲法，你説了那麼多自由，怎麼保障它？《臨時約法》是保障不了的，應該設立像英國這樣的人身保護令制度，你帶走一個人，他的親友或者朋友要求法院審查，拘捕我是否合法，要馬上交給法院依法審理。這是人的自由保護制度沒有建立起來。另外還有一個大的問題，體制從總統制變為內閣制，但沒有內閣制互相牽制的制度，行政方面沒有解散議會的權力，這樣就留下很大漏洞。這些缺陷我歸結為五大方面，在我的一篇文章〈袁世凱與國民黨：兩極合力摧毀民初憲政〉有詳細講。

這個法律成為後來整個北洋時期的政治紛爭的一個原因。除這方面外，沒有轉化為民主政黨的組織，國會議員都是腐敗的，都是貪污的，有少數比較清廉的，但整個風氣是貪污的。不但國民黨議員是這樣，其他議員也是這樣，從選舉到例行國會都是這樣。根據當時記者記載的有關回憶錄，一到火車站就有很多接待議員的人等到那邊，一來就拉你到我們那邊去，由他招待就成為哪一個黨的。有的人不甘心，後來又去另外一個黨撈一筆好處，幾個月撈了幾千塊（當時最高的一個月是 300 到 500 銀元之間），賄選在那個時候就有了。另外，不好好討論，不好好制訂法律。這樣的情況不但國民黨議員這樣，其他黨的議員也差不多。

同時一個重要的問題是袁世凱死了，有人提出來應該宣佈參加一戰，結果不行。為什麼不行？不是説真正參戰對中國不利，其實參戰對中國很有利，我們可以取得戰勝國的權利，譬如德國或者其他敵對國家的東西我們可以馬上收回，但在國民黨下的國會就是不答應，原因在哪裏？在於背後進行骯髒的交易，德國跟協約國方面是敵對的，就拉攏這些政治人物，跟孫中山談判説不要中國參戰，給他幾十萬，這在當時是很大的資金。德國曾找過段祺瑞説你不要參戰，段説不行，損我國家利益不能幹。段祺瑞拒絕了，可孫中山接受了。這些檔案在德國外交部上有記載，蔣介石日記上也有，他説這筆錢是他接受然後轉交的，非常確鑿，叫中國不要參戰。然後孫中山寫了一篇文章論證這次大戰是帝國主義國家之間的戰爭，都是不正義的，接受列寧主義的關於帝國主義戰爭的論點，我們不能參加。其實背後不是這樣，而是當時腐敗成風的表現。

再加上國民黨打着「護法」旗號，一連發動過三次戰爭，在我看來都是錯誤的。首先是 1913 年 3 月 20 日，宋教仁被刺案件發生以後，全國各界都要求這個問題由法院解決，孫中山不接受，要進行「二次革命」。國民黨內很多人反對，說力量太懸殊，打不贏。孫中山一意孤行，結果發動以後一個多月全軍覆沒。這是一個錯誤，被袁世凱抓住把柄，迫使那些議員選出大總統以後說你們是叛亂組織，國會議員資格不合法，一下子就將國會停頓。這是一個嚴重後果，使得後來袁世凱登上皇位。第二，張勛復辟後，孫中山又發動一次護法戰爭，在廣東斷斷續續搞了五年，但護法根本不合法，國會議員 800 人，拉動 200 個議員說要成立另外一個政府，這不是叛亂嗎？但因為後來他掌握了全部政權，到現在一些人都在歌頌這個是「革命」，是很偉大正義的鬥爭，但其實這是違法的一個行動，對中國是不利的。第三，1922 年、1923 年以後孫中山接受俄國的幫助，又發動革命，叫國民革命，發動北伐戰爭。這個戰爭同樣沒有正義性。1922 年 6 月，徐世昌已經決定辭任總統。當時北京以蔡元培為首的一共有一兩百各界名流聯合簽名發表聲明，打電報給孫中山，也在報紙上公開呼籲，說發動護法戰爭不外乎是要恢復原來選舉出的立法與總統。現在徐世昌決定接受恢復原來的國會，也請黎元洪再當總統，你護法的要求實現了，所以也請你孫中山不要當所謂「非常大總統」，讓全國統一起來。可孫中山不聽，還是要跟着俄國走，在廣東建立所謂「革命根據地」，由俄國人出顧問、出槍、出錢，建立黃埔軍校，練一支黨軍（後來叫光榮革命軍），發動戰爭。這是一個大的倒退。

總結起來，為什麼辛亥革命成果不能夠鞏固下來？就是由於上述原因，其中有很大一部分是國民黨跟共產黨聯手利用學生一再破壞。我講的歷史跟許多人講的不同，假如有得罪各位的地方敬請原諒。譬如 3．18 事件跟你們所了解的不同。3．18 事件中大沽口要中國軍隊撤出，這是怎麼回事？張作霖的海軍艦隊就是在那個時候要跟知識力量聯合起來，利用海軍運一些武器上來。反對他的力量的國民軍就開炮擋住，本來是內爭，但這違反了一個條件，當時這方面本來是不准設防，要保障自由通航。你可以說這是不平等條約，但按照條約、歷史事實就是這樣。當時共產黨裏多數是書生，國民

黨是捕快，他們聯手發動要打倒帝國主義，要廢除一切不平等條約。鼓動民眾，然後開會示威，目的是調動大家的民族感情反對帝國主義，明明是內爭，扯到反帝，而且立即收回一切，這現實嗎？加上當時外交談判已經談好了，這個問題本來可以通過外交談判解決，但國民軍中的馮玉祥顛三倒四，本來可以和平解決，他卻不，就要破壞。

另外，段祺瑞為了挽救共和制度實際上是煞費苦心。1924 年11 月，各方面力量聯合，包括馮玉祥將曹錕趕下台以後，各方面邀請段出來組織臨時政府，臨時執政。這個執政是總統總理都讓他擔任，但是過渡性的。段祺瑞有一個宏偉、正確的計劃，首先要開一個善後會議，邀請各方面的代表參加，怎麼樣收拾這個殘局，挽救辛亥革命成果。孫中山也到了北京，但不相信段祺瑞支配下國內會和平、穩定下來。他節外生枝，提出一些問題。第一，這個會議代表性不夠，沒有民眾團體的代表參加。段祺瑞立即接受，他說原有的規定已發出去，要大修改難，我接受你的意見。由各省議會選出代表補充這個不足，另外要各省商會、教會等，每一個省都派出代表都參加，但是作為直選性質的參與，他們的一些意見可以接受。政治是妥協的，為什麼不能夠用這個方式解決？在計劃裏，這個善後會議就是要討論召開一個國民代表會議，效仿美國的費城會議，制訂一個憲法來建設我們的國家。這不是很好嗎？孫中山説不行，要召開國民大會。全國四億人開大會根本不可能。段祺瑞對漢語的理解比較準確，叫國民代表會議，孫中山的漢語好像沒有認真學，叫國民大會。其實完全是字面之爭，但就是不行。

在段祺瑞執政下，剛才講到關稅要收回來，司法主權要收回來，要想辦法建設一個美國式的國家，藍圖都出來了，卻在孫中山等人的搗亂下全部化為泡影，以後辛亥革命的成果就沒有辦法挽回。3・18 事件中段祺瑞不在現場，警察開槍殺死一批人，這個非常痛心。但段祺瑞採取的措施是說這是國民黨那些人在搗亂，要通緝那些人，學生是無辜的，要撫恤，發表了撫恤令。有些人講「段祺瑞從此吃齋念佛」是不可靠的，是野史，這個傳聞我證明是假的。北洋派裏確實有一些想挽救辛亥革命成果，但失敗了。

辛亥革命之所以會失敗，是由於各方面的力量沒有轉化，特別是與作為國家組織的國民黨沒有完成由革命黨向民主政黨的轉化，沒有選擇要走民主法治的道路有極大關係。我講的就是這些，不對的地方請大家批評。

張千帆： 感謝袁老的精彩講座，他給我們提供了一個和教科書截然不同的歷史版本，而且留下了非常值得深思的問題。中國亟需一部真實的歷史。以前說「孔子著《春秋》，亂臣賊子懼」，在公權力不受制度約束的情況下，當權者的歷史地位或許是唯一能讓掌權者有所顧忌的東西。如果這個都不起作用，當歷史學者都睜着眼睛說瞎話時，當權者就更加橫行無忌、為所欲為了。我希望中國有更多的歷史學者像袁老師這樣，為中國書寫一部真正的歷史。今天袁老沒有涉及辛亥革命以來的司法成就，這可能是辛亥革命比較重要的成就；但你寫過文章，探討宋教仁被刺殺以後的司法處理，如當時上海的地方檢察院曾經發傳票給在任的國務總理。我記得你將此次事件譽為「20 世紀中國司法空前絕後的大事」。這在今天來看是不可想像的，反過來也映襯着百年司法制度的發展。下面請一位法學家探討一下中國司法改革的前景，有請中國憲法學會副會長、《法學》月刊主編、華東政法學院童之偉教授。

童之偉： 千帆教授邀請我來與袁老一起交流辛亥革命與憲政。我很榮幸今天見到袁老師。聽了袁老的講座有三點感受：第一，歷史真相過去我了解不多。我曾考過歷史學研究生，但還有很多事不清楚，看來還是歷史觀的問題，你有一個什麼歷史觀，就會找什麼材料，找材料的過程都是在歷史觀的指導下才找的，所以我們要反思我們的歷史觀。

第二，要有理性。理性特別重要，啟蒙時代的思想家要用理性反對和對抗神跡。理性為什麼這麼重要？最近幾個月我對這個問題特別有感受，理性特別重要，統治者要有統治者的理性，被統治者要有被統治者的理性。今天我從袁老師講座中得到的感受是：那時候的統治者沒有統治者的理性，被統治者沒有被統治者的理性，在野沒有在野的理性，在朝的沒有在朝的理性。

第三，中華民族在歷史上民主法治傳統比較少，封建專制的傳統比較多。袁老的講座我做了一些記錄，其實從孫中山國民黨開始就不喜歡走民主法治的路，不喜歡在民主與法治的框架裏解決問題。1949 年以後又過了 60 年，相當一段時期民主法治受到嚴重的踐踏，很多人吃了苦頭，吃了苦頭的人掌權後痛定思痛，有一些反思。譬如十一屆三中全會之後，有些人想建設一個法治國家，並且做得比較認真。但過一段時間，又出現了以前的情況。現在我感覺到一些人對「憲政」這個東西好像很害怕。

今天張千帆教授邀我來做點評，總結中國建設憲政國家的歷史經驗教訓，應該是一個很好的事。講講憲政怎麼就搞成了地下黨？我自嘲說，這使我們增加一點神秘感。今天聽到袁老師的講座和千帆的介紹語，覺得這個事很好，總體來說對我們的國家，對我們正確總結歷史的經驗教訓或開闢未來都是有好處的，其實沒有那麼危險。

我在來之前拜讀了袁老師的文章，對於袁老今天要講的內容有點了解，在來之前我甚至準備了稿子，並改了標題，叫「努力建設法治型社會管理模式」。胡錦濤總書記提倡管理模式創新，但管理模式創新不是說跟現在不同就叫創新，正確的理解是往回走不算創新，肯定是要往前走，而且順應歷史潮流。我的基本結論是：只有建設法治型社會管理才是創新，但法治型社會管理模式從根本上說還是要司法獨立。袁老師剛才也講到了，但講得不是很多。歷史上在建立獨立的司法體制上做了一些努力，包括在北洋時期和國民黨時期，雖做得不是很好，但從今天來看有一定模樣，至少審判一個共產黨人時大家可以自由旁聽，還可以不斷提問，律師還可以慷慨陳詞，被告的辯詞也講得慷慨。

司法獨立並不可怕，十一屆三中全會說到我們沒有一個獨立的司法體制，我們要建一個忠於法治、忠於制度、忠於人民利益、忠於事實真相的制度，因此我們需要有司法機關，需要有應有的獨立性。我認為「應有的獨立性」和「足夠的獨立性」沒有差別，「應有的獨立性」可以完全理解為獨立的司法。這有什麼不對？1954 年憲

法和 1954 年前的憲法都是法院獨立審判，法官獨立審判，司法獨立無論從哪個角度說都沒有任何問題，但我們今天要強調這個東西，而且我們看到的是我們今天的中國沒有一個獨立的司法，很多問題沒法解決。譬如憲法和法律是黨的主張和人民意志的統一，那就是全黨和全民意志的統一，但法律到地方實施後，允許地方黨委書記干涉司法，換句話說就是允許地方黨的組織和地方黨的領導人來改變和破壞全黨的主張和全民意志。所以我們要建立獨立的司法，很多東西要變，包括修改憲法或者調整憲法的規定，譬如規定法官獨立行使審判權。社會主義國家都是這麼規定的，1954 年憲法也是。

另外，法院組成人員的產生，按我的想法，高級人民法院包括最高人民法院組成人員應該由全國人大常委會選舉或者任命，中級法院和基層法院組成人員應該由省一級直轄市來任命，這樣調整會好一些，根本不牽涉到否定黨的領導問題。另外，司法機關獨立行使審判權影響最大的是政法委，現在政法委愈干預得多，獨立的司法就愈少。換句話說，十一屆三中全會總結出來的教訓沒有記住，還是走老路，回到文革破壞法治、破壞司法獨立的這條路上去了。今後我們在建設獨立的司法體制上可以做一些事，它引起的波動應該說是最小的，跟改革、選舉制度比起來引起的波動要小得多，也就是說成本比較小，收益比較大。

張千帆：感謝童教授的精彩演講。這次袁老過來其實不是我們請的，而是由北京市律協憲法委員會副主任魏汝久律師請來的，下面我們有請他點評。

魏汝久：袁老師在《炎黃春秋》上的一篇文章分析了為什麼會發生辛亥革命這樣的重大事件，就是因為清政府漠視民眾的財產，譬如鐵路利益等，拒絕實質性的政治改革，所以才導致這個歷史事件的發生。在這篇文章末尾，袁老師說，革命發生以後，建設一個穩定的社會秩序就擺在中國人面前，而建設這一秩序我們走了一百年。我的理解是只有分權制衡、保護人民的財產權、人身權等基本人權的憲政秩序和法治秩序才是一種穩定的社會秩序。而我認為律師是社會憲政和法治建設的一個重要的力量。不管怎麼說，憲政和人權的觀念今天已經深入人心。我知道今天（9 月 17 日）和明天（9

月 18 日）是司法資格考試的時間，我也是在 1993 年 10 月 1 日和 2 日參加司法考試的，從一個學生變成一個律師，做了 18 年的律師。有人說現在法律專業是十大垃圾專業裏最垃圾的專業，找工作非常難，但我不感到悲觀，因為我認為每一個法律系的學子、每一個律師都是一顆一顆種子，只有我們的土壤發生改變，或者我們改變這個社會的土壤，每個人心中公平正義的種子總有一天會長成一棵大樹。這一棵一棵大樹就會形成一座森林，就是法治中國的憲政的、人權的森林，那是我們應該追求的生活方式，跟一百年前那些法律人和我們先輩一樣所追求的同樣的生活方式。

楊子雲：下面有一點時間可以向袁老師提問。

> **提問：**我有兩個問題。一個是關於辛亥革命，現在有一種觀點認為辛亥革命是超前的，正如你所說根本不具備那個基礎，沒有鞏固下來，而且環顧當時世界，除了美國和一些拉美國家以外，在整個東半球只有法國和瑞士兩個共和國，而我們一步就跨到了最先進的行列裏，所以咱們超前了，不合適了。你對此有什麼看法？第二，談未來的憲政轉型，從比較政治學的角度，經過數據實證分析得出這樣一個結論：現在三種威權政體，皇權的、軍人專政的、黨國體制的，憲政轉型最困難的是黨國體制，你對此有何看法？

袁偉時：第一個問題說條件不夠，我想人的行動是受觀念支配的，制度要鞏固下來。制度是規則，規則固定下來就變為一個制度。從中國情況來看，一方面思想傳播的時間很長，晚清幾十年做了很多工作，很多理念在當時是大勢所趨。從 1910 年開始到 1911 年初，一年有四次大規模的請開國會運動，那些運動的規模都超過五四運動，有幾十萬人參加。各種各樣的意願都是要求開國會，將政治交給老百姓，能夠民主大家來討論。所以說並不是完全不夠條件。從經濟發展、文化水平來看，當時具備一定的條件。任何國家的憲政都是從實際生活裏生長出來，都要慢慢完善。轉變為一個共和國家、民主國家，從進入的門檻來看，一個條件夠了，但要完

善，那個條件要慢慢生長、前進。我們要總結歷史經驗，不要重複歷史錯誤。

第二個問題，憲政轉型最困難的是黨國體制，我同意。因為黨國體制是用現代性的形式來推行一個很嚴密的統治架構，那樣一個架構人類歷史上是沒有的，空前的，譬如蘇聯的體制。中國的革命家很單純，認為蘇聯就是馬克思主義，認為蘇聯講的那一套是真正鼓勵中國人的。他們的出發點是好的，但問題是對整個世界文明的發展了解不夠，對政治學、法學以及其他方面的知識準備不足。其次，黨國體制下困難很多，但還是不要革命。為什麼這樣？總結歷史經驗，在現有的體制下逐步改革是代價最小的，如果一下子把原有的社會體系推翻掉，社會混亂，要重建一個合理的法制體系更加困難。有一個值得重視的，思想家楊小凱有一篇很重要的文章〈中國政治隨想錄〉，這篇文章裏有一個很重要的觀點：革命一次，民主法治的到來要推遲三四十年。這是經驗的總結，所以我們不要亂，就在現有的體制下，就好像參加討論時指責你現在法治倒退了，你的法令制訂不對，哪裏不對教育他們。最重要的是教育官員，讓他們懂得什麼是現代社會，什麼是現代國家，那樣我們轉型的代價小，老百姓利益損失小，這就回到了《大公報》歷來提倡的「小罵大幫忙」，小罵是不動刀槍，以法治、現代利益、社會利益、理智來批評你，你哪裏違法了，哪裏違反民主程序。這樣就幫了整個國家進步的忙，幫了人民利益的忙。所以我認為逐步改革很重要。

提問： 袁老師剛才提到楊小凱，他對 1946 年的憲法評價比較高，提到建國以後中國的憲政變革有可能按台灣的憲法作為支撐點，你有何看法？

袁偉時： 我看到過 1949 年以前的那些憲法文件，印象是這樣的：北洋時期的憲法除了《天壇憲法》比較偏激以外，後來的都比較合理，包括已經通過的、完成法律手續的《曹錕憲法》都有很多可取之處。國民黨建立體制以後，經過共產黨領導的多種民主力量的奮鬥，包括民主同盟，包括各方面的中堅力量無黨派的民主人士共同努力，迫使國民黨一步一步讓步，提出了憲法修正的意見，這

些修正意見在 1946 年的憲法裏全部採納。所以，那部憲法不是國民黨的全部，也不是有人說的是張君勱的貢獻，是共產黨和民主同盟以及其他很多知識分子、很多政治家共同努力的成果，那些成果值得我們珍視，如果將來我們要修改憲法，要吸收那些東西，逐步採納到我們的憲法裏。

> 提問：袁老師，很高興在這麼狹小的空間跟你探討這麼宏大的歷史命題。我有一種看法，宏大的歷史敍事有其深刻的歷史必然性，無論是辛亥革命的爆發還是最後的失敗都是如此。你剛才提到中國辛亥革命成果沒有得到鞏固是由於當時各大政治勢力特別是作為中國國民黨沒有完成從一個革命黨變成現在法治執政黨的轉型，我想問的是：是什麼原因導致當時的國民黨沒有完成這種轉型？我個人認為這個黨當時所持有的意識形態，特別是後來受到蘇俄所影響的激進主義意識形態始終沒有根本改變，就不可能完成一種轉型。你怎麼看？我認為一個民族內在精神決定了歷史發展的必然性，展望未來我個人沒有你那麼樂觀，我覺得是要發生的和不可能發生的很多東西都不是我們主觀所能控制得了的，都超出我們的意料。

袁偉時：我基本同意你的意見。為什麼不能完成這個轉型，那個轉型是什麼轉型？不是由革命組織向執政黨轉型，這個提法是不準確的。向執政黨轉型，革命黨奪取政權以後成為執政黨，但內容是什麼、應該怎麼轉變，沒有說清楚。有些人說中國共產黨應該實現從革命黨到執政黨的轉變，從政治學角度考察這個講法是不對的。你已經是執政黨還說應該變為執政黨，這不是廢話嗎？應該從革命黨變為服務型的民主政黨，而非國家的主人，公民才是國家的主人。共產黨為人民服務的這個宗旨真正實現或者落實要取決於承認公民是國家的主人，並向這方面轉變。國民黨不能完全轉變是因為受到傳統的思想影響。孫中山制訂《中華革命黨黨章》時竟然寫上「要服從孫文一人」（1914 年制訂），這很荒唐。那個黨章基本上

接受了中國幫會傳統，幫會就是要服從老大，後來接受了蘇俄的影響，又在第一次國民黨代表大會上制訂的《國民黨總綱》上寫上一條「總理對中央執行委員會的決議有最後決定權」，個人黨員怎麼可以推翻中央執行委員會的集體決議？這是在歷史浪潮中湧現出來的一些領袖人物的缺陷，這代表了中國當時思想文化狀況。孫文對西方現代社會的理論和現代政治理論理解不深，對中國社會的認識也不深刻不全面，所以出現了這樣的錯誤。要避免重返這種錯誤，應該讓各種各樣的理論傳播，要讓我們的政府官員懂得什麼是現代社會，什麼是現代國家，還要讓知識階層懂得這些常識，那樣國家轉型就會有基礎，但這條路非常漫長。雖然漫長，但也是必由之路，只能走這條路。這是我的答覆。

提問：你説前面的幾個觀點我很贊同，但你最後説不要革命，對於這句話我是否可以理解為埃及革命錯了？突尼斯革命錯了？利比亞革命錯了？

袁偉時：我沒有講中東和北非那些國家問題，我們現在在中國，只討論中國問題，所以你那些問題不存在。在中國目前的狀況下，要是再有一次革命，就是説整個社會管理架構打亂，這個代價非常大。但不要將政治架構神聖化、理想化，好像是碰不得的一個制度，政治架構説到底是社會管理的組織，社會管理的組織是否合理，有不合理的地方督促改進，通過對原有規章的修改，原有規則的修改逐步完善，而不是把整個公司推倒，推倒以後沒有飯吃，原有體系一亂，必須重新組織國家機關。這樣的話，社會大動盪，那個代價我們負擔不起，而且跟多數人的意願不相符。這些問題有一個要點，即不接觸實際，想的東西比較極端，所以如果你想參與政治就要認認真真去了解社會實際，使得自己的思維方法全面一點，那樣的話就會避免極端。

提問：辛亥以後關於憲政發展的焦點：宋教仁被刺事件。我認為這個事件中，無論是北洋派還是在野的國民黨，都破壞了既有的憲政原則。傳統説法是袁世凱跟趙秉鈞合謀

> 暗殺了宋教仁，但一些研究不排除國民黨內部的人暗殺
> 了宋教仁，尤其陳其美跟應桂馨。我想請問袁老師對這
> 個事件的看法以及它對憲政的影響。

袁偉時：這是一個純學術的問題，你可以看一篇文章〈袁世凱與國民黨：兩極合力摧毀民初憲政〉，這篇文章有我的答案。也有一些朋友，譬如張耀杰先生（中國藝術研究院研究人員）就認為是陳其美搞的，他也有文章可以找來看看，這裏我認為沒有必要再重複。

> **提問：你剛才提到我們不要革命，要去教育官員或者說服官員，應該怎麼做？我現在看到了很多人在做，譬如說參加基層人大選舉。你怎麼看？**

袁偉時：關於選舉問題，這個東西是中國民主生長過程的一個現象，但中國民主法制的生長過程不光是這個現象。要看到在六十多年來，現在的憲政、民主、法治正在我們生活裏生長。要看到這個，不看到這個可能會走向極端，甚至說不革命不行了。但在我看來，21 世紀以來，特別是 2003 年以後中國公民進入了意識覺醒的年代。為什麼講 2003 年？當年發生了「南方都市報」事件，《南方都市報》公佈事件真相，有關當局打壓它。這個打壓受到各方面人士指責，指責的根據是什麼？公民的意識覺醒。更重要的是延安農民看黃碟事件，公安去抓他，結果大家聲討派出所，派出所不得不道歉、賠款。很小的一件事，公民的自由得到一個小小的勝利，以後這一類的博弈繼續在進行。整個過程中，有關官員要壓制自由、壓制公民的權益，大部分恐怕是以官員失敗告終。這表明，我們公民自己本身的意識在覺醒，而且公民權利保障逐步在改善，要看到這一條，這樣的話，就不會悲觀。

其次，上帝賜給我們最好的禮物是互聯網，互聯網給了我們一個平台，在那邊表達多元觀點，觀點不一，並且這些觀點是每個人發自自己內心的聲音。一個官員怎麼樣對待多元意見？這是一個考驗，包括我自己，很多人罵我。很自然的反應是，我應該罵回去，但不行，我尊重你的發言權。這樣的話整個社會比較平和，官員也

是這樣，要面對多元，回到過去大一統、統一思想已經不可能了。只有尊重現實、尊重公民權益，人家才會承認統治的合法性或者領導的合法性、存在的合法性。所以不要悲觀，憲政正在我們身邊生長，應該讓這個生長得更結實一些、更穩固一些，最後中國的面貌會大變。

提問：憲政正在逐漸改變，台灣憲政從 1949 年之後到現在憲法已經做了一些改變，那我們的憲法是否可以參考台灣憲法做一些修正？你對此有什麼看法？

袁偉時：台灣是華人社會向民主憲政轉型的一個典型，有很多經驗，中國的憲政學家和政治學家乃至世界都應該好好研究一個東方社會怎麼轉型。我想將來中國大陸有關學者、官員要修改我們本身的規則、憲政一定會吸收海峽對面兄弟姐妹的成就，我想一點問題都沒有。

提問：請問你對新加坡體制，還有所謂的亞洲價值觀怎麼看？

袁偉時：新加坡因為是一個很小的城邦，周圍有強大威脅，在這樣的情況下常常採取防禦性措施。所謂亞洲價值觀根本是胡扯，李光耀慢慢知道他講這套不行了，後來講還是要多元自由。同時那個設計裏有好有壞，好的地方是接受了英國的法治傳統。這個城邦在這方面比較經典，人口很少，認認真真實行法治，根除貪污，這方面是好的。但另一方面設計了很多民主障礙，有法治，但沒有民主。這個障礙從最近的選舉可以看出，反對黨得到了將近百分之四十的選票，但在 67 個國會席位裏才得到 6 個席位，就是在制度上有設置障礙。但即使這樣，百分之四十的民意之下，上台的執政黨也不敢忽視，要是不尊重民意，不按照民眾的要求辦事，下一次可能只能得到百分之四十。因此，只要選舉，即使不完善，民主自由有本身的糾錯機制，會逐步的糾正，逐步的自我完善。就像台灣，最初是打架、賄選，國民黨、民進黨都搞，慢慢自我淨化、完善，現在走向正軌。

> 提問：剛才袁老師說中國的憲政完善過程是緩慢而溫和的，但在緩慢而溫和的過程中，無論是政府還是個人都要付出一定的代價，這是長期的一個痛苦。我們無法能夠把我們心裏所有的話說出來，但還是要說，為什麼選擇長痛而不是短痛？

袁偉時：你們青年人有激情，急於改變現狀的願望我能理解。我也曾年輕過，我現在自稱「80 後」，理解年輕人的心聲，但我們希望這個過程比較平穩、溫和，儘管也許還會有震蕩與衝突。從人民利益與多數人福祉考慮，只能忍受比較平穩的改革過程的一些痛苦。現在在互聯網上要說什麼，我想比較自由，這已經與以前大不相同。所以，我認為不要走上極端。我覺得這裏有一個思維方法問題，要看到困難、黑暗與不足，另外又要看到我們的光明與希望所在，在這樣的情況下我們就會比較成熟，會選擇對中國比較有利的道路。這是我的回答。

楊子雲：袁老師有騰訊微博，在微博上我們可以與袁老師做思想交流，我們有一個欄目叫「思享時間」，做專門的微訪談，曾請袁老師講過一期民族主義的問題，今天的話題我們可以在微博上提問，我們也可以再組織一場。我有一位朋友曾在我面前感嘆，我們這一代人最可悲的是陪着體制慢慢變老。我說也不是，慢慢變老過程中看到很多風景。人要改變自己的思維，你不斷的在鬥爭，但也可以不斷享受這個過程，享受另外的人生，每個人要有多元的思維方法。現在請張老師做一個簡單的小結。

張千帆：不是什麼小結，我不知道在這個過程中該怎麼樣「享受」，但兩個多小時的講座順利結束了，我心裏的一塊石頭終於落了地。講座結束了，天沒塌下來，有什麼可怕的呢？袁老師確實比我想像的要溫和。總結今天晚上這次研討，我想它說明了一個道理：民主不可怕，憲政不可怕，講座不可怕；如果哪天連講座沒了，革命來了還不知道，那才是可怕！

五四、反傳統與傳統熱的社會發生學

時間： 2014年4月29日

地點： 北京大學法學院

主講人

雷頤： 著名歷史學者，中國社科院近代史所研究員，曾任《近代史研究》副主編。著有《李鴻章與晚清四十年》、《走向革命：細說晚清七十年》、《歷史：何以至此》、《逃向蒼天：極端年代裡小人物的命運沉浮》、《取靜集》、《被延誤的現代化》、《歷史的裂縫》、《歷史的進退》等。

張千帆：今天我們非常榮幸地邀請到中國社科院研究員、著名歷史學家雷頤教授。雷頤教授是一個在中國近代史、中國思想史和中國知識分子有關的歷史學方面非常著名的學者，在學界和在大眾心目中有非常高的學術地位和學術影響力。北大跟五四運動淵源很深，請雷頤教授講一下反傳統與傳統熱的社會發生學之間有何勾連，以及歷史學和思想史發生的一個關聯。

雷頤：非常高興能有機會在北大跟大家進行交流。北大是精英中的精英，有機會跟大家彙報一下自己研究的一點體會是我的一種榮幸。另外我跟北大法學院很多老師很熟悉，如張千帆老師。我和賀衛方老師 80 年代就認識。我也認識講法制史的李貴連老師，從他那裏學到很多跟法律有關的東西。

我的題目是「五四、反傳統與傳統熱的社會發生學」。現在了解五四、認識五四，重要的是要了解五四在思想史中的地位。我覺得不需要我來多介紹什麼是五四，因為大家都很了解，譬如民主與科學、強調權利、用契約論解構傳統的國家觀、打倒孔家店。但我想在今天這個時代了解五四，更重要的是了解它在近代思想史譜系中的位置，所以要了解五四之前的思想。

第一點講反傳統的發生學。反傳統思潮是怎麼發生的？幾十年來的慣例是說這種思潮從五四開始，即五四激烈反傳統、全面反傳統。對此有的人反對，有的人贊同，但不管是贊同的還是反對的，都認為全面反傳統是從五四開始的，是從五四達到高潮的。但據我了解，反傳統思潮既不是從五四開始的，五四也不是高潮和激烈程度的高點。當然，五四是很激烈，但只是在重複戊戌—辛亥。戊戌—辛亥中，反傳統思潮，或者批孔、批儒已經完全成熟，從思想建構來說已經完成，五四的所有言論只是在重複從戊戌到辛亥，包括梁啟超、嚴復和許多知名的、不知名的辦刊物的思想家或者思想者的言論。我待會兒會講到這一點。

思考反傳統的發生學，很多年前我有一篇文章談「法蘭克福學派在中國的影響」，同一種理論在不同社會和歷史背景中的效果非常不一樣。所以從知識社會學角度來說，學者對一種知識所產生的社

會效益要非常注意，一種學說和觀念怎麼成為一種意識形態是非常重要的歷史和現實問題。這個問題離開了純學理層面，進入了一種學理觀念在特定的政治、經濟社會脈絡中怎麼運作、運行、如何被運用的層面，我更注重的是這個。所以研究思想史，尤其是社會思想史，我們追問的不是文本中觀念的普遍意義，而是要解釋說明這些觀念在當事者所處的特定脈絡中是怎麼被顯現的，具有哪些特殊意義。

從思想研究的方法論層面而言，對一種思想的研究不能離開歷史的脈絡分析文本。如果脫離了歷史脈絡僅僅對純文本進行分析，有時會得出很荒誕的結論。首先從「反傳統」和「傳統熱」說明這一點。從思想史的方法論上，我希望給大家提供一種方法，尤其是對一種抽象的東西。

舉一個鮮明對照的例子：儒學在近代日本和在近代中國的不同命運。很多人說日本現代化道路比中國走得要順利，而且沒有發生激烈反儒。日本的思想界受華夏儒學圈的影響很深，但日本沒有反儒，而且現代化走得很成功。中國走得很不順，後來還發生激烈的反儒、反孔學。這個對照得出一個結論：日本經驗說明不需要反儒，中國也可以實現現代化。我覺得要放到具體歷史的脈絡中看待這個問題。

對近代日本有所了解的話，很重要的一個人、一本書奠定了現代日本對儒學的了解。日本近代化最重要的一個推手是澀澤榮一，現在的住友、三井包括一些大財團、大銀行都是他在明治維新時建立的。他早早留學歐洲，在歐洲訪問，建立現代企業，包括船舶現代工業。他當過日本的大狀大臣，被稱之為日本的「現代化之父」。這個人寫過一本書對日本的思想界影響比較大──《論語與算盤》，他怎麼解釋論語的？中國儒生講「君子喻於義，小人喻於利」，儒學是指不要賺錢、不要功利、不要現代化、不要接受新的東西，維護傳統。澀澤榮一寫的《論語與算盤》，經過他的闡釋，以很多字句說明儒學並不是反對賺錢的、並不是反對辦實業的、並不是反對這些東西的，恰恰儒學認為人應該謀利、應該賺錢。但給你提供一

個道德規範，賺錢有道，賺應該賺的錢，應該道德地賺錢、理性地賺錢，不得損人害己。而非像很多人覺得儒學是不要賺錢的，我們要尊重儒學就應該反對新生事物或工商業。澀澤榮一之所以把書叫做《論語與算盤》，是想拉近《論語》與算盤的距離。我讀到這本書時，突然想到大家可能都讀過的馬克斯・韋伯的《新教倫理與資本主義精神》。這是一本純學術的著作，很厚重。但澀澤榮一在19世紀60、70年代談的是同樣一個問題，而他談的儒學，包括他在文章中對中國宋明理學提出批評，認為「存天理，滅人欲」是不對的。日本思想界多數接受了他的思想。所以日本現代化、明治維新、後來辦實業和工業等一切過程中，儒學並沒有成為一個障礙，沒有人拿出儒學經典說不應該做這個、不應該做那個，不應該辦工廠、現代銀行或艦隊。相反，多數人認為做這些是符合儒家的。這種情況下日本自然不可能也沒有必要產生一種強大的社會思潮：一定要批判儒學，批判了儒學才能做些什麼。

相反，我們看看近代中國。近代中國我舉幾個例子，不舉後面政治體制改革比較激烈的，就舉洋務運動，看看儒學在近代中國起到什麼作用。

首先舉林則徐的例子。鴉片戰爭後他覺得中國一切都好，就是武器不如別人，要「師夷長技以制夷」，這樣就可以打敗別人。但他的「師夷長技以制夷」還是遭到很多人反對，說是「潰夷夏之防」。大家都知道，中國講究「華夷之變」、「夷夏之變」，中國在華夏，是文明，敵夷是野蠻。只能用夏變夷，不能用夷變夏。林則徐在1840年提出要用他們的武器，遭到在中國掌握儒學話語權的人的堅決反對。林則徐後來讓魏源編了《海國圖志》，這本書出來受到從上到下的批判和抵制，覺得你提出「師夷長技以制夷」是用「夷」變「夏」，「潰夷夏之防」。什麼叫「潰夷夏之防」？敵夷和華夏有一道文化防線，這樣做破壞了文化安全。林則徐的罪名叫「破壞文化安全」，是全盤西化，這樣的指責對高級幹部很嚴重。結果這本書一八四幾年傳到日本，日本通過這本書了解世界，對明治維新起到了很重要的思想啟蒙作用。林則徐啟蒙中國人的書沒有啟蒙中國人，無意中啟蒙了日本人，日本通過明治維新走上富國強兵的道路。無論要反抗

列強侵略還是鎮壓農民，政府用最先進的武器最好。但儒學說這不能做，因為這是敵夷的東西。這是儒學在中國起的第一個作用。

第二，過了 20 年，1863、1864 年洋務運動鎮壓太平天國，認識到洋槍洋炮的厲害。經過 20 年，清政府才勉強同意用洋槍洋炮。那光有洋槍洋炮夠不夠？李鴻章打仗指揮，了解到外國有電報，有的電報開始通過海底電纜，要請外國人架電報，打仗最需要通訊。1868 年李鴻章提出，朝廷一次一次拒絕，最重要的理由是「這種東西，通訊你說得那麼好，它是有很多好處，但有很多壞處，其中最重要的害處是銅線埋在地下，電流通過驚動祖墳。敵夷之所以可以用，是因為他們沒有倫理，我們信奉孔孟，有倫理，拜祖宗，祖宗在我們心目中是最重要的，驚動祖墳是對祖宗不孝，祖宗不安就是不孝，求忠臣必於孝子之門。人都不忠了，對我朝廷有什麼好處？」所以從 1868 年李鴻章提出要架電報，一直到 1879 年他在直隸總督的位置上兼北洋大臣，用自己的權勢就從天津北洋總督府架電線到塘沽的炮台，一試太神奇了，把軍官找來看，用電報指揮比用馬傳遞消息更快。那時候新疆跟俄國伊犁有衝突，還靠馬來傳遞信息，馬上感到這個好。清廷在 1880 年同意架電報。從 1868 年提出到 1880 年架一個電報，這不是政治體制改革去侵犯某個人的利益，沒有侵犯一個人的利益，但清政府不同意，要經過十二年，為何？是因為對儒學的理解，或者朝廷內官員用儒學阻礙洋務運動。辦工廠遇到的阻力更多，就不細說了。

鐵路在辦洋務的過程中遇到的阻力最大。鐵路對當時任何一個國家的現代化都是非常重要的，至今如此。當時沒有飛機、汽車、公路，鐵路從運兵、國防角度而言非常重要。1872 年李鴻章提出修建鐵路，朝廷一次一次反對，基於很多理由，其中一個是「這是狄夷的東西，用了它是崩夷夏之防，會用夷變夏，中華民族的文化一步一步會沒有了」。二是鐵軌會振動山神、河神、祖宗的墳，祖宗不安是不孝。李鴻章說到修鐵路的好處，鐵路修到哪裏，人民的生計、經濟發達。朝廷內掌握儒家話語權的人卻說：「這恰恰說明鐵路修到哪裏人民會變壞，哪個地方經濟愈發達，哪個地方人心變壞。」還說從根本上會顛覆中華文化和中國倫理。我們知道講「男

女之大防」，嫂子掉到井裏，小叔子能不能去救她還要討論一番，講男女授受不親。反對者說，按照你們這種介紹，鐵路在一個悶罐子裏，陌生男女幾天幾夜共居在一個鐵悶罐子裏，會做出什麼事來？「男女之大防」又在哪裏？所以一直到 1889 年清朝才下令同意可以修鐵路了，其中過程太曲折複雜。從李鴻章 1872 年提出到 1889 年同意，修個鐵路要經過 17 年討論，那些掌握儒學話語權的人說這些違反儒家的倫理綱常。李鴻章的書信、奏摺裏，對所謂掌握儒家霸權的非常不滿，連他也覺得應該反對、應該破除這些。

同樣的儒學或《論語》在近代日本和近代中國現代化社會轉型中起的作用恰恰形成了一個鮮明對照。日本沒有必要也不可能形成一個社會性的反傳統、批儒的強烈思潮。中國的反傳統思潮不說必然，但很難不興起。中國近代對儒家、對儒學的解釋埋下了以後啟蒙者不得不也不能不反儒的伏筆。李鴻章包括後來的人為了社會進步，必須反對這種對儒學的解釋。

所以傳統的、經典的實在意義，是在權威的闡釋和社會歷史實踐中形成的。千百年來，對中國一直發生影響的思想尤其如此，其原本就不可能像某種標本那樣被冷藏或者被冷凍起來一直保鮮，在漫長的歷史中必然要被污染，這是消極的說法。積極地說就是它必然要發展。所以研究探索一種思想原本的真相很有意義，但更有意義的是由此展開研究這種思想是如何被運用的，也就是說它是怎樣被污染被歪曲的，或者它是怎樣被發展被豐富的。如果說一個思想沒有跟社會結合在一起，幾千年來人們不知道，說明它沒有生命力，只是冰箱中或者封存的真空包裝的一種東西。但幾千年中儒學一直發生作用，不論贊同還是反對它，反對它可以說它一直被扭曲被污染，贊同它可以說它一直在豐富在發展——不管怎麼樣，它都有生命力，無論是邪惡的生命還是美好的生命。沒有必要把有生命力的東西還原成沒有生命力的，埋頭關注它原始的標本意義是什麼。標本固然有意義，但更重要的是它在歷史脈絡中的發展。這是第一點。

第二點，中國近代反傳統思想的知識考古。我介紹一下近代中國從戊戌到辛亥時期的反傳統思想。五四運動幾乎每一句話都來自

於這裏。大家是學法學的，國家觀都不用我更多地介紹。現代國家觀是契約論國家觀，從霍布斯（Thomas Hobbes, 1588–1679，英國政治哲學家）到洛克建立。但中國傳統的不是契約論國家觀，那種國家觀我稱之為一種帶有倫理性質的倫理型，人把「國」當成一種「家」的擴大，現在經常還有這種比喻，把國當成一個父親，是父子關係，譬如動不動說「國企是共和國的長子」。我看政協委員倪萍被記者問到為什麼不提批評意見時，說國家「像一個家長一樣拉家帶口，日子過得多不容易，我們不能再添麻煩了」。深層處，中國自覺不自覺地把國家當成倫理型的東西來理解，包括「齊家平天下」。陳寅恪說《白虎通‧三綱六紀》確立的「三綱六紀」是中國文化的定義，也在《王觀堂先生挽詞‧序》中認為「三綱六紀」從「男女有別」生出「夫婦有義」；「夫婦有義而後父子有親，父子有親而後君臣有正」。由父慈子孝推演出君禮臣忠，從家庭倫理關係中推演出國家和個人之間的關係，一種倫理型的國家關係。這種國家關係在近代一點一點被瓦解，隨着鴉片戰爭之後，西方契約論國家觀一點一點傳進來，這是導致最後批儒很重要的一點。

從鴉片戰爭之後，傳教士介紹了一些西方制度。中國到西方的人多了一些後，更多西方知識被逐漸介紹過來。大體而言，最開始中國人對西方議會的理解是「通上下」。人往往都是從已有的知識去理解一個新的知識，尤其是一個成年人和社會，不是從前沒有任何知識，而是有一種現成的知識，都是從現成的知識出發理解新的知識。中國人對議會的理解是從「通上下」的角度理解，認為議員是人民選的，議員在議會裏反映民情，讓國王、總統了解民情。他們沒有認識到，議會最重要的是權力限制、三權分立、權力制衡，是對統治者權力的限制。在戊戌之前，中國多數人是從「通上下」理解的，只知道是對總統、國王了解民情很有用的東西，覺得跟中國三代之治、中國古代傳說的黃金時代是相通的、不矛盾，沒有意識到議會是限制國王的權力，沒有意識到這是一種新型的國家觀。但隨着介紹愈來愈多，有的人如鄭觀應，尤其是基於他在香港生活的情況，慢慢認識到議會制度與限制統治者的權力有關，鄭觀應的書和後期的文章已經觸及這一點。但歷史總要劃界，一個里程碑式的思潮是從戊戌開始的。戊戌維新為什麼這樣？是因為中國被日本打

敗。今年正好是甲午戰爭 120 年，中國人經過一次、二次或者好幾次鴉片戰爭、中法戰爭，被白種人打敗也就認了，突然日本那麼小一個國家，千百年來學中國的，連漢字都是學中國的，怎麼突然把中國打得那麼敗了？這對中國人的震動太大。以康梁為代表的人認為日本變法是學西方，這時候中國就有了維新運動。

在維新運動中，梁啟超和譚嗣同發表了系列文章。梁啟超明確談到「今天之興中國者，必曰興民權。國之強弱，源於民主，民主固然，君主者何？君主私而矣」。他在一八九幾年就寫這種文章，非常大膽。從權力論的角度來說，他已經開始突破中國傳統儒學裏國家和人民之間的關係。中國儒學把人民當作兒子，統治者是父親，當然要求父親是一個慈父，人民像小孩、嬰兒一樣要細心照顧。不管怎麼樣，統治者是父親，人民是兒子。這時候梁啟超寫一系列的文章，強調自己有自己的權利，西方是「人人有自主之權。何謂自主之權力？各盡其所當為之事，各得其所應有之利，公莫大焉，如此天下平矣」。中國的傳統是「使治人者有權，而受治者無權，收人人自主之權，而歸諸一人」。西方人人有自主之權，而中國把人民的權收歸於個人，所以國家是「私」，是帝王私人的。這裏對國家帝王的論述非常不同，對君、臣、民三者關係有了很清晰的看法。梁啟超給湖南實務學堂學生的批示中更激烈地認為「人民是股東，君主就是一個掌櫃，大臣是辦事的」。幾個學生覺得挺好，在湖南就傳出去，使得湖南的保守士紳非常憤怒，覺得這是謀反，上報給朝廷，讓光緒皇帝很被動。很多人攻擊梁啟超，認為他從根本上是顛覆君主，所以把梁趕出湖南學堂。在戊戌時代，梁啟超就把新的國家觀點提出來了，這對傳統的國家觀、儒學的國家觀是一種反對。

明確公開寫出新國家觀的是譚嗣同。「生民之初，本無所謂君臣，則皆民也。民不能相治，亦不暇治，於是共舉一民為君，非君擇民，而民擇君也。」大家學法律都知道，這跟霍布斯理論太像了。我現在一直查，查不出那時霍布斯的書翻譯出來多少，或者傳教士的報紙有沒有中譯。譚嗣同是自己想出來的，還是受霍布斯某種啟發，現在找不到材料。如果譚嗣同沒有受影響，那和霍布斯不謀而合。在當時大背景中他受契約論的影響，也就是說

契約論國家觀開始引入中國，必然對中國傳統的國家觀、權力觀念有所挑戰，強調個人有權利。五四新文化運動很重要的一點是強調個人權利、個性解放，但這其實在戊戌時代已經提出了，並且論述得已經很到位。

梁啟超到日本後，寫了更多文章強調民主憲政是普世性的公理：「吾以為民主制度，天下之公理，凡公理所在，不必以古人曾行與否為輕重也。」民主並不因為古代實行過或者沒有實行為輕重，民主是所有人類社會都應該實行的，是公理；中國古代沒有，但也應該實行。這是對中國傳統提出了一種批判、一種反對，而且強調公民意識，提出公民觀念：「人不能獨立就是奴隸，於民法上不認為公民」，這是 1901 年寫的。「公民」概念的提出表明了對權利認識的更加深入、更加準確，這表明中國人在權利意識、國家意識方面往前走了一步。梁啟超在《愛國論》中論述了「愛國」與公民權利的關係，說「國者何？積民而成也。國政者何？民自治其事也。愛國者何？民自愛其身也。故民權興則國權立，民權滅則國權亡。」強調民權，這也是後來五四運動所強調的。

當然，當時在學理上影響最大的還是嚴復翻譯的作品，例如《群己權界論》。嚴復做了很多批語，他特別認為西方的法律和中國的法律根本不同，西方有明確的公權和私權的劃分，而中國沒有，中國公權與私權的界限不是很清晰，所以他劃清公權和私權的根本目的是保護私權不受公權侵犯。

後來在日本的革命派辦刊物都是主張民權和個人權利。鄒容在《革命軍》中說：「吾幸夫吾同胞之得與今世界列強相遇也；吾幸吾同胞之得聞文明之政體、文明之革命也；吾幸夫吾同胞之得盧梭（Jean-Jacques Rousseau, 1712–1778）《民約論》、孟德斯鳩（Montesquieu, 1689–1755）《萬法精理》、約翰彌勒（John Mill, 1806–1873）《自由之理》、《法國革命史》、《美國獨立檄文》等書，譯而讀之也。是非吾同胞之大幸也夫！是非吾同胞之大幸也夫！」那時候已經得出了一個結論：人民決定了國家，人民有權決定國家，國家是人民權力的一個集合，國權的基礎在於民權。這和中國的傳統不一樣，五四恰

恰繼承了這個。當時革命黨人張鐘瑞在辛亥革命前夕寫了一篇文章完全否定了國家，「蓋自古以來，國家之名詞，君主、官吏恆假以愚民，藉以脅眾，恣行其凌虐之手段，以遂其奸」。他認為自古以來，「國家」這個名詞就是君主、官吏用來愚弄老百姓，用來脅迫民眾、行其自己凌虐之手段，是為了達到自己的目的而欺壓人民的一個手段。

　　下面講對傳統的解構。剛才講了對現代個人權利的認識，新興國家觀已經對傳統國家觀點提出一種顛覆。具體來說，這對傳統必然要發生一種更激烈更具體的衝突。譬如當時很多人很喜歡西方的憲政、民主這一套制度，但覺得這個和中國的仁政、儒家的仁政是一致、一樣的。所以梁啟超寫了一篇文章，專門分析仁政和現代國家觀的不同。從權力來源說，仁政是希望皇帝是一個好皇帝，權力來源在皇帝。所謂憲政，權力來源在人民，皇帝權力來源於人民。仁政的理論，是上天授予皇上，皇上是一個好皇上。二者表面相同，而精神完全不相同。仁政強調的是「保民牧民，保民若赤子」，讓皇帝像個慈父一樣照顧好嬰兒，但權力還是在父親那兒。自由、憲政講人民有權力限制皇帝，所以「以孔孟之賢，其仁政之說，不能禁暴君賊臣之魚肉人民」。「何也，其所設種種限制機關，皆隸屬於行政機關之下……」要求好皇帝、好政府的詞非常多，但真正歷史上好皇帝非常少，為什麼？還是權力來源問題。舉了很多例子，有人說中國有禦史制度、誹謗木、宰相制度是制衡皇權的，但只是一種設想，起的作用微乎其微，為什麼？因為沒有分離，是皇權領導下的行政機構，不是西方單獨的，根本限制不了皇權。皇帝開明則會聽一些，不開明則不聽，誰也沒有辦法，所以歷史上暴君多。「趙孟之所貴，趙孟能賤之」，好壞看皇帝本人的意識。當然，梁啟超不否定在千百年歷史中儒學起的仁政作用，但他說那時候只是人類的童年期需要這種理論，現在人類已經成熟了，不需要這種理論，仁政已經過時了。所以梁啟超也首先提出了「儒家過時」，既然過時，就不能再以它為一種主要的意識形態。梁啟超還寫過，中國幾千年中不否認有很多說辭，都是說要有聖賢皇帝，但真正的好皇帝沒有幾個，原因在於儒家沒有一個制度，之所以沒有一個制度，在於仁政理論中權力來源還是在於皇帝。

這方面嚴復做了很多工作，寫出了很多文章。嚴復不同意中國自古就有立憲的觀點。他說任何一個國家都要有法度，如果有法度就叫立憲，那中國自古就有立憲，但他強調這不是我們現在所說的立憲。我們現在說的立憲是用民來限君。你們強調中國千百年來有法度，那些法度是統治者用來限制人民的。這兩者有根本不同。中國沒有民權就不可能限制君權，這不是現代的立憲。我覺得梁啟超、嚴復根據歷史脈絡看這個理論究竟是怎麼樣實行的。嚴復認為，在這個意義上沒有民權，中國不是國，只是一個家。「家天下」是嚴復提出的，中國是一家的天下，唐李天下，「中國自秦以來，無所謂天下也，無所謂國也，皆家而已。一姓之興，則億兆為之臣妾。其興也，此一家之興也，其亡也，此一家之亡也。」人民沒有權就是奴隸。嚴復認為中國千百年來的歷史就是一部希望人民當奴隸的歷史，而且中國人不是雅典式的奴隸，而是斯巴達式的奴隸。這兩者的區別在哪裏？雅典奴隸講自由產權，認為奴隸是一個物，是奴隸主的財產。奴隸主只能是處置自己的財產、處置屬於你的奴隸，不能處置別人奴隸主的奴隸，如果處置了就是侵犯了別人的財產，別人反而要處置你。斯巴達式的規定是只要是奴隸，任何奴隸主碰到他，想怎麼處置就怎麼處置。我不是說嚴復說得對，但這樣看來，魯迅說中國當奴隸而不得，比嚴復說得過嗎？五四很重要的一點說中國人奴性、奴隸，大家把這個作為五四激烈言論的證據。但比較起來，這比嚴復說得更激烈嗎？很多人認為嚴復很溫和，但其實他的言辭很激烈。

對於憲政和非憲政、憲法和政體的高下評價在於是否有三權分立。有三權分立就是優秀的，沒有三權分立就是落後的。嚴復在國家權力的限制、人權方面是這樣認為的。在法律面前人人平等，嚴復認為中國法律特點是「以貴治賤」的人治，應該有法治。所以從臣民到公民，對權利、個人主義的認識，在戊戌—辛亥就已經完成了，尤其是在個人主義問題上。

在這方面，梁啟超找出的是楊朱，楊朱在中國被認為是最惡的人，他唯一留下的是跟孔子、孟子在論戰中的幾句話。梁啟超說「我從前認為楊朱是最不好的人，但現在我認為楊朱這個理論很好，

人人不拔一毫，人人不利天下，天下治矣。」這是現代政治的基礎契約論。梁啟超也認為中國人由於沒有認識到自己的權利因而都是奴隸。官員一級往上靠另外一級，最後靠皇帝。「而今吾中國四萬萬皆仰庇於他人之人，是名雖四萬萬，實則無一人也。以全國之大，而至於無一人，天下可痛之事，孰過此也。」五四反傳統之激烈超過這個了嗎？

梁啟超對中國國民性是怎麼說的？「今夫畜犬見其主人，擺頭搖尾，前趨後蹶者，為求食也；今夫遊妓遇其所歡，塗脂抹粉，目挑心招者，為纏頭也。若夫以有靈覺之人類，以有血性之男子，而其實乃不免為畜犬、遊妓之所為，舉國如是，猶謂之有人焉，不可得也。」這些東西都是公開刊登出來的，我很奇怪為什麼很多人不看。我很早就寫了這個文章，還是沒引起注意，人們還是說五四以來中國才反傳統。我也不是說梁啟超說得對，可是魯迅對中國國民性的評價超過梁啟超的嚴厲程度了嗎？梁啟超又舉了中國帝王的例子說明這一點，認為人就是兩點：一個是生命，一個是權利。二者缺一非人，在中國都是非人，中國人就都不是人。《浙江潮》發表了這方面的很多文章。

再舉幾個例子，按照時間順序往下排。1902 年梁啟超在《論政府與人民之權限》中，分辨的是中國儒學的傳統，認為中國人還是沒有自由，就是奴隸。如果現在再提倡仁政是從成人返回童年、返回蠻俗。現在不需要仁政，要的是自由和民主，實際要的是契約論國家觀。對此嚴復已經說了很多。

1903 年，梁啟超在《大陸》雜誌明確批判孔孟之道、三綱五常。「仁之實為事親，義之實為從凶。胥此道也，則犯上作亂之事息矣。」只要遵從這個道理，沒有人敢犯上作亂。「禮以縛民身，樂以和民氣」，只要按照孔孟的禮樂來做，人人自由就沒有了，這是統治者束縛人民的。這直接對禮教提出批評，中國有三綱而鉗縛其臣民，鉗縛其子弟，鉗縛其婦女，所以中國人奴性強。這是 1903 年他在日本留學生辦的雜誌說的。1903 年梁在《遊學譯編》發表〈教育泛論〉一文，明確提出應把個人主義作為教育的綱領，說中國儒

學強調的是集體，強調的是忠於國家、忠於君臣。這不對，人不獨立就是奴隸。「古來儒者立說，無不以利己為人道之大戒，此不近人情之言也。剝喪人權，阻礙進步，實為人道之蟊賊，而奉為圭臬，無敢或逾。」認為儒者一說都是強調三綱五常的，對其明確提出了批評。

1903 年，梁啟超把「君為臣綱、父為子綱、夫為妻綱」列為宗教迷信，把「人人平等、父子平等、男女平等」列為科學真理。這時就提出了「科學」，用科學來破除迷信。五四提出「科學」，就有 1903 年的精神在裏面。梁文說到在周朝時候雖是很好，但是在如今看起來也是很壞。「至聖」兩個字，不過是歷代的獨夫民賊加給他的徽號。那些民賊為什麼這樣尊敬孔子呢？因為孔子專門叫人忠君服從，這些話都很有益於君的。所以那些獨夫民賊很喜歡他，叫百姓都尊敬他，稱他為「至聖」，使百姓一點兒也不敢不尊敬他，又立了誹謗聖人的刑法，使百姓不敢說他不好。日久自然變做習慣，百姓都入了那些獨夫民賊的圈套，一個個都拿「忠君」當自己的義務，拿「法古」當最大事體。這是 1903 年批判的，後來的五四不過如此。

當年《河南》雜誌有一篇文章叫做〈無聖篇〉，喊出了「破專制之惡魔，必自無聖始」，「謀人類之獨立，必自無聖始」，公開地把批判矛頭對準了大成至聖先師孔子，尤其他是怎麼解釋「君子」這個詞的？「最後嚴成君子，是聖人之學」，讓你們成君子，是讓你們成為君王的兒子，所以你必須服從君王。這是 1908 年的解釋。

1911 年，《民興》雜誌提出「吾心中之有理與欲，如磁極中之有南與北」，批判了「存天理滅人欲」，認為有欲是自然科學生來就有的，這是對的，程朱理學是錯的。柳亞子於 1911 年在日本寫了一篇文章，說「道德有天然和人為的，天然是順從自然的，是合理的，人隨心所欲」，認為孔孟之道是人為的，所以不合理。可見，1911 年對傳統的批判已經很激烈了。

五四還有很重要的一點是改造國民性。改造國民性從誰開始的？梁啟超〈新民說〉，辦的雜誌是《新民叢報》。所以改造國民性、批判儒學都是從戊戌到辛亥之間開始的，包括五四前期談到國

家觀，說國家是為人民的，如果一個國家不為人民，其存之無所容，亡之無所惜。這些都不是首創的。

五四還有一個很重要的口號是「民主與科學」。1912 年初中華民國剛剛誕生時，宋教仁寫了一篇文章〈社會改良宣言〉，為什麼寫這個？中華民國剛剛成立，他作為元老很高興，但馬上意識到中國專制統治了幾千年，沒有人民變成公民的意識，要啟蒙、一點一點普及。怎麼啟蒙？靠什麼東西？他說兩個東西最重要：「以人道主義去君臣之專制，以科學知識去神權之迷信。」這樣看來，五四的「科學」與「民主」口號幾乎翻版了宋教仁 1912 年元月寫下的內容。所以我認為五四所有論點，其激烈程度、廣度和深度都沒有超過戊戌——辛亥時期。當然五四有它的影響，是另外一個發生學。反傳統思想從五四那兒有更大的社會影響，五四前主要是思想家寫文章互相影響，用文言文寫。五四把這些思想翻譯成白話文，影響更大。加上五四之前張勳復辟、袁世凱尊孔以及每個軍閥上台都要尊孔。五四一代認為要把戊戌——辛亥時期的反孔拿出來，用他們的語言、白話文寫一遍。所以反傳統不是從五四開始的，讚揚五四，不必讚揚其反傳統，因為五四之前已經完成了；否定五四，也別說反傳統是從五四開始的，因為從戊戌——辛亥革命就開始了。

接下來講傳統熱。傳統熱說起來很複雜。新文化運動一過，胡適就提出「重視國學，整理國故」。他為什麼提出這個？他覺得五四提出民主與科學，有人說中國人不適用科學，世界很多東西、價值觀、科學精神和方法不適用於中國。胡適想通過中國古代的文字研究、國學研究從根本上探討科學精神是一樣的，只不過中國人把科學方法用於書本、故紙堆之中，西方人用於大自然之中，所以中國人沒有這些科學。但這並不意味着中國沒有科學方法和科學精神，想從國學裏尋找，譬如中國古人是怎麼考證一個字的古義，這跟發現行星的方法一樣。胡適反覆強調通過整理國故證明中國是有科學精神的，所以中國文明不能自外於世界文明之外，應該接受普世文明和普世價值。這個提出來了，受到了激烈批判，主要是共產黨人激烈批判整理國故，其中一點是認為當時階級鬥爭、民族鬥爭緊迫，把學生都引到故紙堆中做研究，不管國家、社會。而且這一套

是通過思想方法抵制馬克思主義的傳播、抵制辯證唯物主義、抵制歷史唯物主義。所以共產黨一直是批判國學的，從 1922 年開始一直批判到 1949 年。1949 年更重要的意義不是中國傳統歷史上簡單的政權更替，而是社會的改造，包括知識分子的思想改造，要求知識分子按照馬克思列寧主義、毛澤東思想、辯證唯物主義做學問，曾經學的一套國學方法都必須作廢。所以知識分子批判國學。

「國學」這個詞來源得更早，在胡適提出之前就有，跟辛亥革命有關。國學從它誕生起跟政治就有不解之源。從前中國是天下，華夏的知識是人類普遍宇宙都應該有的，我們「用夏變夷」，不能「用夷變夏」，證明我們用儒家這一套改變世界。所以中國儒家這套不是儒家的知識，而是天下的，是「放之四海而皆準」的真理。中國的儒生認為儒學不是中國應該有的，而是全世界應該有的。

近代日本有一幫全盤西化論者，但也有人提出日本的民族傳統，有些學者提出要注重自己的國學和國粹。章太炎在日本接受了這個詞——國學、國粹。國學、國粹相對於西學，承認中國學問是一國之學問，不是普天下皆準的。另外重要的一點，提出國學的目的是為了反滿，滿族不是華夏正統，以此反對滿清統治者，作為革命的一種工具提出。胡適提出整理國故後，把國學作為一種發現科學精神、證明中國文化和世界可以相通的工具。後來共產黨認為應該批判國學。等到文革中，國學這一套也被批判。

但我們看到這些年有了國學熱，怎麼開始的？1989 年的大風波，全國高校老師、學生許多都捲入其中，之後反思為什麼會這樣。當時叫「批判資產階級自由化」，批判當時 80 年代受西方民主自由影響的文化熱，其中有一個片子是《河殤》，主張「全盤西化」。1991 年創辦了一個刊物《高校理論戰線》，創刊號上很多文章批判《河殤》，提倡中國傳統文化，明確提出這些年來之所以會有這麼大的風波，就在於對中國傳統文化提出了否定性的東西，所以我們要弘揚、推行中國傳統文化，這是對西方自由化最有力量的抵制。當然，僅僅喊口號要弘揚傳統、發揚傳統畢竟太抽象，他們覺得弘揚傳統要從國學開始。所以 1992 年北京大學成立了「傳統文

化研究中心」，李嵐清還來信表示祝賀。1993 年 8 月 16 日，《人民日報》第三版史無前例地以整整一版的篇幅發表國學文章，說國學在燕園又悄然興起，標誌着國家正式提倡國學。文章指出，北大領導和眾多教師認為，社會主義精神文明建設與物質文明建設是車之兩車輪、鳥之雙翼，缺其一就會翻車，就不能騰飛，所以精神文明建設離不開中國文化傳統。文章認為提倡國學對提高中國人的自尊心、自信心，增強民族凝聚力等都是一項基礎性的工作。《人民日報》在「編者按」中也說到「研究國學，弘揚中華民族優秀文化傳統是社會主義精神文明建設的一項基礎性工作」。僅僅兩天後，8 月 18 日《人民日報》在頭版又發表了一篇評論──〈久違了，國學〉，盛讚北京大學的國學研究對社會主義精神文明建設的重要意義，提出社會主義精神文明建設離不開中國優秀文化傳統。所謂有中國特色，一個重要含義是有中國文化傳統。

從此之後，中央電視台、《人民日報》等媒體大力弘揚國學、發揚國學。季羨林老先生在《人民日報》發表了一篇文章〈國學漫談〉，指出國學絕不是「發思古之幽情」，而是有強烈的現實意義。其現實意義主要表現在建設中國特色的社會主義上，它的光輝也照到外國去，能夠激發整個中華民族的愛國熱情。因此，探討和分析中國愛國主義的來龍去脈，弘揚愛國主義思潮、激發愛國主義熱情是今天國學的重要任務。國學在三四十年代只存在於學院中、知識分子中，作為純學術研究。這時候突然成為國家主導的熱，不是一般學者研究，而是全民形成國學熱，跟主流媒體分不開。李嵐清跟北大教師座談也明確表示對國學熱的支持：「是弘揚中華文化傳統，是社會主義精神文明建設的一項迫切任務」。1994 年 8 月，中共中央發佈了《愛國主義教育實施綱要》，這時候開始強調傳統，把傳統和愛國主義緊密結合起來，強調愛國主義對振奮民族精神的種種作用。

你們是否記得上小學之後要你們看一百部愛國主義影片，從國學到愛國主義強調中國傳統。特別是 1996 年 11 月由國家教委、民政部、文化部、國家文物局、共青團中央、解放軍總政治部向全國中小學生推薦百個愛國主義教育基地。我統計了一下，從 1997 年

7 月到 2009 年 5 月，中宣部公佈了 400 個國家級的教育基地，還有省市級的、地區縣級的，全國不知道有多少個了。後來我發現北京的周口店也是愛國主義教育基地，河姆渡遺址、包括當年被批判的儒學大師馬一浮的故居都是愛國主義教育基地。其中上海有一個煙草博物館，煙草博物館開始也是愛國主義教育基地，後來總覺得讓小學生參觀煙草不太好，現在拿下來了。所以從上到下把所有民族的、傳統的都列為愛國主義教育基地，這方面的文章特別多。現在工作做得很細緻或者很人性化。從前只有春節放假，其他是五一、國慶這樣的政治性節日。2005 年，中宣部、中央文明辦、教育部、民政部、文化部聯合發出《關於運用傳統節日弘揚民族文化的優秀傳統的意見》，從那以後起慢慢規定。2007 年 12 月國務院正式規定除夕、清明、端午、中秋放假。這些年來有國學相關的文章公開發表，把國學和國家文化安全聯繫起來，不論怎樣和中國優秀傳統這一範疇是一致的，是對大學生進行思想品德教育很重要的一方面，一定要從國家安全的角度來看國學。也就是説，我們國家從 1989 年之後進行了一種合法性的調整，更多轉向民族主義、強調愛國主義、強調傳統資源。

它的一些變化也用很民族的形式表現出來，如豐子愷的畫、泥人張的剪紙，反映出愈來愈用民族形式顯現傳統，也需要傳統。這方面，當代新儒家推崇者在一本書裏寫得很明確。由社科院社科文獻出版社出版的、康曉光編輯的《陣地戰》，運用西方馬克思主義葛蘭西的文化霸權理論，認為這都是爭奪文化霸權。中國文化和西方文化不是互相兼容和並容的，是兩種不同的文化，是一種戰鬥關係，是文化霸權的爭奪戰。這種陣地戰不是我們被西方文化打敗，就是我們把西方文化打敗。書的副標題是「儒學的觀察」。

同樣的一種文化，或者同樣一個名次、一種思想在不同歷史脈絡中的作用不同。如國學，在辛亥時期是反滿革命的一種工具；在胡適那裏是為了中國文化融入世界的一種工具；在現代是強調中國文化有自己特殊性、特別性、中華性，世界上很多東西不適應中國。我覺得奧地利哲學家維特根斯坦（Ludwig Wittgenstein, 1889–1951）的一句話特別好：「語言的意義在於它的用法」——社會思想的意

義也在於它怎麼被使用。同樣，包括中國特色社會主義理論，在提出來時的意思和在現代的意思有相當大的不同。為什麼當時要提出這個？在改革開放之初，所有人認為馬克思說的計劃經濟是社會主義，必須是計劃經濟。但當時以鄧小平為代表的改革派認為計劃經濟把中國搞得一團糟，得要有市場經濟。怎麼辦？馬克思計劃經濟理論是在更高階段上，資本主義高度發達後才能夠實行的。中國的特色在於中國很落後，沒有經過資本主義階段，中國的特色在於搞中國特色社會主義要有市場經濟。所以中國特色在開始提出的很長一段時間內，其指向是要改革開放融入世界。現在強調中國特色，是強調中國文化、中國歷史、中國的政治制度有自己的特色，外面很多東西不適應中國，也是語言學家索緒爾（Ferdinand de Saussure, 1857–1913）說的「能指」、「所指」，這個概括非常好。國學在不同的歷史階段，儒學在日本和中國，中國特色社會主義在不同的語境、不同的時段中，「能指」相同，名詞都一樣，但「所指」相反或者有很大的不同。同樣，有的「能指」不同，但「所指」相同，無論是現代傳統的還是文革那些，表現完全不同，但中心意思一樣，都是熱愛共產黨、熱愛祖國、熱愛社會主義。

我特別想強調，在對歷史事實的研究，尤其是思想史的研究中，應該警惕的是純文本闡釋，即不顧歷史、不顧一種思想在歷史中產生了什麼作用而進行一種純文本的闡釋，想怎麼說就怎麼說。以馬克思或其他人的某句話為準，但不顧這句話在幾千年的歷史脈絡中起了什麼作用。一定要把思想和歷史的脈絡緊密相扣，而不能倒過來去掉歷史進行純文本闡釋，甚至進行了純文本闡釋之後用觀念闡釋的理論代替整個歷史事實，闡釋中國古代什麼樣，認為中國古代社會都是這樣，這點是應該警惕的。

現在看看儒學對日本現代化起的作用，沒有人反對儒學。等到日本軍國主義興起時，很重要的理論就來源於儒學。軍國主義者用儒學，他們大量的案例不用我解釋，只要看日本當年的論述就知道。當時日本有兩種思潮，一種思潮佔主導地位：我們是東亞人，東亞人受白人欺負，要反抗；中國人現在不行了，得日本大和民族擔負起這個責任。少數人認為日本太小，還得中國來擔當，後來這

個思想幾乎被日本拋棄了。我們小時候看電影不理解日本軍官動不動就說「王道樂土」，我們是王道，西方白種人是霸道，我們要恢復中國儒家的王道，黃種人用儒家的文明對抗白種人的自由主義和共產主義。「你們要看透，延安是莫斯科的走狗，重慶是英美的走狗，只有真正的王道樂土與東方自己的文化、文明之中，由東方人、黃種人承擔，黃種人應該攜手，但中國承擔不了，日本擔負起主要作用。」日本是這樣利用儒學的。研究歷史、研究思想史，研究儒學要看它在不同的語境、不同的時段、不同的國家，不同地得到應用，這樣才更有意義。今天說了半天主要是想強調思想史、觀念史的方法意義，注意不要純文本闡釋。社會思想史一定要和社會脈絡緊密相連，要注意它在幾千年歷史中是怎麼被應用的，不要反過來根據現代的觀念進行闡釋，這也可以，但一定要警惕不要用我們的闡釋代替以後的歷史是那樣發展的。我先講到這裏，大家有什麼問題歡迎提出。

提問：我有這樣一個問題，我們過去愛國主義與反傳統相結合，今天把愛國主義跟傳統國學相結合，其中的變化你怎樣看待？

雷頤：我作為一個研究歷史的工作者，剛才講了半天，是想分析出思潮背後的思想政治權力、彼此之間的複雜關係。反傳統或者弘揚傳統背後往往會有某種政治企圖在裏面。但我覺得從整體而言，在現代社會中，契約論的國家觀是一種基礎性的國家觀念，在這個基礎之上才能建構一種現代國家的政治架構。我覺得要珍惜愛護傳統，但更主要的是在現代政治框架下對傳統的一種審美甚至個人道德的層面理解。我曾經寫過一篇文章，關於中國傳統反傳統、現在的權勢者對傳統的不同看法。譬如慈禧的兒子 1875 年去世了，她堅決反傳統，因為所有傳統中最重要的是皇帝繼承法、家法，最神聖不可侵犯的傳統家法是皇位繼承法，他兒子沒有孩子，新皇帝按照家法傳統神聖不可侵犯，從皇帝下一輩人中的皇族找一個男性當皇帝。但慈禧一定要把這個破掉，為什麼？因為如果是孫輩當皇帝，她就是太太后，小皇帝的父母親就是太后攝政王，權力在他們

手中。等到 1898 年戊戌維新了，她堅決反對，以違反了傳統、違反了祖宗之法反光緒，因為維新又碰了她的權力。1875 年什麼傳統都可以反，1898 年堅決說要維護傳統，家法不能廢。所以我覺得傅柯（Michel Foucault, 1926–1984，法國哲學家）有他的道理，一定要警惕到背後權力的掌控。戊戌維新以來反傳統不是反鴉片戰爭以來的傳統，是反對中國千百年來的傳統。五四是重複戊戌至辛亥的言論。

> **提問**：90 年代初為了對抗國外風俗，搞愛國主義宣傳或者教育。我想問一下，現在《人民日報》發文說要保持漢語的原創性。香港人對中華傳統文化保存得很好，說保持漢語純潔性，你怎麼看？

雷頤：關於這個問題我從 90 年代起寫了多篇文章，最近的一篇文章是去年有些人要起訴商務印書館，因為它出版的《現代漢語辭典》把字母詞作為現代漢語收進去。很多人認為你收進去就是污染了漢語。但現在國際交往愈來愈多，已經無法擺脫這些。那到底什麼叫現代漢語？現代漢語是我們現在用的、大家可以理解的語言。如今天去 KTV 唱歌，如果不要用這個詞表述，得用「咱們今天到預先錄製無人伴奏電子設備中唱歌去」。我問了很多人包括我認識的人參加簽名起訴商務印書館，我說「你到醫院做 CT 檢查，不用 CT，說得出來嗎？」在座的我們有幾個說得出來？給大夫說做個 CT，大夫懂；大夫說給你做個 CT，你也懂。現在不用這個，說大夫給你做一個什麼？X 光也是照片，說 X 光也錯了，因為有個 X，不是漢語，叫「計算機生存組織結構掃描照相系統」——有幾個人這麼說？尤其是自然科學，我注意到現在太快根本來不及翻譯，而科學術語定名要非常長的時間，根本來不及，所以愈來愈多的自然科學用語就是原文用，包括 CEM、CD、IP，大家全都明白了。你的 IP 地址，我馬上明白了，用再多馬甲，知道 IP 就能查到我。IP 很重要，起到一個交流的功能。你想把這個去掉，實際上不可能。《人民日報》批判，但自己文章裏就有，譬如「今年的 GDP 怎麼樣」、「CPI 又走高了」、「中國要加入 TPP」。在國際化的潮流中沒有辦法躲避掉這個問題。

　　我學歷史總舉歷史的事實，在近代凡是想控制語言的，最後註定要失敗，並且被嘲笑。一個很開明的大臣張之洞辦新學，讓下面的幕僚起草一個大綱。19世紀末20世紀初大量的日本詞湧進中國，我們現在用的很多詞——解放、勞動、美術、設計、健康、衛生——連我們住的「地下室」都是日語。「地下室」的英語是「basement」，嚴復太文雅，不用「地窖」翻譯「basement」，而用「窨」（yin）；日本翻譯成「地下室」，留學生一回來就用「地下室」。現在廢掉「地下室」的表述，用「窨」有幾個人會用？嚴復用中國傳統的名學來翻譯「logic」，日本人用「邏輯」。現在的「邏輯」也是日語詞，諸如「設計、健康、衛生」等等，今天很多詞都是日本的。那時候剛剛湧入時很多人反對，張之洞一方面很開明，一方面反對。他讓他的幕僚起草一個辦學大綱，大綱中有「注意學生健康」，張之洞看了之後很憤怒，認為「『健康』乃日本名詞，用之殊覺可恨。」這個幕僚很厲害，回道「『名詞』亦日本名詞，用之也覺可恨。」中國傳統哪有名詞、動詞、形容詞、分詞？這套語法系統是從日本傳過來的，所以你想反對的，自己不知不覺也在用。

　　我去過幾次香港，他們接受東西非常快，但保留自己的傳統非常好。在銅鑼灣上班西裝革履，有英文名字，一回到背後就是吃大排擋、吃傳統小吃、阿仔等稱呼。尤其是潮汕人，他們融入全球，但潮汕人保留自己的傳統是少有的強。飲食方面，全世界的食品在香港都可以吃得到，但吃粵菜還是在香港。從語言角度來說，愈想純潔語言保持傳統文化，恰恰表明我們的軟實力不行。

　　中國鴉片戰爭早於日本，日本開國是1850年，傳教士先來中國。很多新詞，包括「化學」是傳教士譯成漢語傳到日本，前十年是日本跟着中國學這些新詞。但中國一直沒有像日本改革開放、明治維新，結果中國名詞全部日本化。半個世紀，在語言交流方面變成中國學日本。這說明愈開放，文化才愈有影響力。封閉能使文化保持特色嗎？根本不可能。

　　前幾天我寫了一篇文章〈高天滾滾「韓流」急〉。韓國是從一九九幾年後，軍政府垮台，文人政府上台開放了一系列的政策以來，

韓流慢慢愈來愈熱。90年代以前韓國人很喜歡看香港劇，因為韓國政府在軍政府控制下高度意識形態，連出現一個紅顏色的東西都要經過審查，紅色會讓人想到共產黨、北朝鮮，但嚴格審查下的韓國電影，沒有一點吸引力。而韓國曾經是日本的殖民地，也禁止日本的東西，對於那時的韓國來說，最具有吸引力的是香港的武打劇。現在經過文化的開放後，韓國文化有很大的影響力。相比而言，同樣的文化和傳統，北朝鮮文化有吸引力嗎？封閉起來，傳統文化在他那裏得到發揚了嗎？全世界是靠它了解所謂高麗的文明嗎？所以還是要開放。

大家看懂一部電影就能了解韓流的秘密——《太極旗飄揚》，完全從個人角度談戰鬥、人和國家的關係，解構國家、解構個人主義。電影中，大哥是修鞋匠，他弟弟是個高中生，學習很好，全家過着貧苦但其樂融融的生活，希望寄託在大哥天天修鞋，希望弟弟能上大學，大哥特別愛弟弟。戰爭突然爆發，倆人被抓去當兵。這個大哥突然知道，如果他立功有多少功勛，小弟弟可以復員，不用打仗。所以大哥打仗特別英勇，被授予勛章。他打仗不是為了國家，而是為了弟弟回家。後來由於種種原因，並沒有讓他弟弟回家，他以為他弟弟死了，特別憤怒，為了報仇，反過來參加了朝鮮人民軍，打韓國政府軍，懷着復仇的心特別英勇，所以朝鮮也授予他勛章。有一次在戰鬥中大哥突然發現弟弟沒死，弟弟說戰爭之後還是回漢城一起生活，跟政府說明，趕緊回去。這時候人民軍大部隊上來，大哥是人民軍的英雄，但為了掩護他弟弟跑，轉身過來對準人民軍，結果大哥被打死。用傳統觀點來看這是一個什麼人？背叛來背叛去，但在敘事結構中，對弟弟的愛永遠不變，為了弟弟或者是韓國或者是朝鮮，一切順理成章。這部影片在世界影響很大，能夠公演。韓流很盛，這只有開放才能做到。韓國歷史上千百年來是中國的藩屬國，是漢族文化，受華夏文明影響大。韓國有文化的人一直以自己能寫漢詩、能寫漢字為榮，皇上下的聖旨都是漢字。就像今天在 CBD 大家能說幾句英語表示你的身份一樣，那時候韓國千百年來是以說幾句漢語為主。後來被日本移民，結果韓流在日本很有影響。韓國人打了一個文化翻身仗，這跟韓國的開放有關。韓

國熱說明只有開放，文化才有吸引力、軟實力才能強大，靠封閉、語言純潔來維護，實際上是害了自己的文化。

提問：雷頤老師說國學熱是 89 年下半年為了反對資產階級自由化，那 80 年代真的有資產階級自由化嗎？什麼是資產階級自由化？如果真的有，自由化是由反傳統興起的，那經過二十多年的國學熱，真的有資產階級自由化嗎？

雷頤：有人做了調查，讀經典的有百分之八十多都抵制資產階級自由化。我沒有做這個調查，但我想恐怕是有一定的效果。很多人一談起來就說中國文化有自己的特點，文學界、史學界持這種觀點的人多一點。法學界這種觀點比較少一點，也不是說完全沒有。另外我多說一句，剛剛想到的，中國語言在權力掌控之中，譬如廣電總局規定不許用香港腔、報紙上不許用港台詞。我寫過一篇文章〈「哇」聲一片又何妨〉，就是針對這個的。那時候湖南衛視一批年輕人表示驚訝不像我們用「哎呦」，而是「哇」、「哇噻」，老人聽到這個非常不喜歡，覺得這不是傳統地表達驚訝。當時專門有一個規定說不允許港台腔，不許用「哇噻」，但控制得住嗎？有一個詞，2005 年連戰和胡錦濤會面，胡連會中有了一個詞「兩岸的共同願景」。當時《現代漢語詞典》第七版馬上要下場印刷了，突然胡連會用了「願景」一詞，他們就馬上把「願景」這個詞收進去了。從前我們不用「願景」，之後才用「願景」這個詞。中國語言跟權威關係特別大，從語言背後可以看權力。

提問：我有兩個問題：一是最近官方從國家角度弘揚中華傳統優秀文化，這背後的目的是什麼？二是身份認同與傳統有沒有關係，如果有，是什麼關係？

雷頤：背後目的已經很清楚了：為改革開放好、社會主義好、共產黨好。身份認同是中國人、是哪兒人，甚至某個地方的。我以潮汕和嶺南文化為例，一方面是對傳統的認同，潮汕會、海外同鄉

會特別強大。但談起生意，李嘉誠代表着最高度的國際化，所以身份認同和融入世界、開放不矛盾，這從李嘉誠可以看出來。當然這種很柔軟細緻的東西是自然而然形成的，而不是靠國家權力規定應該怎麼樣，能用什麼，不能用什麼，乃至於語言。如現在看電視節目的主持人都是「哇」、「你真行耶」、「好幸福耶」、「你好帥耶」。這已經自然而然，不感覺到是在模仿港台。所以《人民日報》那篇文章說用「明兒見」別用「拜拜」。但現在「明兒見」早就沒人用了，是最老的老北京才說的。

四
普世價值與中國道路

時間： 2012年9月15日

地點： 北京大學法學院

主講人

杜光： 著名學者，曾任中央黨校理論研究室副主任、科研辦公室主任兼圖書館館長、中國政治體制改革研究會幹事長兼《中國政治體制改革》雙月刊主編，著有《堅持改革的社會主義方向》、《推進啟蒙運動，發育公民社會》等。

叢日雲： 中國政法大學政治與公共管理學院教授，博士生導師，院學術委員會主席，學位委員會委員，著有《西方政治文化傳統》、《當代世界的民主化浪潮》、《在上帝與愷撒之間——基督教二元政治觀與近代自由主義》等。

張千帆：是否承認以及如何對待普世價值一直是中國很糾結的問題，這種糾結至少從 1840 年鴉片戰爭就開始了。歷史上，中國一度以世界中心、大國文明自居，什麼事情都堅持祖宗之法、本土特色。但到後來，尤其是甲午戰爭後，中國開始認識和接受來自西方的普世價值。1908 年第一部憲法出台，中國似乎開始在法律上、制度上愈來愈多地借鑑西方文明，但這個過程非常曲折。到 1919 年五四運動，這個問題又發生根本轉向。原先要通過日本學習西方的法治與憲政文明，但是《凡爾賽條約》一下子讓中國人對西方失望；加上第一次世界大戰結束，西方國家自己焦頭爛額，連梁啟超這樣的改良思想家都認為西方不足效仿，蘇俄就此成了中國的學習榜樣。中國的現代化之路就這樣跌跌撞撞從五四走到今天，功仍未成。

建國以後頭 30 年，我們閉關鎖國，結果搞出了大躍進，搞出了文革。文革結束後，中國又開始向世界開放，普世價值又進來了，但這個過程也是一波三折，因為文化和制度上排斥西方文明的傾向和事件仍屢見不鮮。中國是否還會走夜郎自大、固步自封的老路？這對於當代中國而言是十分重要的話題。

我們今天非常有幸請來兩位對普世價值很有研究的學者，一位是德高望重的杜光教授。杜老出生在 1928 年 5 月 4 日，正好是五四青年節那一天，所以一直非常年輕，尤其是思想年輕。1946 年，他來北大上學，所以也是北大的校友。1948 年，他被國民黨劃為「左派」，還受到通緝，所以去了解放區。「解放」以後，他又去中央黨校工作。過了十年，到 1958 年，杜老被劃為「右派」，頗有戲劇性。直到 1979 年平反，他重回中央黨校工作，擔任理論研究所副主任等職務。1988 年，杜老參與籌建中國政治體制改革研究會，並擔任《中國政治體制改革》雙月刊的主編。兩年後的 1990 年，杜老離休，2003 年起開始在網上發表意見。杜老今年 80 多歲了，還上 QQ，你們說他年不年輕？下面讓我們用掌聲歡迎杜光教授為我們講座。

杜光：非常感謝張千帆教授和新浪網給我提供一個機會，讓我能夠談談對普世價值的看法，我覺得這個機會非常難得，十分感謝。但我只能從實證和體驗的角度來談，學理方面叢教授可能會講得更好一些。

　　我談三個問題：第一，什麼叫普世價值；第二，什麼是中國道路；第三，普世價值和中國道路之間的關係如何。我的重點放在第三個問題。

　　首先，什麼叫普世價值？我查了一下 1979 年的《辭源》和 1986 年的《簡明不列顛百科全書》，都沒有收進「普世價值」這個詞條，可見這個詞作為概念出現是近 10、20 年的事。為什麼會有這樣的現象？我認為，既然出現了新概念，就應該引起大家的注意，思考它的內涵是什麼、影響是什麼、作用是什麼，並展開廣泛而多元化的討論。這裏談一談我自己對這些問題的看法。

　　我認為，普世價值是指符合人類共同利益和社會共同需要的一些價值和觀念，或者說是價值理念。普世價值這個概念為什麼在晚近幾十年才出現？我認為主要是全球化深化結果需要出現這樣的觀念。普世價值的內涵，在很早甚至幾千年以前就有了，即人們生活在同一個社會裏，需要有一些共同規範和觀念，以保證社會能夠平穩、和諧地發展。因此，各個民族、各個地區都有自己的規範和觀念，譬如中國古代儒家的「仁愛」、「已所不欲勿施於人」、「和而不同」等，這些都是為了保持社會的穩定、和諧發展所必需的一些理念。但由於地域的隔絕，不同國家對於這些理念有不同的表述。但隨着生產力的發展，地域隔絕被打破，世界上逐漸出現觀念的交流與融合。特別是近代社會以來，資產階級從歐洲三大革命中吸取了很多積極的東西，如人道主義、人文主義，以及自由、博愛、平等等觀念，用這些廣泛發動民眾批判神權和王權，使民主和自由成為普遍性的理念。但這些理念傳入中國最多只有一百多年歷史，是從洋務派開始引進西方一些觀念，特別是議會制、民主、自由等，這些理念真正在全世界普及是在全球化以後。有人說全球化出現在工業革命之後，出現在新大陸發現之後，對此我不贊成。我認為真正的全球化發生在冷戰結束、蘇東劇變後，這時才形成了「普世價值」這個概念。正是因為普世價值是一個比較新的概念，所以需要廣泛的討論與研究。剛才我給出了我心目中的定義，即普世價值是體現人類共同利益和社會共同需求的一種理念。

其次，什麼是中國道路？中國道路無非是三條：一是前進，深化改革，特別是政治體制改革；二是保持現狀；三是倒退，回到文革時代。我認為這三個前景都是具有可能性的，因為現在這三個可能性都具有一定的政治條件和社會基礎。

第三，普世價值和中國道路的關係。要前進就是改革，所謂改革就是以民主的、自由的、平等的、現代的政治體制取代傳統政治體制。就政治體制改革而言，當前它對所有其他領域的改革起着決定性的作用。因為其他領域的改革停滯不前也好，經濟改革走上彎路、邪路也好，都是政治權力缺乏有效制約和監督造成的，所以最根本的問題在於改革政治體制，使政治權力得到應有的制約和監督，這是無論在朝、在野、體制內、體制外，全體中國人民共同面臨的歷史任務。

我認為，改革政治體制需要一個非常重要的輿論準備、理論準備：使普世價值深入人心。只有在充分、平等的討論、探討、爭論的基礎上達到共識，才能為政治體制改革做好認識和思想上的準備。這裏我要提出一個正確認識普世價值所必須的觀點。新民民主主義確實有民主主義的內容，正是民主主義的內容吸引了當時中國絕大部分知識分子支持共產黨取得革命勝利；但新民民主主義論裏也潛藏了專制主義的東西，這一點我們必須認識到。

關於改革目標，我講「四化」：經濟市場化、政治民主化、文化自由化、社會平等化，我認為這是整個改革目標的模式。因時間關係我就不一一解釋了，講得不對的地方請大家指教！

張千帆：感謝杜光教授的精彩演講，下面有請對西方政治思想素有研究的學者叢日雲教授做演講。他是中國政法大學政治與公共管理學院的教授，長期從事西方政治思想史和中西文化比較研究，研究的主要興趣在西方政治思想、政治哲學、政治文化，這些年來在這個領域出版了一系列的專著，包括《西方政治文化傳統》、《當代世界民主化的浪潮》和《在上帝與凱撒之間——基督教二元政治觀與近代自由主義》，這是一個很有意思的視角。此外還有《西方文明演講錄》。我經常在網上看到叢教授的精彩言論，因為不同專業，

平時見面機會不多。有一次研討會上有幸聆聽了叢教授的高見，印象非常深刻，下面讓我們歡迎叢日雲教授！

叢日雲：謝謝張千帆教授的邀請，使我有機會和在座各位朋友共同交流大家都關心的問題。這個話題看起來很宏大，沒有人能夠拿出一個答案來，但每個公民都有責任去關心它、思考它。這麼個龐大的國家，十幾億人口在經歷着轉型的特殊時期，社會面對着的種種問題困擾着我們，我們對自己的未來也深感焦慮，社會上各種各樣的觀念相互衝突，也讓我們感到不安。

我們在歷史上曾誤入歧途，今天回顧那一段歷史，知識分子承擔了重要責任。20世紀30、40年代，我們去反思那個時候的知識分子，他們對國家現狀、國家前途的認識誤入迷途，誤導了這個國家，走了幾十年的彎路。最近任劍濤教授出了一本書《建國之惑──留學精英與現代政治的誤解》，反思留學精英怎樣誤讀了西方，怎樣誤讀了中國，怎樣給中國開錯了藥方。這不是少數人，而是一個時代的知識分子的主流群體都誤入迷途，進而誤導了公眾。這是值得我們深思的一個教訓。

今天我們又處在關鍵的十字路口，能不能找準方向，認清目標？中國未來到底朝哪個方向走？我們要建設什麼樣的現代國家？中國的現代文明應該是什麼樣的？思考這些問題時背後的依據是什麼東西？譬如我們對西方文明的認識，對中西文明關係的認識等，這都是我們思考這些問題的主要依據或者背景，不把那些問題搞清楚，可能再次使我們誤入迷途。

剛才杜老談到關於普世價值的討論。普世價值的存在還需要討論嗎？普世價值是否存在這個問題並不值得展開嚴肅的學術討論。我們真正需要討論的，是普世價值如何表述，在中國以何種方式和形式來實現。

我特意整理了一下我的思路：首先我認同有普世價值。今天的論壇叫「憲政講壇」，憲政制度背後的憲政文化，作為憲政制度依託的那一套價值體系，就是普世價值。這種普世價值從歷史上看

來源於西方。這幾個問題在我心中沒有疑問。但我的問題是，來自於西方的東西如何會成為普世價值？這是很多人的困惑。很多人就說，我們是要搞憲政制度，但不是移植西方，中國自己就有，一定要在本土資源中找到根據。以前說黃宗羲那裏就有，現在說孔子、儒家那裏就有，夏商周三代都是，甚至有人說三皇五帝就有了，反正是我們自己就有，不需要從西方引進。另外一個問題是來源於西方的普世價值如何適用於中國，我們引進來自西方的普世價值能否成功，會否水土不服？在簡短時間裏我試圖粗略地回答一下這兩個問題。

第一個問題，源於西方的價值如何會成為普世價值？這是一個麻煩的問題。我看了若干支持普世價值的定義，我覺得表述比較好的是現在維基百科上的一個表述：「泛指那些不分領域，超越宗教、國家、民族，只要本於良知與理性皆為所有或幾乎所有的人們認同之價值、理念。」這其中有一個修飾詞——「只要本於良知和理性」就應該為所有或幾乎所有人認同。這個定義和那些否定普世價值者給普世價值概念強加的一些特徵或者解釋是有區別的：一是普世價值並不是所有人承認和遵守。那些人只要找到有人根本不遵守這個、違背這個，就否定了普世價值的存在。不是這樣。普世價值是一個應然的東西，是一種規範，是只要你良知未泯，只要有健全的理性就應該承認的，是每個人應該遵守的，是大家過社會生活共同遵守的一個底線、最低限度的一個要求。即使承認的人，可能偶爾也會違背它，但他承認，肯定是這個事做得不對，因為它違背了公認的價值。所以，不能公開拿出來說我就是對的。這是兩回事，是一個應然的東西，但這種應然的東西有實然的存在。我們觀察人類歷史上各個民族、各個文明，確實有某些共同的規範，這些共同的規範就是普世價值。此外，普世價值有其時代性，前面說的定義裏沒有涵蓋進來，但它並不像有人解釋的那樣，好像是從來如此，永恆不變。普世價值不是這樣，普世價值是文明人類的基本規範，但在不同時代有不同表現以及新內容，會隨着時代發展而變化。

今天講的普世價值，有一部分在古代社會就存在，一直延續到今天。這種古代社會的普世價值的來源是什麼？根源是什麼？一

個是人對同類的同情心和愛心，這是普遍存在的，人類都有。我們是人類，超越了動物的狀態。同時我們都是文明人，超越了野蠻狀態。這也就是說在古代的文明社會，文明人類普遍設立的基本規範就是普世價值。第二個是共同的社會生活需要。人類是過共同社會生活的，但人類又有着共同的缺陷。不管什麼樣的人種，不管是哪個洲的，都有共同的缺陷。為了過好共同的社會生活、協調好社會關係，就有了共同的道德規範來約束和教化人們。正是出於人的這種特性，出於社會的需要，古代社會已經出現了這種超越民族和文明的普世價值。

普世價值使古代人類能夠和平交往與相處，交往和相處時大家都找到共同的規範來遵守。如果沒有普世價值，古代人類的交往和相處都是不可能的。我們熟悉古代的《羅馬法》，羅馬人征服了龐大的帝國，許許多多城邦、王國、部落都被它征服，各個政治單元原來的法律、風俗習慣不一樣。羅馬人就把羅馬人和其他各個政治單元的人、各個民族和部落的共同規範提煉出來，形成了「萬民法」。羅馬人相信，羅馬帝國就是世界帝國，有無數的人和平相處，這有賴於能夠找到共同的規範讓大家遵守，裁判相互間的糾紛。所以，普世概念在羅馬帝國範圍內能夠非常流行是有道理的，是有根據的，包括基督教這種普世宗教能在其中形成也是有基礎的。

現在有些人提倡全球倫理，他們的表述是：「每個人都應該得到符合人性的對待。」什麼是普世價值？提煉為一個簡單的原則就是，每個人都應該得到符合人性的或者人道的對待。也就是說，把人當人來對待，以人的方式對待人，這就是普世價值。我反對有些人把普世價值開列一長串的概念，把你喜歡的、好的東西開列了一長串，殊不知那些東西不能算，只能說是普世價值基本原則在特定場合、特定時代的表述和表現。也有人提煉了各大宗教、各種意識形態的共同的「金規則」，這個「金規則」用中文翻譯就是「己所不欲，勿施於人」。正面的表述是：你希望別人怎樣待你，你也要怎樣待人。這些都是普世價值的一種表達。一定要把普世價值提煉到最抽象的程度、最基本的東西，不要弄得很具體，一具體就漏洞百出。

但什麼是符合人性的對待？人類有一個道德進化的漫長歷程，人身上的人性不斷發揚，也不斷被自己所發現。人在變，人對自身的認識也在變。什麼是人性？什麼是符合人性的對待？隨着社會人道化水平的提高，出現了新的理解和認識，即現代文明的普世價值出現了。它是傳統社會價值的發展和更新。

現代文明社會的普世價值基本原則是什麼？我仍然傾向於一種高度抽象的概括，那就是尊重社會中的每個個體，其內容具體包括承認和保障個人的平等、自由和尊嚴。總結起來為一句話，展開為三個概念。其他一些概念，譬如民主、憲政、人權等，都已經涵蓋其中了。給人以合乎人性的對待，到現在有了不同的理解，但仍然是普世價值。只是現在人們對人性和符合人性的對待有不同的理解，這種不同的理解，也就是現代對普世價值的理解，起源於西方。這個問題不需要迴避。

在古代社會，如何調整個體和社會整體的關係？所有的民族和文明都面臨這個問題。所有的文明和民族在古代都傾向於向整體傾斜。我們必須要把個人的本能和慾望封堵起來，只有這樣才使一種有秩序的、文明的生活成為可能。但西方文明在它的歷史演進中獨闢蹊徑，由於各種偶然因素的作用，西方人最後找到或者形成一種新的文化機制，就是在承認、尊重、解放和發展個人的基礎之上仍然能夠實現社會的和諧與有序，即把社會的秩序、社會結構、社會關係建立在個人的基礎之上。對別的文明而言，如果解放了個人，就意味着放出了洪水猛獸，意味着人欲橫流，一種有秩序的文明社會生活就成為不可能，人與人之間就像狼一樣。但西方文明找到了這樣一種文化機制：在承認和解放個人的前提下仍然能夠建立和諧有序的社會秩序，這樣一種文明在西方文藝復興後到 17、18 世紀就出現了。

我們講西方的民主只是一種制度形態，但背後是對個人的尊重，是對個人權力和權利慾求的尊重。每個人都有權力慾。民主制度承認每個人的權力慾的合法性，建立了權力的自由市場，都給你機會，讓大家去合法地競爭權力。民主也尊重每個人作為共同體平

等一員的身份，因為每個人都是共同體的一員，都應該得到尊重，那麼共同體的公共事務，不是個別人和少數人替大家做出決定，而是要大家參與共同做出決定。說到底，民主就是對個人的尊重。不要民主，就是根本不需要尊重，或者你根本沒有感受到這種尊重的需要。如果你有了這種需要就會要民主，就會不計後果地要民主。諸如要民主是否有利於秩序穩定，是否有利於經濟發展、國家強大等問題，都變得次要。我是共同體的一員，需要尊重，需要參與，就要給我參與權。就像我是這個家庭的主人，這個家我也許管不好，但權力得我掌握，不能把我家的存摺銀行卡交給保姆。我欣賞水平不高，沒有能力判斷哪個電視劇才是好的電視劇，但遙控器得握在我的手裏，不能因為我的欣賞水平差，就把遙控器給保姆決定我看什麼。我們是主人，要得到尊重。

憲政制度很簡單，就是對人的尊重，對個人權利和自由的尊重。所以整個政治制度、法律制度就建基於這一點之上，整個政治法律制度的基石就是保障個人自由和人權。

西方產生了尊重個人的價值，解放了個人，帶來了社會活力，展現出巨大能量。這個社會每個人都得到尊重，得到充分發展，個體的權利得到保障，個人廣泛參與公共事務，每個人個性非常豐滿，社會充滿活力。就像人的機體，如果每個細胞充滿活力，整個人的機體就有充沛的生命力。這樣，使西方社會展現出巨大能量，使它能夠征服其他文明，同時也為其他文明所羨慕所仿效。這是第一。

第二，因為這種解放個人、尊重個人的文化和價值符合人的本性，產生了一種對其他文明的誘惑效應。實際上我們每個人的本性裏都需要這個東西，只不過幾千年文明為了社會生活的需要被壓制下去了。現在西方文明到來了，以前不知道有這個東西，現在知道了。那麼內心的「魔鬼」和外在的誘惑裏應外合，就產生了「誘惑效應」。

當西方文明與其他文明相遇，一是在競爭當中其他文明必然失敗，壓抑個人的文明必然失敗，解放個人的文明必然勝利。所以西

方文明表現的是一種強勢文化，具有摧枯拉朽的能量，其他文明根本沒有招架之力。二是產生了「拆除堤壩」和「釋放魔鬼」的效應。其他文明把人的那種本能和慾望關在瓶子裏，封上，但西方文明來了，把瓶蓋打開，呼喚「你不要不好意思，你光明正大地現身吧，你那些要求很正常，都應該得到滿足，我有一種辦法使你能夠得到滿足，而且社會還不會亂。」西方這種呼喚與誘惑和每個人內在的那種魔鬼裏應外合，拆除了封堵個人的堤壩，把洪水釋放出來。這就出現了我們經常講的「一順一逆」的效應。堵是一種「逆」，拆是一種「順」，由此展現出了它的能量。於是，西方文明就滲透、瓦解了所有其他文明，也重新塑造了所有其他文明。

西方文明對其他文明的滲透主要表現在它瓦解傳統社會的紐帶，釋放個人，從而使社會愈來愈個體化。我看到國內一些社會學的研究，經常有人做這個課題：社會的個體化。社會個體化是我們社會真正發生的變化，百年來真正的變化，三十多年真正的變化。不要看表面的東西，而是要看這個社會是不是愈來愈走向個體化。最初瓶蓋是西方人打開的，堤壩是西方人拆除的，但我們一旦和西方文明接觸，個人一旦被釋放出來，自身就有一種慣性。西方人不再發生影響，社會自身仍會朝着這個方向走。因為人被解放出來，就有一種慣性，要自我發展、自我完善，追求更高的境界。長期以來，我們動不動就批判西方的影響，抵制西方的污染等，其實有一部分是西方影響，但只是最初為西方影響，後來是自身慣性作用下的不斷發展。

我小時候在農村家鄉，四代、三代同堂的大家庭還非常普遍；但等我長大，我上大學前曾當過大隊會計——也算是大隊領導呢，其中一項重要工作是調解家庭糾紛。過去的時代，農村都有紳士，家庭鄰里鬧糾紛請有威望的紳士去調解，包括哥倆分家也請紳士去裁決。後來共產黨把這些紳士們都掃除了，殺掉或者管制起來了，或者被妖魔化名譽掃地了，於是，那些基層大隊幹部、小隊幹部就承擔了紳士的職能。誰家打架、吵架都請幹部來調解、仲裁。夫妻、妯娌、兄弟、父子、婆媳鬧矛盾，特別是分家，都請幹部來調解。那時候好多年輕人都要分家，長大了娶了媳婦就要分家，老人

接受不了，老人覺得如果分家就丟人，十里八村就無臉見人了，但年輕人普遍娶了媳婦就要分家，不跟老人一起過，受不了。那時，我們晚上經常坐在人家的炕頭上調解，勸合不勸分嘛。但不分他們就繼續打架，有時一兩個月，有時數年。最後，調解不成了，那就分吧。我們就幫着他們分家，確定雙方的財產等事務。

中國原來大量的四世同堂的大家庭，最後在兩三代人之內，很快分解為現在最自然的三口之家的小家庭，這個過程非常快。為什麼？這本身正是中國社會個體化的過程，因為個性在成長，不能容忍四世同堂的大家庭對個性的壓抑。現在的小家庭，我們這代人滿足於三口之家的小家庭，感到已經很不錯了，但我們的下一代已經不滿足了。三口之家內部動不動 AA 制，動不動就有契約，結婚前先約法三章，簽個合同，離婚率也愈來愈高。我們那代人不可想像。也就是說，三口之家的小家庭的共同體也仍然在走向解體，解體到最後是什麼？是一個個的個體，每個個體為社會的基本單元，由這樣的基本單元在契約的基礎之上構建其他的共同體一直到國家，這個趨勢不可逆轉。只要這個趨勢不可逆轉，什麼民主憲政、什麼人權自由，都是這種個人主義精神枝幹上的衍生物，只要社會個體化的趨勢不可逆轉，個人要求尊重，個人要權利，個人要共同體參與，那麼，民主憲政遲早都會到來，那是水到渠成的事。

西方文明改變了人，改變了人對自身的認識，也改變了人的慾求。個體要解放，要求得到尊重，從西方產生的現代價值在各大文明中得到了共鳴和呼應，西方文明的傳播也改變了社會，於是也需要建立新的社會規範。這樣就出現了現代文明的普世價值，符合人性的對待就是一種西方的理解。而這種對個人價值的尊重雖然源於西方，但為其他文明所普遍接受，它就成為現代世界的普遍價值。

當代的普世價值仍然是傳統普世價值的繼承，但有了新內容。新內容只就起源來說是來自西方，但在今天實際上被各大文明、各個民族所普遍接受。所以，今天講的普世價值，應該說有一部分來源於古代人類，也包括中國古代的某些價值到今天仍然是有效的，但那也不是中國獨有的，是在古代社會全人類的普世價值。還有一

部分來源於西方，是西方的價值，起源於西方，但今天已經被我們普遍接受。這是第一個大問題。

第二個大問題，源於西方的普世價值如何適用於中國？要知道一個人類文明史的一個基本事實就是人類的文化是可以傳播的。而文化的傳播有自己的方式，不是人的智慧所能規劃和設計的。有些人拒絕西方的東西，說既然是西方的，就不適合於我們，我們不要西方的東西，只要自己的東西，這就否定了文化的可傳播性。

一個文明演化的走向、發展的前景也不是人為設定的，而是每個個體自由選擇的結果，這種選擇也是個體的權利。當你問西方的東西是否適合我們時，這是一個宏大的敘事，好像沒有很深的學問回答不了。我想，每個人要反問自己，每個人反問自己內心、追問你的內心，把中國文化和西方文化的要素、內容，各自列出個單子，選一個自己的個性化菜單。西方文化中你喜歡什麼，中國文化中你喜歡什麼。我想每個人在日常生活中都在做這種菜單選擇。這種選擇還會變化，今天不喜歡西方這個東西，明天可能喜歡了；今天特別喜歡西方這個東西，明天可能又回歸到傳統了，喜歡中國本土的東西了。會有變化，而千千萬萬的個體自由做出的選擇就決定了中華文明的大走向。這種走向是每個人的權利，沒有人有權干預。

在不同的文明交匯時，保留傳統文化的成分和對外來文明的吸納依據什麼原則？依據它是否滿足了當代人的興趣和需要。我們不能委屈自己，不能夠一代代人做犧牲品僅僅是為了維護老祖宗的面子和榮譽。當代的每個人就是目的，在宇宙中每個人是唯一的，每個人就是小宇宙，我們沒有必要做其他的某種目標的犧牲品。如果維護傳統的目的只是讓祖宗的東西傳下來，因而就要委屈自己、犧牲自己，沒有這個必要。

經過西方文明一百多年的滲透——其他文明可能是幾百年的滲透，所有文明都不再純粹，其中西方文明的因素，也就是現代性的因素幾乎都超過了傳統的文化因素，中華文明也不例外。在今天的中華文明中，西方文明的要素也遠遠超過了傳統文明的要素。一個

今天的中國人到美國去生活一年，會感受到多大的文化衝突？會感到有多麼的不適應？我本人到美國去生活，一點兒文化衝突、振蕩沒有感受到，頂多有些地方感到一點兒新奇。如果把你放回到 200 年前的中國，你還能不能活得了？今天的中國人和當代的美國人差距大還是和 200 年前的祖先差距大？尤其是現在佔人口一半的女同胞，把你放到 200 年前，我估計一多半都得自殺，剩下的都得抑鬱。能受得了嗎？這是一個簡單的常識。

現在社會已經變了，已經不是純粹的傳統文明，是已經變化了的東西。我們的傳統文明與西方文明是兩種類型的文明，差異非常之大，但現在中華文明已經被西方文明所滲透，不再是傳統的形態。那麼，現在文明當中已有的現代性因素就構成了我們繼續吸收其他因素的前提，這就是我們接受普世價值的基礎。什麼叫國情？今天的國情不是乾隆、道光時代的國情，今天的國情就是我剛才說的：今天許多源於西方的現代性因素已經扎下根，成為我們中華文明的一部分。這些源於西方的現代性因素甚至已經佔了優勢地位。這些東西正是我們引進其他西方因素的前提和基礎。這些因素的繼續發酵，就會使我們從整體上走向現代文明。所謂現代文明要「內在生長」，不意味着我們一定從老祖宗那裏找到根據。文明的內在生長是指，今天中國人發自內心與本性的一種選擇，同時也是我們文明中已有的現代性因素的進一步成長。你身上已有的現代性東西就支撐了你去學習、引進和實踐其他現代性的東西。我們有了生產力、經濟的發展、更高的城市化水平、教育發展、交通和傳播媒介的發展，有信息的有爆炸性增長和更為便捷的流動，這些都既是我們已經有的現代性因素，也是其自身進一步成長的基礎。特別需要指出的是，我們有了市場經濟。市場就是民主憲政的學校，就是民主憲政的啟蒙老師。所有這些現代性東西都構成我們進一步引進和建設遲到的西方民主和憲政的基礎與前提。這些因素並不一定要從孔子那裏找到資源。孔子那裏若有支撐現代的因素，那當然好，資源愈多愈好。但孔子那裏沒有，就不要挖空心思到那裏找。隨便到二千年的亞里士多德、西塞羅那裏，他們的思想都具有現代性，亞里士多德、西塞羅的書，拿到今天都是公民教育的好材料。孔子的書怎麼說都是教人做臣民，不利於建設公民文化。

　　常有人說，我們引進和移植西方文化沒有土壤，沒有根基，必然會失敗。對這個問題，我有不同的理解。其實，我們學習西方文明是有傳統根的。這就是傳統文化發展達到的水平，而不是與現代文明有對應性、類似性的某種傳統特色或學說。儒家傳統當然不是什麼基礎。有學者做牽強附會的解釋，那是他個人的知識興趣，是他的學問。但是，一個社會走向現代文明，每個人接受民主憲政，即普世價值，根本不需要這樣借助傳統資源。換句話說，不需要非得在自己的傳統中找到類似的東西，或必須將其解釋或改造成具有現代內涵的理論。我們接受現代觀念，實踐現代生活方式，無須得到孔子的批准。也許有人覺得孔子沒批准，內心就有一種無法突破的障礙，事實上這樣的障礙是虛妄的。你想想自己是怎麼開始要男女平等的，要獨立的？你要自由戀愛、婚姻自主，要和丈夫平起平坐，這種意識是怎麼來的？問問你的內心，這些思想、態度和情感是怎麼來的？是從孔子那裏受到啟發嗎？孔子教導中國人兩千多年，沒有男女平等這回事。社會不是那麼不發展的，社會公眾的現代化心路歷程也不是這樣的。那種認為現代性的東西沒有相對應的傳統支撐就不行的觀點是不正確的。

　　但是，換個角度看，我們建設現代文明，的確是有傳統支撐的。這個傳統的支持不是在歷史中找到某種和民主憲政相似的學說，或者把某種歷史學說解釋為民主憲政的一種前現代形態，而是我們古代文明發展的程度。我們有高度發達的古代文明，有深厚的文化積累，這些東西有時候看起來是一個包袱，但其實是一個支撐。我們有發達的農業文明，西方所謂的現代普世價值依據的是工業文明，我們和工業文明只差一個台階。高度發達的古代文明使我們整體上具備學習現代文明的很好條件，讓我們有很強的學習能力。所以，我們能夠很好地建設和實踐以普世價值為依託的民主和憲政。事實也證明，我們學西方的科學技術、發展經濟，幹得還不錯。只是在民主憲政方面很差。和西方比，我們很自卑，覺得處處不如人，但和西方之外的其他文明相比，我們還是很出色的。我們是西方文明的好學生。為什麼在其他方面我們學得不錯，唯獨民主憲政學不了？這是我的一些想法，說得不對，請大家批評！

張千帆：謝謝叢教授深入分析了普世價值的概念，尤其是西方文明的生命力所在。我覺得他總結得很好：對個體的尊重。而這正是集體主義所面臨的問題。中國幾千年集體主義傳統表面上是為了集體，但卻是通過壓抑個體來維護集體，最後造就的不是一個強集體，而是一個弱集體，因為把每個個體都變弱了，限制了個體的自由發展，反而削弱了集體。但正如叢教授所說，普世價值是源於西方，但並不是為西方所獨有；在普世價值的菜單中，應該也有中國傳統文明的一些因素。我個人對這個問題也有研究興趣，認為這其中包括非常重要的或者是基礎性的因素，那就是對人的尊重。叢教授指出，我們生活在一個文明社會，人和人應有基本的同情心或者愛心，這就是我們古代所說的「仁」，兩個人之間存在適當對待的基本原則。當然，儒家理論說得不錯，但具體落實過程中卻做得不好，尤其是在政治制度層次上。但今天說的普世價值，更多是指政治文明層次上。聽了叢教授的演講，我理解他似乎還是比較樂觀的。他認為中國人最後會接受這些普世價值，因為客觀上中國社會在個體化，每個人都在不斷獲得自主的空間。但這樣是否一定會讓國家最終走上民主憲政？杜老說中國現在道路有好幾條，可以前進，也可以後退，多種可能都存在的。如果中國過於個體化後，是否反而會回到以前高度集權化或集體化的狀態？

下面把時間留給在座的聽眾，我們有半小時的自由討論時間。

提問：我有一個問題想請問叢老師，有人說中國古代社會很獨特，因為環顧同時期的各個國家只有中國古代社會在同樣時期大致相同的生產力水平下，保持了兩千多年的帝制社會大一統。但我覺得依同樣的視角，西方文明也是獨特的，因為環顧同時期的其他國家都是集體主義、專制主義的，只有西方文明孕育出個人主義、自由主義以及憲政。所以我很想請問一下叢老師，是什麼樣獨特的品質使西方文明孕育出個人主義、自由主義、憲政主義這些普世價值？

　　叢日雲：中華文明和西方文明都是獨特的。我曾經有一個說法，在古代各大文明當中，西方文明和其他文明可以說是同父異母。所有其他文明可以歸為一個類型，但西方文明是比較獨特的一個。我認為現代文明的出現是很多偶然因素聚合形成的，並不是所有文明只要給它時間，沒有西方人入侵，正常發展都能成長出現代文明的。這是因為是不同的文明類型走在不同的軌道上，不可能相交。不是說我們只比西方落後了一點，再給我們幾百年也能搞出市場經濟、民主憲政，這是不可能的。這就好像你再給中醫一千年也搞不出西醫這套東西來是一個道理。我曾經用一個比方，好比草永遠長不成樹一樣。現在看那個樹苗才一寸高，但它是與草不同類型的植物，現在一寸高的樹芽註定長成一丈高的大樹，草不可能長成一丈高的大樹。這是不同類型的文明。我這麼說肯定會有很多人反駁我。這只能說是我對中西文明的一種洞見，完全是我個人化的一種觀點，很難拿出什麼東西來進行論證。當然，不同的人可以有不同觀點。

　　中西文明在古代歷史上很少交往，相互之間很少包含對方的因子。印度以西的歐亞大陸文明在古代頻繁交往，你中有我，我中有你，相互滲透。中華文明獨居東亞的角落裏，和歐亞大陸文明的主要舞台距離相當遙遠，又有天然的屏障。中華文明和西方文明在歷史上處於歐亞大陸的兩端，從來沒有直接相遇過，相互之間很少包含有對方的因子。所以，相互的陌生感也最為突出，相互獨立發展了幾千年。但即使這樣，它們都是人類的文明，說到底就是幾萬年前從黑非洲走出來的那批智人分散到世界各地，由於不同的地理環境、獨特的歷史發展道路形成了一個個獨特的文明，如今全球化時代使他們幾個兄弟重新聚在一起，他們已經失散了幾萬年了。雖然有很多不同的東西，但說到底他們是兄弟，都是非洲走出來的這一支智人發展出的文明。直白地說，他們都是地球人，他們共性的東西超過特殊性的東西。

　　至於你說到中華文明兩千多年延續的大帝國和其他文明不一樣，我覺得，這個特點在文明之間的差異上可以忽略不計。也就是

說，當我們思考兩大文明的關係，思考諸如我們能不能移植西方民主憲政之類的問題時，這個問題沒有那麼重要。

你所問的問題的關鍵在於，西方文明的獨特性在哪裏，為什麼它會產生現代文明？西方人從原始時代一走上文明的舞台和所有其他文明都不一樣。可能，三千多年前有一印歐語族的人從高加索遷徙到印度，最初他們的文明形態和歐洲有一些相似的地方，但後來因為和印度本土人的相融合，逐漸東方化、亞洲化了。印度文明在古代確實有很多和西方文明相似的地方。

西方文明，希臘人、羅馬人、日耳曼人從原始時代進入文明的門檻，有了文字記載開始，我們就發現它和其他文明明顯不同。這個不同根源在哪裏？一個根源於他們漫長的原始時代生活。原始時代淹沒在漫長的歷史年月裏，我們對那個時代很少解。人類的文明才幾千年，這幾千年之前，譬如高加索平原那個地方有了幾萬年的原始生活。在那個時代，形成了他們共同體的生活方式，那個時代有他們形成的宗教信仰和宗教生活方式等。現在人類文明才幾千年，它在幾萬年中植下了深深的根。所以，當他們走上歷史舞台，就和別的民族不一樣。

你還可以說，他們的民族性格和別的民族不一樣。看看希臘人、羅馬人、日耳曼人的民族性格就知道了。在很多人那裏，一講民族性格好像就有種族主義之嫌，好像那個民族就天生優越。我們可以說，民族性格就是一種文化，要承認民族和民族之間有不同的性格。我最近主持翻譯了一套「政治文化研究譯叢」，裏面就有英格爾斯（Alex Inkeles, 1920–2010）的一本書叫《國民性》。以前，我們通過觀察、印象，通過對文獻整理，得出關於各個民族的國民性格的概念。《國民性》一書將「國民性」概念科學化了。英格爾斯等西方學者用實證的方法來研究國民性，提出一個「眾數人格」的概念，然後用數據證明每個民族都有什麼樣的特點。科學研究證明，民族性格是存在的，每個民族有其個性。我們可以看到，西方那幾個民族的個體具有獨立和頑強的性格，那幾個民族也具有頑強的追求自由獨立的精神，這是其他民族所沒有的。進入文明時代後，所有的

民族都建立了國家，走出部落時代，這樣，就使國家權力，具體來說就是王權（或皇權）在成長。在王權成長的過程中，別的民族付出比較小的代價，遇到比較小的阻力，王權就徹底馴化了人民。王權取得了一勞永逸、永久性的對人民的征服。但唯獨在西方，王權成長過程中遇到了極大的阻力，想馴化人民非常難，要付出極大的代價王權才能成長一點點。王權有所成長後，人民也成長起來，就想辦法把王權馴化了。把王權關在籠子裏，繮繩和鞭子掌在人民的手裏。為什麼西方人能實現這個？看歷史就知道，看看一個個事件，看看王權成長的歷程，它在中國很容易就征服了比較懦弱的民眾，一勞永逸。在西方則很不容易，最後達成一種平衡，王權和人民力量之間的平衡。王權想擴張一點點都遇到極強的阻力，希臘人、羅馬人、日耳曼人無一例外，都有頑強的民族性和追求獨立、自由的精神，這個東西可能植根於幾萬年前原始時代的宗教生活。此外，諸如日耳曼人、羅馬人、希臘人，一進入文明時代，都有一種對法律的尊崇，別的民族有沒有這樣？以宗教的感情尊重法律，這也是他們在原始時代就形成的傳統，帶到了文明時代。對這些，我也只能是一種猜測和推論，現在的研究恐怕還難以證實。但是，我們能觀察到，他們確實和別的民族從一開始就不同。

> **提問**：我的問題是美國人的普世價值是什麼樣的？我最近看了一本書，《看懂世界格局的第一本書》，其中提到美國發動石油戰爭是想讓那些石油輸出國認同他們的普世價值，進而實現它的全球戰略，叢老師怎麼看？

叢日雲：我一開始講普世價值是一種應然的狀態和規範。大家拿到桌面上來說，怎麼做人，怎麼對待別人，社會需要怎麼來調解人們相互之間的關係，最後都得承認某種規範、某種準則。普世價值是有良知、有理性的人都能接受的規範。這種應然的狀態不能用任何實際發生的違背普世價值的行為去否定它，因為人都有缺陷，全球各個文明人的缺陷都差不多，所以才需要規範和教化。但這種應然狀態同時又是一種實然的狀態。我們看到各個國家各大文明都用這些東西來作為基本的價值準則。假如真的像你說的，美國做了

一些事情，也只是說美國的某屆政府和某屆領導人、某項政策違背了普世價值，並不是說美國的普世價值和別的就不一樣。

第二，根據我對國際關係、國際政治的一些了解，你剛才提的問題，背後有許許多多長期盛行的陰謀論的教育積累出來的東西的影響。美國官方會推行它的價值，這是問題的一個方面，但你要到美國去觀察就會看到，美國真正佔主導地位、真正時髦的是文化多元主義。我認為美國和西方真正的問題不是文化霸權，而是文化上的不自信。現在的美國，譬如一個歷史系，如果沒有人講婦女的歷史，政治上就不正確；沒人講黑人印第安人的歷史，政治上就不正確；沒人講拉丁人、亞洲人的歷史，政治上也有問題。但沒人講歐洲的歷史、白人的歷史沒關係。美國的知識界，左派佔主導地位，大多數人都在批判所謂的「歐洲中心主義」，推崇其他文化的價值。很多人看到的是美國文化霸權，以它的實力到處推銷它的價值，但我看到美國的另一面，就是文化上的不自信。亨廷頓（Samuel Huntington, 1927–2008，美國保守派政治學家）講完文明的衝突，就擔心「我們是誰」？這恐怕是西方文明的真正問題所在。

提問：叢老師剛才講了普世價值的優越性，但事情要看兩面，如果普世價值在中國真的實現，將會出現負面影響嗎？

叢日雲：普世價值沒有所謂實不實現的問題。在現代化過程中，社會中的每個個體都在成長、發展，社會也在發展和變化，在這個過程中，我們逐漸接受普世價值，把普世價值作為我們這個社會真正的基本價值準則。這是一個過程，不是實現而是接受的過程。但普世價值本身永遠都是一個規範、一個原則，一個應然的東西。

如果我們普遍接受了普世價值，就意味着我們每個人都成為現代人，我們這個社會是一個現代的文明社會。但現代的文明社會又會有它的問題，因為普世價值不是一劑良藥，能夠解決所有的問題，包括最發達的西方社會都有其問題。西方社會這幾十年由現代文明開始向後現代過渡，後現代價值觀開始出現，有人把它概括為

「後物質主義價值觀」。英格爾斯追蹤了幾十年歐洲人價值的變化，進行了大量的調查——後來又擴大到對全世界幾十個國家價值觀的調查。他證實，西方發達國家已經開始進入後現代文明，開始出現了後現代的價值觀。就像當年西方創造了現代文明的普世價值一樣，現代的普世價值也有它的問題，也要被更替。

對中國來說，那是以後的事，我們現在面對的是杜老說的，我們連走向現代文明的基本目標，還有很多人要拒絕，甚至還要倒退回去。我們先想明天的事，後天的事明天再想吧。

張千帆：有些問題確實無法研討。其實如果有普世價值的話，我認為也是一個需要謹慎對待的問題，因為它是由自由主義提出的東西，但是口氣好像有點像馬克思主義的絕對真理，我們對它要謹慎。如果說有一種東西是普世的話，我同意叢老師所說的，那就是對人的基本尊重。在這個當中，尤其重要的是尊重每個人的自由判斷。我們的社會到底需要什麼樣的價值，需要什麼樣的規則，需要什麼樣的制度，這些都應該是由每個人在一個自由的環境下做出判斷，多數人認同的規則才是統治這個社會的規則。如果你不是太自戀，那麼如果社會多數人做出的判斷和你的判斷不一樣，你應該不會說他們都是白痴，或者他們的判斷是不算數的，甚至連自由判斷的機會都不能給他們，因為他們太弱智，太容易受到蠱惑而做蠢事，以至於一定要告訴他們應該相信什麼、接受什麼。普世價值要存在的話，那一定是很基礎的東西，未必是指任何具體的價值，譬如勤勞、勇敢、平等、自由等。統治這個社會的規則一定要由我們在言論自由、信息公開的環境下自由探討，最後相信多數人的判斷、接受多數人同意的規則。這就是自由民主的政治制度。

五
憲法實施的意義

時間：　2013年6月19日

地點：　北京大學法學院

主講人

蔡霞：　中央黨校黨建教研部教授，北京市黨建研究會特邀研究員，國家教育部幹部教育學院客座教授，著有《全球化與中國共產黨人價值觀》、《黨性理論與實踐》等。

榮劍：　「北京錦都藝術中心」董事長，著有《民主論》、《馬克思晚年的創造性探索》、《社會批判的理論與方法──馬克思若干重要理論研究》等。

蘇小玲：作家，曾任影響力中國網總編，著有《悲劇的春天》、《生命苦旅》、《一路問雲天》等。

張千帆：從 2013 年 5 月開始，國內就憲政問題產生了一些爭議，在座各位都知道。憲政其實是很簡單的一件事，就是實施憲法。習近平總書記已經講得很清楚，在紀念憲法 30 周年大會上多次強調憲法實施，也就是憲政。憲政憲政，姓憲名政，既不姓「社」也不姓「資」。但還是有些學者偏偏要給它改姓，説憲政是資本主義的，社會主義不能搞憲政。網上有大量的批評，到目前為止我還沒有看到有多少人贊同這些論點。

今天討論「憲法實施」，就是要正本清源。我們很高興請來了三位學者。他們雖然不是憲法學家，卻對憲政很有研究。首先是中央黨校的「資深美女」蔡霞教授。她其實還很年輕，説她「資深」，是指研究黨建問題非常資深。她從 1985 年就開始從事政黨政治研究，在此期間出版過多部專著，發表了〈黨內潛規則〉、〈推進黨內民主〉等一系列的文章，產生廣泛的社會影響。她現為中央黨校黨建教研部教授，同時也是全國和北京市黨建研究會的特聘研究員。蔡教授近年來以敢言著稱。

第二位是人高馬大、粉絲眾多的榮劍教授。榮老師是研究馬克思主義哲學出身的，原在人大馬哲專業讀博士，90 年代下海，遨遊商海，非常成功。商業成功以後又返回學術，寫了一系列的學術文章，非常有影響力，出版過《民主論》、《馬克思晚年的創造性探索》等專著，近年對革命和改革的研究在網上產生了巨大反響。

第三位是影響力中國網總編輯蘇小玲先生。他的名字帶有一點「誤導性」。小玲的經歷也很傳奇，做過企業工人、書店經理、專業作家，也做過刊物總編。從 17 歲開始辦報，出版過《生命苦旅》、《悲劇的春天》、《一路問雲天》等詩歌、散文和隨筆著作。

今天非常高興有三位出色的學者來參加我們的研討。下面有請蔡霞教授，她今天講授的題目是「憲政無關乎主義」。

蔡霞：上學時沒到北大，今天能來北大和各位同學討論問題，於我而言非常榮幸，圓了自己的一個夢，總算在北大的圖書館裏坐

一下，這是好事情。我的發言題目是「憲政無關乎主義」，不管是資本主義、社會主義、保守主義、自由主義，憲政無關乎主義。

在這個題目下，我想講三個問題。

一、憲政與主義有關嗎？

我不是專門搞法學研究的，對學理上的論述要向在座的很多同學、老師請教，只是從生活常識來看，覺得憲政跟主義沒有一點關係，就是人類政治生活甚至是社會生活中客觀規律的體現，是規律的一種要求。人類在實際生活中感受到這種規律、遵循這些規律所形成的一些做法，變成現在稱之為「憲政」的東西，跟主義沒有一點關係。為什麼現在一談憲政就要拿資本主義、社會主義、保守主義、自由主義這類詞語去講？目前中國社會在談這個問題時，僵化保守的概念思維沒有變，什麼都是概念化、口號化，抽象地從概念上空洞地談這些東西，所以陷入爭論，而且拿這些爭論阻擋現實中民主政治的發展。我們必須拋棄這種思維。

為什麼說憲政無關乎主義？憲政的最根本含義是什麼？是保障人權。怎麼能夠做到保障人權？必須要有法治，以法治來保障人權。人聚在一起形成社會，要有公共權力對社會公共事務進行處理或管理，那必然就出現權力是怎麼產生的、權力是誰的這些問題。在人類政治生活的長期發展中，一些民族和國家逐漸擺脫了專制政治，提出社會的公共權力是人民的，是每一個人的，每個人把一部分權力讓渡出來，形成公共機構進行公共事務的管理和服務。公共權力的來源是人民，所以，人民當家作主。就此，憲政的核心內容是人權、民主、法治。那麼憲政的功能價值是什麼？兩個方面。一方面是限制權力，限制我們現在講的國家權力。大家都知道國家不是空的，是政治權力的系統機構。在這些機構裏誰掌握權力？是由人操控和運作國家權力。在實際生活中，握有權力的人處在強勢地位，沒有權力的人處在弱勢地位。因此，權力很可能變成強權意

志，侵犯社會公眾利益，侵犯在座每個人的利益。由此，一定要限制權力、規範權力。限制和規範權力才能夠使民眾免於被權力傷害，使權力為公共利益做它應該做的事。所以憲政的基本的功能價值是限制權力。這是一個方面。

憲政的功能價值的第二方面，是在一定意義上限制民主。社會是複雜的，社會當中的利益是多元分化的，在公共事務的處理上涉及公共利益時必定有不同意見，是多元社會。我們講人權，是指每個人的基本權利都要得到充分尊重、保障和實現。儘管實現的程度怎麼樣與國家的經濟文化發展水平相關，與法治建設相關，但最基本的理念是，每個人都享有平等的權利。在社會公共事務處理中，就有一個多數和少數的關係，如果民主不加以節制，有些人很可能打着多數的名義傷害少數人。而每個人都可能因不同的事情淪落到少數人的境地，如果不能正確處理好多數與少數的關係，每個人的權利、每個人的生存和安全都不能得到很好的保障。所以，憲政的功能價值是兩條：限制權力、限制民主。

那麼，拿什麼來保障人權？我覺得是法治。憲法實施的基本要素離不開法治。法治要規範權力、規範多數人的行為，一定會有怎麼去實施它的問題。憲政的基礎是主權在民，權力是人民的權力，那就有人民怎麼去行使權力的問題。由此，迴避不了選舉——這是憲政的基本要素之一，選舉就是要建立委託授權的關係。民主無非是直接民主和間接民主，一般説來是直接民主和間接民主相結合。因為在現實生活中，人群規模限制着民主運作的模式，小範圍可以搞直接民主，但人群大了、範圍大了不可能什麼都搞直接民主，必然搞間接民主，因此代議制民主產生了。代議制民主的實行也是需要法治來確立規則和保障運行的。

這種代議制機關，在西方叫議會，在中國就叫人大，説到底只是名稱不一樣，實際行使的都是代議，表達民意，進行重大事務的決策。我們非要把西方的議會制和中國的人民代表大會制度加以區分，説那是資本主義的，我們是社會主義的，所以有本質上的不同，這是很難自圓其説的。如果真要説有什麼不同，坦率講，我們

的人大制度現在還是虛名為多，地位是虛置的，職能作用是虛化的，沒有真正發揮作為民意反映、民意表達、民意決策的主權機關，這個東西倒真和國外不一樣。所以，人大制度的改革迫在眉睫。代議制就是我們講的人民代表大會制度，我覺得沒有大的區別。

關於限制權力，小平同志是說過「不搞三權分立」，但是，三權分立只是一種政治模式，是現象而不是本質。透過現象抓本質，三權分立背後的東西我們不能不要，必須得要。什麼東西？三權分立的背後是制衡，分權的目的在於制衡。我們知道，權力過度集中一定會成為禍害，要防止權力禍害社會公眾，防止濫用權力的罪惡發生，就一定要對權力加以必要的制衡。這種制衡是不同功能之間的權力相互之間的制衡關係，所以，立法、執行與司法分開。這種制衡，任何制度都需要，沒有社會主義、資本主義之分。

其實權力制衡原理在社會生活的方方面面都在用。為什麼？因為它是人類社會生活的基本規律，無關乎主義。最簡單的例子是體育比賽。大家都知道，制定比賽規則的人不能當裁判員，當裁判員的人不能去踢球，踢球的人不能自己制定規則。體育比賽中有沒有分權制衡的問題？肯定有，無論資本主義還是社會主義國家的體育比賽都得有。

又譬如，在計劃經濟條件下，社會主義計劃經濟時期（有些人認為那是正宗的社會主義），一個單位裏報銷錢，得到領導那兒簽字，拿到了簽字才能到會計那裏報銷。會計一看簽字，審下來沒有問題後給你做賬，出納才會給你錢。簽字是一個人，也就是決策者；下面是審核的、監督的一個人，會計；執行的是一個人，給你錢的人，出納。這是不是三權？是不是分立的？在計劃經濟條件下哪個單位沒有這樣的工作部門？

再譬如，前幾年我到成都做農村民主的電視節目時講到，村民委員會辦事時，村民要進行民主監督，其中很重要的一條是，村委會主任拿著公款買東西報銷時，村民監督小組監督他，這已經是分權制衡了。但是，在監督小組內部互相之間還有制衡，農民們把村

民監督小組的公章分成五瓣，每個人拿 1/5 的章，五個人意見一致時，把五瓣章用橡皮筋捆起來，這個章才能蓋成圓章，錢才能報回來。如果有一個人提出這個錢不合理，村委會主任就甭想報帳。所以，制衡原理在社會生活中方方面面都在用，不關乎社會主義、資本主義、自由主義、保守主義。在學理上探討規律性現象，形成權力分立的學理分析和論述，最先是自由主義學者們做的，但這不等於這個東西就是自由主義專有，實際上是社會生活中的規律現象，人們發現了、認識了，表述出來，提高行動中的自覺認識，如此而已。所以，我覺得分權制衡無關乎主義。

再說說政黨制度問題。有人說搞憲政一定要搞多黨制。於是，一邊說堅決不能搞多黨制，另一邊說就要搞多黨制，這種爭論也很常見。我覺得這都是抽象地、概念性地思考問題。政黨是從哪裏產生的？不是說有三個黨、五個黨就能弄成個多黨制，這要從政黨的產生來看。政黨是從社會中產生的，社會利益的多元分化，就產生了不同利益群體都有表達自己利益、實現自己利益的政治要求，由此人們組織起來為自己的利益活動，於是形成政治組織。政治組織的最高形態是政黨。所以，政黨是不同利益群體的發言人，是利益的代表、代言人。政黨從社會中產生，發出的聲音能否產生重大的影響？這要看兩點。一是政黨作為利益的代言人，其代表的社會群體利益是否具有相當的普遍性？如果是，這個聲音發出去，社會公眾就支持，政黨就會有影響力，就會有力量；二是取決於社會中利益之間的博弈。社會利益群體中的利益互動博弈，催生社會力量不斷生長，政黨就逐漸生長出來了。

一個國家中，政黨是不是因為你願意就產生，或者因你不願意而阻止它、扼殺它就不產生呢？不是的。政黨產生是由社會決定的。政黨體制也不是由主觀願望所決定的，而是不同社會力量的博弈決定着政黨力量的大小，最後形成一個國家的政黨體制。所以，政黨制度是變化的東西，不可能由哪一個政治願望規定下來，靜態的、永遠不變，這不可能。大家看印度，甘地領導印度人民趕跑英國殖民者時只有一個國大黨，但到 1993 年大選時形成了全國範圍的兩大黨。印度還有地方性政黨，在這裏就不說了。英國以前典型的

是兩黨制,最近這幾年選舉中產生了三黨現象。日本長期是一黨獨大,黨內分派,但最近這些年選舉中,日本出現了兩黨制。所以,政黨制度不是人為規定的,是在社會發展過程中形成的,是社會力量發展和互動的結果,是歷史運動的過程。

就中國來講,官方定性是「多黨合作」制度,也是一種多黨制。如果不承認我們國家是多黨制的話,那我們把民主黨派算成什麼?實際上中國已經是多黨,客觀上就是多黨制。我們的問題是黨和黨之間的關係是什麼樣的關係,這值得研究。能否做到政黨之間政治上的平等,真正做到名副其實地共同參與國家生活,發揮各自政黨的作用,這個還有待於釐清。所以,把多黨制分成是社會主義、資本主義的,這無法解釋中國的現實。如果否認中國現在是多黨制,除非認為民主黨派不是黨。當然,現在民主黨派是不是黨,就我個人來看,離名副其實的政黨差很遠,所以還是要用社會發展的角度看待它。

因此,我認為憲政所講的基本要素,無關乎社會主義、資本主義,就是社會生活的規律、基本要求,通過分權、制衡、政黨體制等達到社會利益的大致均衡,在利益訴求、利益互動過程中,以憲法的有效實施保障實現每個人的基本權利,提升社會的公平正義。憲政的根本要義在這個地方,價值取向在這兒,所以不關乎社會主義、資本主義,這是我要講的第一層意思。

二、為什麼現在有人反對「憲政」?

我覺得這和我們的人民民主觀有關係,先天缺陷導致我們國家憲政建設的艱難。缺陷在哪裏?近代以來,人類歷史上走向現代民主政治的實踐有兩大類型。西方學者寫過一本《姊妹革命》:一個是英美革命,一個是法國大革命。人類在走向民主政治的過程中,這兩個路徑的實踐不同,給我們留下了很豐富的思想成果和制度成果,其中既體現了民主規律的文明成果,也反映出民主進步過程中和民主實踐過程中所暴露出來的缺陷,這對我們今天怎麼理解民主、把握民主政治、把握憲政有很重要的影響。

中國對於「姊妹革命」有截然不同的評價。英美革命和法國革命本身具有共同的思想前提，即天賦人權、主權在民、人生而平等，但最後的結果截然不一樣。美國走向自由民主，以立憲、憲制形成了三權分立的國家政權體制，實現了二百多年的社會穩定。法國大革命則是一種群眾性大革命，摧毀舊制度，講共和民主或者平等民主，隨後形成了法國一百多年不斷的社會動盪。法國革命和美國革命裏有共同的思想前提，但又形成了不同的歷史演變，這值得我們認真地思考。

我們是怎麼看待美國革命和法國革命的？我們把英美革命看成是資本主義的、資產階級的民主，把法國大革命看成是人民的大革命。為什麼？因為法國大革命是底層群眾起來反對貴族、反對國王。馬克思、恩格斯是從階級鬥爭角度去看的，高度讚賞法國大革命是一個階級推翻另一個階級的大革命，由此把法國大革命中的思想成果與做法推崇為共產黨人的民主觀。後來，這種看法由蘇聯的列寧繼承下來。國外對列寧的評價是「東方的羅伯斯庇爾」（Maximilien Robespierre, 1758−1794）[1]。

我曾經把英美革命和法國大革命做過一個比較，我覺得兩大革命的鮮明差異和不同結局，給我們留下了三點教訓和思考。第一，群眾性大革命可以摧毀一個舊世界，但難以完成建立一個新制度的歷史任務。美國革命者在推翻英國殖民統治後，十三個州的代表坐下來做制度創新和制度建設，建造一個新的美利堅合眾國。在獨立戰爭時期，美國人是英勇的戰士，但在制憲時，戰士就成了建設者。法國大革命講的是摧毀而非建設，革命後新制度不能有效建立和運轉。所以，法國群眾性的大革命使社會不斷動盪，社會難以正常運行。這是第一。

第二，如果沒有一個憲法基礎上的法治來控制和保障，哪怕再好的口號和原則都不可能真正實現。美國革命的《獨立宣言》、法國大革命的《人權宣言》都體現了尊重和保障人權的思想，但法國大

---

1. 編按：法國大革命時期政治家、雅各賓專政時期的實際最高領導人

革命把《人權宣言》作為一種意識形態來喊，缺乏憲政基礎上的法治保障，所以後來遲遲不能進入新的社會正常運轉秩序，形成的是一種社會大恐怖。法國大革命講的是人權，講的是自由、平等、博愛，但實際上革命成了以多數人的名義搞恐怖、流血、大屠殺，實際上是反人權的，民主走向了它的反面。

第三，要實現人權、保障人權，就要有效建立分權制衡的體制，這對於擺脫專制走向民主極為重要。法國大革命中可以把國王處死，但沒有摧毀絕對權力，絕對權力只是從國王手裏原封不動地轉移到當時的革命領袖手裏，造成新的絕對權力。我們國家同樣有這個問題。我們可以摧毀一個舊制度，但沒有真正改變和摧毀這種絕對權力，只不過絕對權力從原來的統治者手裏走到現在所謂的政黨手裏。所以，專制政治的影響仍然很深。在這種情況下就會走向極端，革命摧毀了舊的專制，但以新的形式恢復專制，而且可能比舊的專制來得更加專制、更加絕對。所以，這些東西是法國大革命和英美革命給我們留下來的教訓。

中國受馬克思階級鬥爭理論的影響，很看重階級鬥爭，階級鬥爭也是法國大革命的明顯特點。我們用革命摧毀舊制度，但幾乎沒有考慮到真正尊重和保障每個人的人權。後來執政後的幾十年裏，黨在領導國家建設中有成就，但也犯了很多嚴重錯誤。嚴重錯誤中，包括文革中無謂犧牲和傷害了許多人的生命，因此才有文革結束以後鄧小平講「要民主法制建設」，講「文革是踐踏人權、踐踏民主，人權得不到保障」。這和我們的民主觀缺陷有關係。今天之所以有些人把憲政看成是資本主義的，實際暴露了他們對於什麼叫民主政治的理解極為膚淺、原始。在這個問題上，我們必須要解放思想，必須真正研究人類社會中政治生活的客觀規律，不要把客觀規律分成什麼社會主義、資本主義、保守主義、自由主義等概念。如果承認經濟中生產力的發展規律是客觀的，市場經濟不姓資也不姓社的話，那麼經過三十多年的改革開放，中國社會發展走到今天，我們也應該解放思想，承認人類政治生活領域中的客觀規律同樣不姓資不姓社。只有這樣，才能真正認識什麼叫民主，什麼叫法治，什麼叫憲政，才能真正做到推進制度變革、制度創新，保障每個人的基本權利，使每個人活得安全，享有免予恐懼的自由。

三、中國如何實現憲政轉型？

2008 年，我到西班牙進行了半個月的考察，回來後有半年時間寢食難安，晚上睡不着。為什麼？因為在考察中，西班牙學者給我們介紹了西班牙在佛朗哥 (Francisco Franco, 1892–1975) 將軍去世後，是如何和平推進民主轉型的，這讓我思考了很多。佛朗哥 1975 年 11 月去世，10 個月後中國共產黨的領袖毛澤東去世。在佛朗哥去世以後的 30 年中，西班牙完成了和平的民主政治轉型。中國在毛澤東去世後，用 30 年時間完成了經濟的恢復、初步增長和現在的快速發展。今天，在經濟快速發展、社會多元分化的情況下，中國如何和平推進民主轉型這個問題，提到我們必須正面面對的議事日程上了，這是我們現在無法迴避的大問題。當時聽到西班牙介紹這個情況時我很認真，在去西班牙之前我也做了一個功課。如果大家有興趣，可以看林達的《西班牙旅行筆記》，書上專門介紹了西班牙民主轉型過程中錯綜複雜的矛盾、各方力量的較量、同志集團的內部鬥爭等。儘管存在很多困難，但是他們最後完成了民主的和平轉型進程。我自己把西班牙的民主進程和中國現在將要面對的民主進程做了個比較，結果有半年時間自己沒有睡好覺。為什麼？因為我覺得我們面臨四大挑戰，在這裏提出來，希望和大家共同探討。

一是和平推進民主改革、民主進程需要社會和執政集團共同努力，當政的和在野的都要共同努力，尤其是前者。在和平推進民主進程中，西班牙原政府內部的統治力量自己作了轉變。執政黨能否完成一個順應歷史潮流的自覺轉變很重要。為什麼這樣説？佛朗哥去世前，他交代要把國家權力還給年輕的新國王胡安•卡洛斯 (Juan Carlos I)。在佛朗哥將軍專制獨裁期間，老國王流亡國外，佛朗哥將軍將胡安•卡洛斯撫養起來。到佛朗哥去世前，他明確表示將來要把國家權力交還給胡安•卡洛斯。新國王胡安•卡洛斯即位後啟用新人蘇亞雷斯 (Adolfo Suarez Ganzalez, 1932–2014) 做首相。他們首先做的一件事是在西班牙進行全民公決，決定究竟是繼承佛朗哥將軍的獨裁專制體制還是搞民主政治體制。在全民公決中，78% 的公民參加了公投，94.2% 的人贊成政治改革，建立民主體制。這使原來佛朗哥將軍內閣中的老人們看到了專制政治大勢已去，而他們也想在未

來的民主進程中贏得新的生存空間，所以這些老人紛紛自己組織政黨，尋求未來的政治生存空間。

二是西班牙提升社會公平，有助於為和平推進民主進程提供寬鬆的社會環境。這個社會環境我們現在能否做到？四大挑戰中恐怕這是最容易解決的。西班牙從上個世紀 50 年代開始經濟快速發展，到 1977 年人均 GDP 已經達到了 3,260 美元。一方面是經濟發展，另一方面社會貧富差距拉大，這時社會矛盾很多。但西班牙在佛朗哥去世之前就逐步建立起社會保障體系，建立起勞資談判協商機制、社會對話機制，包括進一步發展政府、企業、工會三方對話的機制，逐漸放開新聞言論環境。在社會保障體系逐漸建立起來、社會公平程度逐漸提升的情況下，當西班牙推進民主政治時，人民群眾沒有直接參與其中，而是由極左、極右的政黨委託中左、中右的政黨進行談判。中左、中右政治傾向的政黨談判的結果，極左、極右的政黨都認了，社會老百姓也認了。看起來在西班牙民主進程中，社會公眾不在場，但實際在場，是他們默認了這個結果。因為社會的公平程度逐漸提高，社會保障底線有了，這就為西班牙政治改革提供了相對寬鬆的環境，社會公眾可以接受政治談判的結果。

而我們國家現在的問題是貧富差距極大，社會矛盾極為尖銳。因此，中國社會裏幾乎是人人講政治。其實，社會是有分工的，讓搞政治的人講政治，搞經濟的人專心做企業，做學問的人靜心做學問，大家各幹一行，這才是人人「安居樂業」，這豈不是很好？但我們國家各行各業的人都在講政治。為什麼？因為社會環境不寬鬆，社會貧富差距很大，而社會保障體系還沒有完全建立，特別是權利的法治保障這一安全底線沒有真正建立起來，所以人人都缺乏安全感。這使得社會環境很不寬鬆，改革只要一動，就有可能使各種矛盾像火山噴發一樣地爆發出來。王岐山推薦大家看《舊制度與大革命》，這說明他確有擔心。執政黨如何爭取寬鬆的環境以推進民主？四個無解中這是最好解的。

三是能否在建立共識的基礎上達成政治和解。西班牙在推進民主進程時，不同政治傾向的人在重大問題上達成共識，大家達成

了兩個共識。第一，西班牙是人民的西班牙，一切以民族的利益為重。第二，民主進程如何推進？要有政治和解，基礎是保障人權，尊重每一個人的基本權利。在這個基礎上形成全民共識，制定出大家都能夠接受的憲法。由此，西班牙國內不管什麼政治傾向的政黨都承諾在憲法基礎之上、在法治框架之內共同合作，和平推進民主政治。這兩個基本共識非常重要。那我們能不能在有些問題上達成和解？另外，我們的憲法有沒有全民認可，是不是從上到下都認為憲法反映了社會的共同意志？大家是不是都能在憲法基礎之上、法治框架之內開展合作、妥協、理性的建設，推進民主進程？我們國家在憲法問題上、法治問題上，這個共識基礎還不是很扎實。從執政黨本身來講，憲法是否為我們的最高權威？現在還沒有做到這一點，我們事實上是以人為最高權威。如果執政黨和政府本身沒有維護憲法的最高權威地位的話，那麼老百姓眼裏也是沒有法的。所以，當一些黨員幹部用政治權力壓制社會民眾時，社會民眾沒有權，沒有錢，但有命，底層的老百姓有可能跟你拼命，於是出現了激烈的暴力對抗情況。這使得民主進程中有可能出現暴力現象，社會有可能陷入動盪。

四是西班牙進行和平民主進程時，曾經有軍人試圖搞軍事政變，顛覆民主進程。這時，西班牙國王胡安•卡洛斯在王宮裏發表了一刻鐘講話，就平息了這場政變，從此以後再沒有任何力量能阻擋西班牙的民主進程。西班牙有兩個力量超越世俗社會，而且都是結構性的力量。一個是國王。西班牙國王是這個國家全民族的人格象徵，可以超越世俗社會中不同黨派、不同利益群體的紛爭，對各個群體、各個黨派產生影響，是作為民族意義上的人格象徵，大家都聽從國王的。另一個是宗教。宗教是超越世俗生活的另一個結構性力量。在我們國家恰恰這兩個東西都不存在，我們既沒有國王也沒有宗教。因此，在世俗生活中各種不同利益群體之間的利益互動、利益衝突、利益博弈，需要一套制度構架和平化解，最好的東西是憲法、憲政、民主、法治。要想避免大的社會動盪，唯有把憲政做起來，大家都承認憲法的最高權威，在憲政體制下，在共同的規則下開展執政黨、政府與各方的合作，來推進國家民主建設。要避免未來可能出現的大動盪，就必須有一個東西大家都認、都遵

守。所以，憲政、憲法的實行對於我們國家後面的民主進程顯得尤為重要。因此，必須擯棄資本主義、社會主義的那種空洞概念化、對立型思維，真正把民族的利益放在第一位，把中華民族的偉大復興這個根本利益放在第一位。大家必須努力地為憲政而呼、而喊，身體力行地維護憲法、實施憲法。

張千帆：蔡霞教授的視角非常寬闊，但是主題只有一個：憲政跟主義沒有關係。如果沒有憲政，中國社會就將繼續動蕩，這對誰都不好。下面有請榮劍老師。他的視角也很獨特。我們都知道，1949 年有一個《共同綱領》，但這也是憲法學家的共同盲點，過於關注這個《共同綱領》，沒有關注 1946 年就有一個《共同綱領》。那個時候是「舊政協」，國共還沒有分裂，所以 1946 年的《共同綱領》更有包容性和代表性。榮老師從這個視角，探討兩岸互動和中國憲政的可能性。

榮劍：非常感謝千帆教授邀請我到北大演講。30 年前我在北大做過一次演講，那時我是在讀研究生。30 年以後在這裏跟大家做一個交流，感到非常榮幸。今天講憲政問題，千帆老師也介紹了當前所面臨的問題。在這半年內發生了令人困惑的奇談怪論，實際上已挑戰了國民的底線。有學者認為，20 世紀 40 年代毛澤東在延安憲政促進會成立大會上發表的〈新民主主義的憲政〉一文講到了關於憲政的理論，這只是一種策略性話語。是否真是這樣？我們有必要再看看 40 年代的這段歷史。我寫了一篇文章〈回到「共同綱領」(1946)〉，在《炎黃春秋》發表後，共識網、影響力中國網、愛思想三大網站上都在頭條發了出來，前兩天在洪範的一個研討會上我也對此做了一次演講。

首先涉及的問題是，中共在 40 年代講憲政的話語究竟有沒有誠意？根據我對文獻的研究，共產黨在這期間所講的關於憲政的一系列話語是有誠意的，並不是為了「欺騙」國民黨和其他民主派。這取決於當時的社會狀況，取決於當時各種政治力量的對比關係。抗戰即將取得決定性勝利時，對於抗戰結束以後中國國家的重建，共產黨和國民黨都拿出了他們各自的綱領。1943 年蔣介石拿出一個綱領，叫《中國之命運》，其中有兩個核心詞，一個是自由，一個是法

治。毛澤東在 1945 年也拿出一個綱領，即他在中共七大上所做的政治報告《論聯合政府》，其中一個核心觀念是民主或者憲政。

如果我們比較這兩個文本，就可以看到，共產黨所提出的文本比國民黨的文本更加激進。對於蔣介石來講，是要按照孫中山的「三民主義」統一中國、建設中國，對憲政建設有一個路線圖，即大家所了解的軍政、訓政、憲政。所謂訓政的核心，在當時是指統一全國的政令和軍令。蔣介石講這個話，當然主要是針對共產黨的武裝力量和共產黨當時所建立的根據地。

在抗戰即將取得勝利時，國共之間的武裝力量對比是 4:1，國民黨有 400 萬軍隊，共產黨有 100 萬軍隊；兩黨掌握的人口比例也差不多，國統區有 3 億，中共根據地有 1 億（當時有 4 億多中國人）。在這種力量的對比關係中，共產黨所面臨的問題是，它能否單獨把天下打下來？如果打不下來，依靠武裝力量奪取不了政權怎麼辦？採取什麼樣的方式在國家政權中謀得一席之地？這是共產黨實際考慮的問題。所以，1940–1945 年期間，共產黨講了大量的憲政語言，包括民主建設。去延安考察的美國人，看到延安的政治狀況很滿意，說中共非常廉潔、朝氣蓬勃、充滿生機。在國共力量對比比較懸殊的情況下，共產黨提出按憲政民主的方式參與建設聯合政府，具備了和國民黨一拼的實力。

那麼，提出了聯合政府的概念後，怎麼建立聯合政府？共產黨又進一步提出了「共同綱領」。在官修的黨史教材中，一講到《共同綱領》，大家都普遍認為是指 1949 年政治協商會議所形成的共同綱領，即《共同綱領》的 1949 年版，其核心是確立共產黨的絕對領導，在這個前提下容許民主黨派參與政治格局。但是，中國最早提出的《共同綱領》是在 1946 年。這個《共同綱領》和 1949 年的《共同綱領》，是兩個性質完全不同的版本，差別極大。

抗戰勝利前夕，蔣介石邀請毛澤東去重慶談判，談判結果形成「雙十協定」。根據「雙十協定」，確定 1946 年 1 月召開政治協商會議。按我的理解，這個政治協商會議相當於美國費城會議，有預備立憲的功能。政治協商會議形成一個共同綱領，根據綱領召開國民

大會，在國民大會上通過《中華民國憲法》，根據憲法確定國家的治理模式。共產黨為參加這次會議做了充分的思想準備和組織準備。思想上，1945 年前就提出了一系列的想法，提出了和平民主建設的新階段口號。為了參加政協會議，共產黨提出了綱領草案，即《和平建國綱領》草案。

政治協商會議是 1946 年 1 月 10 日正式召開的，1946 年 1 月 16 日《新華日報》發表了社論：〈論共同綱領〉。共同綱領是共產黨人的說法，國民黨並不認同。開了 16 天會議以後，形成的綱領不叫共同綱領，而是叫「和平建國綱領」。但是，「和平建國綱領」的草案基本上是由共產黨提出的。也就是說，在這個會議上，國民黨沒有自己的草案，當時民主黨派提了草案，共產黨提了草案。草案涉及十多個議項，譬如關於國民大會、地方自治、政治民主、言論自由，憲政的所有內容都有，其中最核心的議題是軍隊國家化和政治民主化的關係問題。國民黨的要求是，先軍隊國家化，再政治民主化。共產黨則提出先政治民主化，再軍隊國家化。這涉及兩黨之間武裝力量的歸宿問題。在軍隊國家化問題上，國民黨最後做出了最大讓步，按共產黨要求進行軍隊整編。原來國民黨和所有民主黨派提出的是軍隊混合整編的議案，只有共產黨不同意，它認為混合整編下來，中共掌控的軍隊就沒有獨立性。所以，它要求是獨立整編，按比例縮編軍隊。在這個問題上，國民黨還是做了妥協，按共產黨的方案達成了關於軍隊國家化的初步共識。

政治協商會議結束後，共產黨獲得重大的政治勝利，所有要求基本上得到了滿足，國民黨則不高興。按照這個綱領，本應在 1946 年 5 月 5 日召開大會，通過《中華民國憲法》。共產黨為落實這個綱領做了三方面準備。一個是思想上動員，在黨內下指示說現在可以不打仗了，可以跟國民黨搞議會鬥爭了。二是提出組閣名單給國民黨，毛澤東當副總統，周恩來當行政院副院長，並準備把中共的指揮機關從延安搬到淮安（淮陰）。三是軍隊裁員，中原軍區 30 多萬軍隊裁了 10 萬。這表明共產黨當時對這個「共同綱領」高度認可，因為這個綱領滿足了共產黨的所有要求。

相反，國民黨並不滿意。1946 年 3 月，國民黨召開六屆二中全會，國民黨的右派和保守派提出反對意見，認為國民黨在這次政協會議上沒有得到任何好處，所有便宜都被共產黨佔走了。於是，在國民黨內形成了一股要求否定共同綱領的強大聲音。共同綱領最後破產，按照我的看法，國民黨應負主要責任。因為共產黨對當時達成的協議是願意執行的，而國民黨卻不願意。陳誠給蔣介石提供了一份軍事分析報告，認為在 3–6 個月時間內可以通過軍事手段消滅共產黨。之後國共雙方大打出手，打得不可開交，最後在戰場上決一勝負。1949 年，國民黨退出大陸，共產黨成立新政權，1949 年新的政治協商會議召開，共產黨明確提出「共同綱領」，《共同綱領》正式亮相。在後來的黨史編纂中，《共同綱領》就是 1949 年版本。1946 年的《共同綱領》被當成了歷史垃圾，棄之角落，差不多已被人們完全遺忘。

現在重新認識這段歷史，重新挖掘 1946 年的《共同綱領》有什麼現實意義呢？這一段歷史已經過去了，按我的說法，中國離憲政轉型僅差一步之遙，失之交臂。當時是一個很好的條件，除了國民黨、共產黨，還有第三方力量即民主黨派，這種政治生態非常有利於憲政架構的建設。因為時間問題，我不能充分展開對這個問題的言說，大家有興趣的話可以上網搜索我的這篇文章。

回到現實，在目前的情況下有沒有可能建立起一個憲政架構？我的文章的題目是「回到《共同綱領》」，並不是說要回到 1946 年去，而是說可以參照 1946 年的原則和精神重新認識建造憲政架構的可能性。從大陸目前的情況看，不具備與 1946 年相同的力量均衡關係。但如果把這種力量關係放寬到兩岸來看，情況就大不一樣了。實際上，國共對峙的、並列的關係現在仍然存在，1946 年以來的政治生態並沒有終結，國民黨在台灣是執政黨，有法統有軍隊。如果放寬到兩岸政治格局上來觀察，我們可以看到這種憲政架構的基礎是存在的。2013 年，國民黨與共產黨有四次高層對話，習近平總書記已經接見了吳伯雄。江丙坤最近提出了兩岸政治議題中的開放問題，希望通過民間呼應和推動對相關問題的討論。民進黨政治元老張俊宏在 2008 年就提出，在民主和法治的基礎上統一中國，即「一

國一制」論。大家可能也注意到了，許信良提出了成立中國議會的主張，直接涉及制度安排了。

我的看法是，如果從兩岸的大格局來看，重提 1946 年的《共同綱領》是有現實意義的。這個共同綱領是共產黨提出的，並不是哪個國民黨人提出的，這是共產黨可以利用的寶貴精神財富。按照共同綱領來搭建一個憲政架構，不僅解決了大陸政治民主化的問題，同時解決了兩岸統一問題。馬英九放出話來說，如果大陸是民主的、自由的、法治的制度，他們願意談統一問題。以憲政方式統一中國，那是一個多麼巨大的貢獻，不光是獲諾貝爾和平獎，而且是名垂史冊。

中國在目前的情況下，充滿着多種可能性。憲政的可能性並不是由良心發現或者某一個理念而產生的，實際上來源於各種主張憲政的力量的推動。我始終認為，一個黨派、一個組織絕對不可能決定一個國家的命運，這樣的時代已經過去了。現在執政黨所面臨的最大壓力是民心思變、民智已開，同時面臨着各種各樣的社會矛盾，這是前所未有的。20 世紀 80 年代的社會危機都只浮在表層，北大可以成為風暴的中心。現在來看，北大已經完全邊緣化，矛盾和危機的中心是在社會的基本領域。這是執政黨必須面對的現實，這個現實不是把眼睛閉上看不見了就不存在了。

因此，對中國未來轉型我們應當保持樂觀態度，中國具備解決這些問題的智慧，也具備解決這些問題的現實力量。

張千帆：謝謝榮劍教授的精彩報告。他很有說服力地論證了，1946 年的《共同綱領》體現了現在執政黨真誠的憲政願望。下面有請第三位發言人蘇小玲先生，前一段時間他寫了一篇很有意思的文章〈憲政——有尊嚴的生存方式〉，讀起來有點像蔡定劍教授寫的《民主是一種生活方式》。有請！

蘇小玲：今天張教授讓我來北大講一講，我跟兩位老師一樣，心裏非常高興。所謂憲法，就是公民的一種生存方式，不是什麼姓資姓社的問題。某些學者喜歡把它神秘化或者妖魔化，造成大眾誤

解。剛才兩位老師從政治學、歷史學角度談了憲政問題，我可能更感性一點，這篇講稿主要是針對這一階段發生的事情表示一點自己的看法。

雖然這幾個月來中國思想界發生了爭論，天並沒有塌下來，而且很多方面在按我們所想像的方式往前走，起碼我們今天可以坐在這個地方輕鬆地談這個話題。客觀上，社會是往前走了一步。放在以往怎麼可能？有些學者反對憲政，對中國經歷了百餘年曲折後依然不屈不撓的憲政訴求，表現出一種前所未有的不屑與詆毀，實際上已脫離了人對正義的正常思維軌道，赤裸裸地與人類追求自由、光明與幸福的目標背道而馳。好在中國的思想界還有良性的呼吸，更重要的是來自廣大網民的強烈抵制。的確，民眾對憲政的自覺或許比精英們的理論更為緊要。為什麼這麼說？長期以來，我覺得中國知識分子有一個問題：不接地氣。一些左派理論家似乎是「接地氣」的，因為他們有強調所謂社會公平的說法。而自由主義者從來都奔着根本問題去，而最根本的問題就是個人權利和自由問題。但普通民眾不太理解，說我們這些「公知」們不幹正經事，有很多誤解。通過這次對憲政的衛捍衛和我們的表達，使我們和很多底層民眾在感情上有一個連接過程。所以我跟張老師說，這次終於能夠找到契合點和社會大眾的訴求聯繫在一起了。原來，我們所談的憲政跟他們的生活細節，包括做人的尊嚴是連在一起的。

在當前某類人眼裏，憲政之所以不能被容忍，是因為它與「資」姓有瓜葛，就應當被列入另冊、打進冷宮。他們忘了，假如鄧小平先生沒有放棄對資本主義的極端偏見，就不可能推動 30 餘年的改革開放。奇怪的是，今天的某些人似乎對資本主義繼續咬牙切齒。不管是真恨還是假恨，難道他們真不明白，資本主義的不少優越性正深深地焊接在當今中國的軀體上，並顯而易見地改善着我們落後的社會體徵，其促進轉型與進步的關鍵性作用無可替代？

按馬克思主義的說法，資本主義最終要走向滅亡，告別世界。如果將此當成一種社會發展規律，這也很正常。正像東方的農業文明，幾千年也終要衰竭。但資本主義要進入垂死卻並不是現在，人

類許多文明的要素恰恰都依然需要從它的身上提取，包括經濟、政治、文化、藝術等等。況且，馬克思痛恨的「每一個毛孔都滴滿骯髒的血」的商品資本，其罪惡已經被轉化成富有人性和道德性的經濟契約，那種曾經的剝削的不平等已為自願的互利互惠的現代社會關係所替代，並且得到了國家憲法的保護。

説中國不需要憲政的人，顯然是在違背歷史常識，試圖顛覆正義的價值。百餘年來，憲政是一個真正的中國夢。這次習近平總書記和奧巴馬對話説，中國夢和美國夢是相通的，而美國夢就是憲政夢。

「不作為」的憲法在漫長歲月裏，被人像「古董」一樣高高掛起。時間長了，以至於太多中國人根本就忘了身邊還有這檔子與自己的生存密切相關的正經事：把不該有的權力關進籠子，將應該有的權利給予每個人，不論他是什麼人。然而，權力實體的強大掣肘、既得利益的巨大制約，使這個 1215 年被英國人開始系統提起，並在 1787 年被美國人全面實踐的好的政治制度設計，總是難以移植成功。

實際上，對今天的中國人來説，憲政已是實踐問題而非理論問題。由於我們理論的不作為（我們的理論建設只是用來維護權力與資本的合法存在）和對弱勢群體的種種説教或敷衍，整個社會喪失了政治、文化、經濟的道德底線，連最起碼的、被人類共同分享的普世價值也遭遇某些人的否定。因此，近百年來，和自由主義一樣，憲政在各種政治角力中被整得七零八落，面目不清。自 1957 年以來，一場又一場混亂的政治運動將理論界硬生生地拖入了沒有是非、只會應聲的奴性氣場中。當人類社會進步的常識概念已經模糊不清時，中國社會和民眾又焉能不吃盡思想盲目與行為蠻幹的苦頭？

令人匪夷所思的是，今天的中國並沒有擺脱這樣的理論厄運，各種貌似神聖的、政治正確的東西，會時常不斷地充斥我們的社會視聽，甚至使找回常識都顯得異常艱難。有些人硬説憲政理念是資本主義的，而非社會主義。實際上，憲政只是一種規範權力的社會管理機制，是文明國家的一種必然選擇。剛才榮劍老師已經回顧了

歷史，證明執政黨也希望通過正統的方式解決合法性問題，獲得更多支持。

而在今天，我們希望能有力推進憲法實踐和社會進步。一百餘年來，幾乎所有的被壓迫和被剝奪者，不管他們是什麼組織、什麼社會角色，都會自然地尋求自由存在與發展的權利。惟有權力在握的權貴集體為了一己私利，才會阻止民主、自由與社會進步的訴求，包括人們對推行憲政的正當追求。

即便是馬克思本人，也從未否定憲政對社會發展進程的某種必要性。實際上，任何理論在現實面前都是灰色的，不管它們從屬於什麼主義、由何人發明，假如它們不能有效地阻止矛盾、問題的發生，而依然使限制人的自由、剝奪人的權利、放任政府權力、造成社會不公、導致文明的歷史倒退等現象繼續存在，那麼人們就有權對其進行批判、修正或重新選擇。實事求是地說，馬克思主義並沒有因為在東方實踐的天然局限而失去其繼續存在的價值；在西方，它今天依然佔據着應有的地位。沒有人會因為曾經有人將其與現代專制、獨裁聯繫一起，就不尊重它的學術精神中所包含的人道主義。人們研究馬克思時，更多是將他視為政治經濟學者，而非一種權力來源的理論依據的論述者。

反對憲政的人總要拿「西方敵對勢力」來污名當下民主自由的訴求話語。但不管他們是出於何種動機，人們都要冷靜、從容地應對，因為這是一個偽問題，虛構的話語是缺乏力量的。前不久張教授寫了一篇文章〈要敢於面對中國的真問題〉，提出不要迴避真問題。憲政的目的是使我們從一個臣民變成一個公民，使我們每個人都成為有尊嚴的公民。希望經過大家的共同努力，在 10 年、20 年以後或者更短的時間裏，我們都成為受國家憲法保護的真正的公民，也希望北大繼續能夠發揚北大精神，在張千帆等老師的啟蒙之下有更多人從事憲政事業。

張千帆：希望在座的北大人能夠擔負起小玲兄對北大的期望，也是社會對北大的期望。感謝小玲富有激情的演講。他給我最深刻的印象就是他的激情。從 17 歲開始，到現在年過半百了，比我還大

幾歲，但是仍然非常有激情，帶着一股年輕人的朝氣。我們要向小玲學習，要有一股不滅的朝氣。下面時間進行互動。

提問：我很想請教的是，榮教授説中國現在有一股變革的力量存在，那這個力量組成是什麼樣的？不僅僅是這個力量能説什麼，更重要的是能做什麼？

榮劍：一方面我們很悲觀，我們看到很多問題時，看不到解決問題的人與辦法，這是我們悲觀的理由。另一方面我們樂觀，回到你的問題，變革的力量是怎麼形成的。第一是民智已開，這是一個大時代的轉換；第二是技術力量，互聯網起來了，技術解決問題。30 年前甚至更早，説信息革命時，不清楚信息革命究竟是什麼狀態，現在可以清晰地看到，社會的發展就是靠技術。由於互聯網、微博出現，甚至會有新的傳播工具出現，人們信息的交流無法受到不當控制。秦始皇焚書坑儒，坑了四百多個儒生，燒了一些書，就把整個國家的聲音給滅掉了，現在有可能嗎？不可能。至於怎麼做，每個人所發出的聲音彙集成巨大的聲音洪流，這是每個人都能做到的。譬如蘇老師辦網站，蔡老師寫文章，張老師在教室裏講課，這都是具體的力量，就是因為這些力量的存在，我們有理由對社會發展持樂觀的態度。

提問：我想問蔡霞老師，憲政的一個價值功能是社會利益的均衡化，但現在社會階層是固化的，那麼從執政黨的角度講，怎麼用憲法實施解決階層固化問題？

蔡霞：我試着回答你的問題。社會利益固化是很嚴峻的現實。2000 年前後，中國社會市場經濟快速生長，社會結構隨之發生變化，傳統的社會結構向現代社會結構演進，以職業分工為基礎的社會階層開始生成，這在中國社會是極了不起的事情。打破社會以階級劃分為基礎的等級制結構，轉向以職業分工為基礎的階層結構，這意味着社會等級間的流通開始了，即在市場經濟的基礎上建立起公平競爭的制度環境，人們只要努力，是可以通過自己的奮鬥改變

自己的命運的，這使很多寒門學子對未來抱有希望。這裏面很重要的是要保證社會公平。如果沒有公平，就沒有新的階層出現，人的命運在這個過程中也不會發生大的變化。2000 年以後，我們的社會出現利益固化現象，其背後最重要的原因是人的權利不平等。不知道大家是否注意到十八大講的「三個公平」：一個是權利公平，一個是機會公平，一個是規則公平。十八大報告中的「三個公平」寫得非常好，但需要有法治來保護，法治來實施。法治的實施，首先要限制權力。現在利益之所以固化，坦率地講，是權力利用它的特殊地位掌握着社會資源，通過社會資源控制人們的命運和利益分配，造成利益固化。在這個意義上，尤其要推進憲政建設，做到限制權力。

第二，不知道現在法學界還用不用良法、惡法的說法，我個人認為，不要以為立法了就有法治了，不是，還要考慮立法本身是否公平。如果立的規則、制度、法律條款本身不體現公平，本身是保護某種特權，或者為了維持某種不合理的現狀，維護舊制度、弊端，這種法就是惡法。我不知道這種說法是否專業。所以，在推動法治建設時，尤其是現在全國人大修改法律時，我倒希望大家都能夠去參與，發出我們的聲音，讓法律的制定、修改成為表達、彙聚公眾意見的過程。現在以所謂民意為基礎搞的法治建設，往往制定一些部門有權力但剝奪老百姓的條款來傷害公眾利益。譬如，有的部門現在居然想立法徵收汽車的排污費，理由是大氣污染。我第一個感覺是，政府利用各種名目把手伸到老百姓口袋裏掏老百姓的錢，立這種法究竟是體現社會公平、保障社會公共利益還是為部門和某些利益服務？我簡單說這些！

提問：我的問題給蔡老師。現在的政治改革跟經濟的發展是一種什麼樣的關係，會不會因為政治改革阻礙經濟發展，使發展過程遇到一些困難？

蔡霞：長治久安的秩序不靠政治，靠法治。所以需要大家都來增強法治意識，提高法治權威。從執政黨來講，推進和平進程，第一位的責任是把憲法和法治權威提到國家最高權威，使我們從上

到下，從執政黨領導人、國家領袖、政黨本身到所有公民，一切依法來辦，用法治來規範社會各方面的關係，協調社會利益矛盾。事情都依法治來辦，就會有相對比較安全的社會環境，不至於發生大動盪和殺戮。中國沒有法治文化傳統，在沒有民主政治時，人們或者俯首稱臣，當奴隸，臣服於權力，當順民，要麼沒有任何法治意識，淪為暴民。暴民不僅僅傷害掌權人，也會傷害自己身邊無辜的人。這個事情需要大家高度重視。

提問：我是來自法學院的學生，聽到蔡霞教授講憲政就是權力制約。我想請問在座四位教授，在你們的觀念下，在中國語境下，憲政之路怎麼走？

張千帆：不同的人有不同走法，我不能代表其他人，只是我自己的觀點。我認為最根本的是，中國憲政之路得由我們自己走。小玲剛才講我們要做公民。即便我們自己盡力了，但是選舉權得不到保障，言論自由受局限，公民自由是要打折扣的。這不是我們自己的原因，但大家還是要爭取、努力，逐步從臣民走向公民。中國以前總是把憲政命運寄託在精英身上，但我認為如果沒有民眾崛起，憲政就不會到來。

提問：我的問題給蔡老師。你說我們的民主觀有先天缺陷，導致現在有些人很害怕談憲政。這種民主觀產生的現實基礎是什麼？

蔡霞：說民主觀有先天缺陷，主要是說我們這個國家對民主政治理論的研究很缺乏，對民主政治的理解很原始、很粗糙，以為只要是多數人作主就叫民主。在延安時期，中國共產黨的《新華日報》和毛澤東發表的言論，對美國民主政治的模式比較贊同，但認識也就僅此而已。真正到執政黨建立新的國家制度，面臨制度框架搭起後如何有效運行的問題時，就需要認真研究民主政治的運行機制。這涉及執政黨的權力和國家權力之間的關係，涉及政黨自身的功能和國家政權系統的功能之間的關係，也涉及政黨和社會之間的關

係，這是政黨政治研究的基本關係。若不很好地按照客觀規律去看待政黨，仍然把它看成是政治上的領導，以革命戰爭時期的領導概念去理解執政行為，我們就會不自覺地用戰爭思維、鬥爭思維來處理各種問題，結果在新制度中就會延續你死我活的專制政治的慣性影響。要真正實現人民當家作主，就會遇到很大的阻力和困難。

榮劍老師研究馬克思主義的國家理論，有相當深厚的理論功底，大家有興趣可以看他前些年在《中國社會科學》上發表的文章。我們對馬克思主義國家理論沒有很深入的研究和理解，往往把政權理解為階級統治的工具。同時，小農經濟、專制社會、皇權觀念的影響極為深厚。因此，在新的國家制度框架搭起來後，對於究竟怎麼能做到人民當家作主，究竟如何使民主政治在中國真正運行起來等問題，沒有很好的研究。

有許多人認為，黨領導革命勝利了，是因為人民擁護黨，黨當然代表人民，因此黨可以代替人民「當家作主」。這涉及政黨的領導理論。什麼叫領導？什麼叫執政？領導是指執政黨的影響力、凝聚力和政治號召力，而執政應該納入法治範疇，主要是指國家權力的活動必須用法治來限制，來規範。執政是一個法治範疇，領導是一個政治範疇，兩個東西不一樣。目前這樣的執政方式把這兩個東西混淆了。另外，一個國家的國家權力有雙重職能，一個是政治職能——專政，一個是社會職能——公共服務、公共管理，這兩者也被混淆了。隨着現代社會的發展，人民當家作主意味着國家權力的社會職能愈來愈重，專政職能要相對減輕，但中共是在革命過程中奪取了國家政權，長期的階級鬥爭思維始終把專政職能放在第一位。所以，國家權力的政治職能和社會職能沒有完全分清，政治自然會取代法治。現在轉過來用法治，黨內就有人有疑問，法治會不會影響黨的領導？會不會動搖政權的穩固？這是在學理上沒有搞清楚。這也是非常重要的問題。

我們黨在執政以後，究竟採取什麼樣的方式執政，要不要進行憲政民主建設，主要是跟黨內民主的發展聯繫在一起，這是我在自己的研究中思考過的。其實，一個政黨應該怎麼執政、應該怎麼領

導，是各種複雜因素互相影響而逐漸形成的結果。從 1949 年到 1982 年憲法的制定，中國的政體一直在演進中，三十多年間中國的政體有四次大變化。從學理上說，這個過程有各種因素的摻雜，不是幾句話可以講清楚的。

從現實角度講，一個黨長期執政，權力高度集中，市場經濟造成的權錢交易，使得黨內新老既得利益都存在。新老既得利益對於一個政黨來講是一個沉重的包袱。為什麼？從政黨的政治形象和地位來講，既得利益嚴重有損政黨的政治形象和政治地位。但如果甩掉既得利益，贏得社會的信任和支持，又會觸犯黨內一些人的利益。因此，在現實中，如果一個政黨要想推進民主政治、憲法、憲政改革，勢必就有一個和黨內某些人的利益怎麼脫鉤的問題。人性的弱點每個人都有，政黨也是由人組成的，不是神聖的，只有克服黨內的弱點，才有可能甩掉既得利益的包袱，才能輕裝上陣，帶領大家團結起來推進民主進程。這個問題如果不能解決，既得利益就會用所謂政治正確的口號阻擋憲政的建設，阻擋民主政治的進程。關鍵是黨被利益捆住了手腳。這可能是現實中最大的難題。

提問：榮老師，我看了你最近研究的共同綱領。台灣一個學者引用了一個調查數據：如果大陸實行憲法體制改革，台灣是否願意接受統一？百分之七十的被調查者願意接受。對此我非常吃驚。既然兩岸之間的問題不再是一個中國、兩個中國的問題，而是政治體制問題，那麼馬英九政府有沒有可能在他任期內進行第三次合作談判？未來政黨再次輪替的機會是否會喪失？

榮劍：你的問題不好回答，我不知道他們會不會打這個牌，但我們可以做一些分析。在這麼一個格局下，台灣能出什麼樣的牌？大陸把國際空間擠沒了，但台灣唯獨保留下一個東西可以站在制高點上，即民主制度。現在國民黨已經愈來愈清醒地認識到這一點，民進黨也認識到了這一點。嚴格來講，剛剛開放時，大陸經濟依賴於台灣，現在台灣經濟依賴於大陸。在這種情況下，蔣經國（1978–

1988 年任中華民國總統）開放黨禁、報禁，在台灣建立民主架構，能夠保持它自己的存在，同時又有可能以此重新回到大陸。對於學者來講，這是明擺着的現實狀況。如果僅僅依靠大陸的政治力量的形成和發育，那是一個非常漫長的過程。

兩岸的統一是兩岸政治家的共同歷史觀，他們都強調這一點。在一個中國的前提下，什麼都可以談，為什麼就不能談政治呢？以前文化、經濟問題都談了，唯獨留下政治問題。現在已經放出風聲來，要談政治問題。政治問題怎麼談？按我的想法，可以回到 1946 年的框架中來，1946 年的共同綱領是現成的，可以不用改一個字就拿來用，對地方自治、軍隊國家化、言論自由、結社自由都有所規定。站在共同綱領的立場上，就是站在共產黨自己以前主張的立場上，這是它自己提出的綱領，是共產黨現有可以用的理論資源，是巨大的精神財富。

當然，要實現這一點，需要多種力量的推動。一是憲政理念要不斷地講，不斷地講是有效果的；二是社會各種力量的形成；三是危機的推進，即隨着社會矛盾的深化不得不轉型。我不相信任何良心發現。做出民主轉型的決定當然是非常困難的，蔣經國這樣非常偉大的人物，在做出這個決定時都是非常痛苦的，他被民進黨氣得吐血。在這個歷史關口，不是我們的想法決定着社會發展，而是各種力量所形成的動態平衡決定着一個社會轉型的條件。希望中國找到這樣一條道路。以前有歷史經驗，現在有現成的台灣民主實踐所提供的現實經驗，再加上大陸各方的智慧，我相信中國能夠走出這麼一條道路。

張千帆：前面我提到，中國憲政之路無論通過什麼模式或格局，最終都要靠中國公民自己來實現，單純靠黨派談判不太可能實現。這當然是很重要的外因，但是沒有內因，光靠外因是不行的。好像是毛澤東說過，內因是決定性的，外因通過內因起作用。歷史上的兩次國共合作之所以失敗，是因為兩黨各有自己的考慮，都有獨霸中國的私心。如果他們仍然為所欲為，中國憲政是不會有希望的。這次反憲法逆流遭遇如此強大的抗議浪潮，我們有理由自信，

至少中國公民在成熟，中國公民的憲政意識在成長。所以，我們反而應該感謝這些反憲法言論。正面提憲政，社會效果有時並不那麼顯著；有人公然反憲法，觸動了絕大多數人的底線，好比一個人平時好好的，不在乎健康，一旦有點毛病反而重視起來一樣。現在愈來愈多的公民發現憲法很重要，不能誰說沒有就沒有了。這次事件體現了中國公民的進步，這才是憲法實施的終極希望。

六

儒學中的憲政發引——
從《洪範》到《正名》

時間： 2011年10月27日

地點： 北京大學法學院

主講人

成中英： 著名哲學家，美國夏威夷大學哲學系教授、《中國哲學雜誌》主編，兼任國際中國哲學會榮譽會長、國際《易經》學會主席、國際易學導師資格評審委員會主席，著有《科學真理與人類價值》、《儒家哲學論》、《易學本體論》等。

王焱： 中國社科院政治學所研究員，曾任三聯書店《讀書》雜誌編輯部主任，《政治學研究》編輯部代主任，著有《陳寅恪政治史研究發微》、《晚清學術與近代中國政治思想的兩種傳統》、《經濟全球化挑戰下的東亞文化》、《晚清憲政的先驅——張之洞與中體西用》等。

高全喜： 上海交通大學凱原法學院講席教授，著有《思想的界碑——西方政治思想史講稿》、《從非常政治到日常政治》、《政治憲法學綱要》、《何種政治？誰之現代性？現代性政治敘事的左右版本及中國語境》等。

　　譚道明（北京大學法學院博士生）：首先向成先生和各位同學説聲抱歉，張千帆教授因在國外講學，無法主持本次講座。今天是憲政論壇第五講，題目是「儒學中的憲政發引——從《洪範》到《正名》」。主講人是成中英先生。成先生是著名哲學家，美國夏威夷大學的哲學系教授、哈佛大學的哲學博士，現代新儒家代表人物、國際中國哲學會的榮譽會長、國際《易經》學會主席、《中國哲學》雜誌主編。

　　成先生祖籍是湖北省陽新縣，出生於書香門第，他的父親在民國時期曾經出任考試院的院長。他自幼在抗戰中度過，隨國民政府輾轉西南，從小就萌生了強烈的愛國意識，至今仍念念不忘釣魚島的主權歸屬。今年 9 月 18 日，成中英先生還親自參加了瀋陽的九一八事變 60 周年的紀念活動。常年來，他一直身體力行推動中國文化的強盛，為儒學國際化作出了傑出貢獻。一個月以前，他不顧摔傷吊着繃帶前往山東曲阜參加國際儒學大會並做主題發言。今天，他雖然剛剛拆去繃帶，依然是帶傷來北大做講座，為大家傳播中國儒學中的憲政思想。

　　今天晚上，我們還請到兩位評議人，一位是著名學者王焱老師，他是《讀書》雜誌的主編、《社會學茶座》的執行主編；還有一位是高全喜老師，他是北航法學院的教授、博士生導師，人文與社會科學高等研究院的院長。下面讓我們歡迎成老師。

　　成中英：首先非常感謝張千帆教授，很早以前他就希望我到他主持的這個講壇，作一次有關儒學的憲政思想的演講。我一直沒有時間來回應他這個要求。最近，我想無論如何也要過來做個講座，即使是提出自己的一點看法也好，所以最後接受了他的邀請。

　　我今天這個題目叫做「儒學中的憲政發引」。這個題目有一點深意，我不能説儒學中已經有一個完整的憲政思想，也不是説它沒有。但是，最重要的就是它能夠引發或者發引出我們對憲政的渴望，或者對憲政的深度思考，甚至於最後覺得必須要走向憲政的政治體制。所以我想從儒學談起，逐步地把憲政引入，這樣我們會更

了解儒學傳統中有什麼對憲政的啟示或發軔。今天我們談儒學，我們談憲政，我們談儒學中的憲政思考，這個題目的探討本身就應該給我們很多的鼓勵，也會讓我們更容易的去掌握現代中國憲政的基本或者深層次的意義和價值。

我的副題是「從《洪範》到《正名》」。我很難說這是不是能刻畫出儒學的基本思想。假設《洪範》在孔子之前就有的，孔子雖未提到它，但它表現的惠民與治國思想卻是與孔子的治國之道一致的。從這裏可以看出儒學應該源於一個悠久的歷史傳統，也可以說，在孔子提倡儒學之前事實上已經有儒學了。我這裏講的儒學是在所有的人類文化傳承當中最能肯定人的生命價值，最能肯定人在發展中的創造力，並基於人性與人文的堅持對建立倫理社會，追求實現一個理想的人類和諧世界，進行教化與倡導，以此來發揮人類的潛在能力。也就是說人類必須通過政治文明與政治智慧的發展，而不只是經濟發展，也不只是社會文化的發展來達到人類更高層次與更廣範圍的社群發展。基於文化與倫理的政治永遠是儒學中最關鍵的一個人類發展層次。這個層次是建立在人的自我覺醒的生命力基礎上，是建立在人類文化的活動基礎上。

那麼，什麼是憲政？我這裏沒有時間把憲政概念的內涵完全介紹出來，但是我的意思是很完整的。大家知道，依照一個憲法來行使的一個政治治理、管理或者一種政治權力，這就叫憲政。什麼是憲法？我想普遍意義上大家都知道，不需要多說，憲法就是基本大法。這個基本大法需要具備很多條件。作為基本大法是不是完美的？是不是一個國家的國民能夠接受或已經接受的？這些都是問題。除此之外，這個大法如何獲致也可以成為根本問題，這也就是立法問題。憲法也有合法性問題。我們可以區分憲法的合法性問題與基於憲法的立法的合法性問題。前者是憲法的根本法源問題，憲法是神授、君主制定或是人民的公共意志表決或默許或推斷，這些都可以成為合法性討論的問題。總而言之，作為指導國家治理的大法，必須預設一些判斷的標準與評價的能力，而且必須考慮到憲法之為憲法的合目的性，而不只是其合法性而已。

　　當然，因為有文化的因素在裏面，所以不可能每個治理的大法都是一致的。首先，治理對象不一定是一樣的，而且其所認知的基本價值、相對價值、普遍價值也不一樣。我不相信絕對普遍性，絕對普遍性是一個理想，但我們可以談相對普遍性。我們可以在相對普遍性中建立一個具有理想性的普遍性。但是普遍性實現還是要靠特殊性的條件來說明和體現。

　　這又提到憲法真正的重要性在於它是能夠提供治理國家的法律基礎，能夠為人民大眾所遵守。我覺得這個是比較困難的。因為寫一個憲法比較容易，但是要把這個憲法推行、實行，為大家所遵從，而且讓這個憲法變成活的憲法，能夠與時俱進，能夠在實踐過程中逐漸完善，這個是很難的，但我覺得是最重要的。我們要把憲法看成一個活的典型、典範，要用我們自己的社會經驗、社會理想、公共意志把它完善、實現。這個我覺得是憲法的合法性的來源，也是憲政最主要的意義。

　　這顯示今天我們探討憲政哲學是非常有意義的。而儒學作為建立人類社群基本倫理哲學、文化哲學、價值哲學，甚至說人生哲學的哲學思考，顯然與建立一個合理的政治體系有非常密切的關係。儒學可以推廣到其他社群，不一定限制於中國的傳統。

　　為什麼要有憲法呢？憲法是一種立法。我最近談康德倫理學，康德倫理學可以說是現代憲法的一個重要基礎。康德倫理學或者說道德哲學認為人可以依照一個外在的法律來實踐一個人或者一個社群所需要的善。但是外在的法律根據是什麼？是上帝，還是歷史上留下的權威？還是內在於人的自由意志的實踐理性？康德的回答是：人是理性的動物，人的理性可以自己規定要做什麼，什麼是自己要做的事。那個自己要做的事，事實上也應該被看成是所有人都應該做的事。所以從人的自主獨立性、人的主體性去思考整體的一般性理性規則，而把它看成是對自己做事的要求。這個意義上講，道德實踐具有一種普遍性、一種必然性。

　　同樣，把這個必然普遍的道德規律，外在化成為公共的法律意識，成為大家都遵守的法律規定，人們必然對它的內容、形式都有

道德的認同。假若每個人都能進行這樣的認同，事實上基於這樣一種道德規律的認識，每個人必然也會去相互認同。所以在這種情況之下，產生一個普遍性的法律規範是可能的。

這個法律規範最根本的目的是什麼？它的內容是什麼？個人的道德要求跟國家治理要求還不一樣，我們還需要探討法律規範內容的問題，所以今天我們說憲法的問題，事實上首先要肯定國家治理所需要的內容是什麼。憲政可能性是在於每個人都可以為自己立法來遵守個人的意志所必須接受的一種價值。從這個方面來說，憲法應該是政治治理必然要行走的路線，人類進化、社會進化必然走向憲政的規律。

在原始的社會裏面，前憲法時代基本上是君主制度。君主制是超人的制度，它不能結合大眾的意識，因之是不夠的。即使是良好的意願，沒有外在成為人們可以共同接受的認知，那也是不夠的。所以君主立憲是一種進步。但是君主立憲它的權威即使是憲法賦予它的，但是最後的權威還是在於接受治理者大眾的公共意識。公共意識可以選擇不需要君主，這是一種自然的可以考慮的事實。所以當這個君主本身不能夠滿足大家需要的時候，民主立憲是自然的趨勢。很多君主立憲國家包括英國，由於歷史原因能夠發展成為一個憲政的文明，但是假設這個君主本身出了重大的問題，民主立憲就變成一個自然的歸向。這是很自然的發展。

在哲學上，大家都知道霍布斯主張君主的絕對權威，它還沒有掌握到立法的內在性，人類獨立的內在立法精神。所以從霍布斯到洛克是一個很大的改變，而這個改變反映當初英國的歷史情況。我們在這裏基本上簡單地談談這個問題，以說明西方憲政的開始。

英國的《大憲章》最早是因為宗教與政權的鬥爭與衝突，也就是宗教集團跟國王權威集團的權力衝突，宗教要控制君權，而君權卻要壓制教權。這段歷史很複雜，以至於到清教徒革命、光榮革命，這些都是地主集團在君權與教權兩大鬥爭中爭取利益得到保護的過程。這些人也可能代表社會大眾基本的勢力。這樣就造成了英國很特殊的憲法表現方式，就是不成文法。它從不同的契約關係，

爭取到權利後的一種協議來限制君權，來彰顯公眾的權利。當然這是長期發展，一直到光榮革命，英國國會的權力更為彰顯。基於政黨的發展，民眾的權利也透過國會逐漸實現。

這裏我要特別提示一下，憲法有個目標。美國憲法是經過美國革命以後產生的憲法。它的序言裏面說了六個重要目標，十三州或者十二州要訂立一個契約關係，作為治理的基礎。首先，第一個目標是要建立更完全、更完美的聯合關係，就是說我這個社群要更緊密地站在一起。第二個目標是要建立一個正義的社會。第三個目標是要保證一種社會的安寧。第四個目標則在提供維護社會安寧的國防，能夠集聚大家之力組成防禦力量，來保護自己。第五個目標是要建立一個大眾的福利制度。最後一個目標就是保障國民大眾的自由。總之，一部憲法是有目標的。這裏說的六個目標是美國憲法的基礎，是得到參與制憲者的同意。

當然對美國來說，它有這樣一個特殊的情況——獨立戰爭之後十三州有時間憑藉理性來進行共同思考，並參考洛克的民意哲學來建立、規範國家發展的方向，即非常直接的、也非常堅定有力的來規範與鞏固這樣一種關係。但是，有些歷史較悠久的國家並不能像美國那樣容易訂立憲法。不是說其他國家都有這樣一種能耐、充裕的時間或者清楚的概念來得到人數較少群體的同意，然後獲得廣大的民眾支持。譬如法國大革命的結果就不太一樣。法國的憲法往往匆促地制定，又匆促地消解，顯示一種不穩定性。

這裏我要說明民主憲法有兩個形式，這就涉及儒學。我最近在探討民主的形式，有人問中國的民主跟西方的民主是否有差異。這裏我提出這麼一個認識：西方的民主跟中國的民主是有差異的。這是兩個歷史傳統發展出來的不同的民主概念。中國的民主更接近於信賴的民主，而西方民主更接近於參與的民主。這兩個民主方式是什麼？我們怎麼去了解？西方的民主源自希臘，中國的民主追溯到中國古代氏族社會，這是兩個最初不同的形式。

如果將希臘作為一個起點，它的城邦制度是在很小的國家層面上參與，而且希臘這個民族是比較好戰，它的城邦很小，公民的

參與權卻很大，戰爭中被征服了的人變成奴隸。從這個方面來說，民主的參與性是很強的。因為公民要自行決策，然後去面對各種環境帶給它的困境或機遇，譬如作戰與訂約，加上它已經有了奴隸階層，公民的政治參與感也就更大。所以，這種參與的民主在希臘伯里克利時代是非常明顯的證明。這對後來影響很大，文藝復興以後，西方建立民主國家是以希臘的參與的民主作為基礎。

中國的傳統裏面，民主是以民為本、為民作主，是為民尋找好的領導者。它不是以民為主，而是為民作主，以民為本。為什麼是這樣的制度？我想跟早期中國的環境有關，中國跟希臘不一樣。中國是一個很大的分散的農業國家，這些氏族慢慢集合在一塊，在農業化以後，君主要對廣大的人民負很大的責任，人民必須要相信他，他要體現對人民的期望的充分鄭重。人民就是要找一個值得信賴的人，讓人民可以安心耕田、種田、過日子。我認為早期中國是要找一個聖賢的人物為大家犧牲奉獻，並不是為了自己的利益、私心來從事公共工作，要有一個大智、大勇、大仁的人來從事公共事務，這個人叫做「聖王」。這個聖王的繼承也是要找這樣的人，這就叫「禪讓」。

我認為中國在開始的時候的確是有一個禪讓的傳統，但很多人可能覺得是編造的。最近有一個出土資料叫做《容成氏》，講的就是禪讓的可能性。當然有人講禪讓是一個形式，或者後來是一個形式，或者是一種推辭甚至是計謀，但是我們想像早期從堯舜到禹，至少想像它是有可能性的。從司馬遷的記述裏面也體現了這種可能性，早期中國人是相信這個古代的「聖王時代」。

這種情況下，君主是值得大家信任的領導人，人民必須要信賴他。他的目標就是讓人民信賴、為人民謀福利，後來是走樣了。最開始是大禹把他的位置傳給他的兒子啟，他原本不是要傳給他的兒子，可是啟的能力也很強，他也想做王。在爭奪中，啟勝利了，就變成傳子世襲的開始，一旦這樣的權力繼承下去就變成中國後來的專制制度。有了專制以後就更有私心，就把權力作為滿足自己的工具，甚至於忘記或者壓制人民的需求。由信賴到不可信賴，這是很重要的發展。這個發展決定了中國政治的行使方式。

但是這種方式還是以信賴作為基礎，即使是世襲制下，好的國王仍然是人們所希望的，他也知道人們依賴他。雖然人們並沒有參與，因為參與需要更多的方式、更多的結構和時間。從中國和希臘的發展來看，中國的發展自始就是一個信賴的民主，希臘是一個參與的民主。這兩個民主形式發展到現在就變成西方的民主形式有更多的參與，愈參與愈好，而中國的民主是你愈信賴我愈好。當然作為一個帶頭人、一個為君者，他也要值得大家信賴，他真是在為民謀福利。人民說，你辦事我放心，你做的事情我滿意，不需要擔心什麼，就可以了。

但是，是不是真的做到這一點，這是個大問題。所以在這裏我們可以說，中國的傳統表達方式上，西方參與式民主是我一定要把我的權利說清楚，所以產生一種民主表達權利的權利宣言。而中國往往是作為一種隱性的天命要求，當君者你的責任是什麼，因為你做天子你要則遵守天命，你能夠做到人民所需要的，人民也不需要參與你這些事。這是中西很大的不同。

剛才提到儒學它所表達的方式基於早期禪讓制度的發生，就產生了為民作主的思想。而這個思想最早的開始就是《尚書》，《尚書》裏面《五子之歌》、《大禹謨》都談到天要求能夠找到一個為民作主的人，這個想法是很清楚的。甚至於在周代還有這個想法，因為周天子，即文王、武王他們以我是為民作主來解決這個問題。當初禹、湯也是從這個角度，是為民作主的一種表達。《尚書‧多方》說「天惟時求民主」，也說「天惟五年須暇，之子孫誕作民主」，就是說這樣產生一個聖王來為大家做主。同時在《五子之歌》中也說「民惟邦本，本固邦寧」。在民之本上誰來作主呢？就是要有一個聖王出來。這就是「民為邦本」的意思。

以民為主、為民做主，主要的權力還是在民，民還是最重要。所以一直到孟子還說「民為貴」，不能忘記這個「民」是最重要的。成為天命就是要人們去為民着想，這裏有一個基本的假設：早期中國人把「民」看得比較被動，民像羔羊一樣，他們需要被保護，需要關懷他、愛護他、營養他、教化他，他是一個天性很純真、需要

被保護的對象。有一種人能夠保護這個民的就變成君了。後來孟子叫「勞心者治人」。民就是辛苦工作、種田，沒有時間，因此是「治於人」。所以民的概念，是茫茫眾生，沒有把民看成很多個體，即使他們可能還有參與政治的慾望，但他認為民就是應該接受保護，讓他的生養得到保護。

因此君就很重要，怎麼找到一個賢君很重要。在這個意義上，講中國的政治理想基本上是建立在這樣一個認識。當然這個傳統引申到憲法還應該有三個階段：一個是《堯典》，一個是《洪範》，一個是《周禮》。

古文《尚書》裏的《堯典》是後來人民追溯或記憶堯的，反映中國的政治組織還是有它的特點。中國的大環境基本上還是氏族社會，九族都是有血統關係，而這個九族能夠構成一個邦或者一個國，它就具有一種內在的關聯性與依存性。怎麼把這個關聯性與依存性擴大，怎麼成為更大的一種關係協作團體，怎麼從九族到平常百姓，把九族擴大到一百個姓氏，甚至於把百姓擴大到更大的邦國，達到「協和萬邦」的目的。這個基本的思想就是君要做的事情，一方面是照顧基於氏族關係的民，另一方面要擴大協和關係的國。這裏要指出的是民跟九族並非等同。古代中國是不是在民的層級之下有奴隸社會（奴隸上面有民，民是耕田的，民上面還有一些氏族領導者），那是另外一個問題。另一方面，這裏我要說的基本擴大形態是要從協和他邦來擴大基層族群的連鎖，從一個小的社群擴大到大的社群。這樣，才能使自己的國家或者邦國能夠興旺、安定、穩定。這是開發式的。雖然它也是一種信賴，但是要在信賴的基礎上去開拓與鞏固社群關係，達到社群和諧與天下和平。

這裏我們看到《洪範》篇的產生。我認為《洪範》篇代表了最早的中國治國之道，是對長治久安的基本方法和理想的追求。這個《洪範》是什麼東西？《洪範》是武王克殷之後去問紂的叔父箕子什麼是治國之道。君主問治國之道在歷史上是常有的。譬如，最有名的是漢武帝問董仲舒的天人三策。在《洪範》篇裏面，「洪範」的意思就是大的規範，「洪」是宏大的意思，「範」就是典範，一個宏

大的治國典範。這就是中國憲法的概念，所以儒家不是沒有憲法的概念。

考慮治國這個問題，怎麼得到長治久安？《洪範》篇裏面提出十點，這個「十點」，從對自然的認知和維護，到曆法、制度、立法的制訂，到各種不同事務的管理功能，其中包含了「農用八政」，也包括怎麼去祭祀、教育、交通、司法，而且考慮到處理軍務、國防、財政等等。好比今天美國憲法規定行政部門有哪些要考慮的事務，怎麼樣去管理它們，這顯然是基本法的概念。基本法就是要找到我們要做什麼、怎麼去做，同時也考慮到做人的態度。它提到「敬用五事」：你的態度是不是非常嚴謹、面容是不是應該莊重、説話是不是有條理、認知是不是清楚、思想是不是通達，這些都是需要考慮到的。你能不能夠產生一種策略思想，怎麼樣用剛來克柔，用柔來克剛，怎麼樣作出決策，以及如何爭取使官員或者庶人（一般人）推行你的決策達到滿意的程度。你能不能夠考慮天時地利來推行一些事功，最後達到一個治理的目的，其中也包含追求人類生存的幸福來制止一些違法的、傷害群體的行為。

總之，我們要有最高的價值標準，這個標準就是「皇極」，追求大中至正、無偏無倚、無偏無黨。這個追求在《洪範》篇成書時，也許已經是儒家憲政思想的發引了，至少它已經彰顯怎麼樣找尋一個客觀法則、一個法典、一個規範來治理國家。

從《洪範》到《周禮》也有很多説法。《周禮》首先就説「惟王建國，辨方正位，體國經野，設官分職，以為民極」（《周禮•天官•序官》），這完全是憲法的觀念。你怎麼去把這個國家建立起來，怎麼開闢疆土，怎麼樣設官分職，要做一些什麼事，如何管理，怎麼達到目標，達到人們所需要的一種理想要求。從《堯典》中看到的是一個長遠的目標、一個一般性的做法，但是到了《洪範》、《周禮》，一個整盤的理想已經透露出來了。但是它沒有成為一個完全客觀化的法典，並沒有經過一個認論修定的過程。一個認定程序讓它有一種約束力。用黑格爾（G. W. F. Hegel, 1770–1831，德國哲學家）的話來講，儒家帶有主觀的憲法精神，但是怎麼把它變成客觀的憲

法精神，成為有約束力的法典，這個在儒家還沒有實現。我覺得儒家引發了憲法的概念，但是它沒有把這個變成一個客觀的建制來作為實現的基礎。

到了孔子，很重要的一點是，孔子認為儒家最重要的是考慮基礎問題，是個人道德實踐問題，是對人基本要求的內在認識，他把這個看得比外面的法更重要。後期孔子說的仁政跟早期表現出來的周禮的「禮」的概念或「洪範」的概念還是有差別的，但是它的好處是：這個法典壞了，我們還可以找到它的根在什麼地方，有了這個根我們還可以再提出新的法典。孔子說夏禮我不太知道，殷禮我也不太知道，周禮我卻知道，因而願意遵從。在此基礎上，孔子經過審議，知道即使實施一百年以後我也知道人們對禮的遵從和要求。他把這個治國之道看成是一個根本的對人的認識，反思人性的認識基礎上，而不把它看成永遠固定的。因為從他看即使是夏禮最後損益成殷禮，殷禮再損益成周禮，因此以後的禮是可以改變的，他要找的是維護這個禮的精神基礎，維護禮的基本的人所需要的德行。我認為孔子一方面內在化了法典精神，一方面又深化了法治的道德基礎。

這裏可以看得出來，他提出「仁政」的概念，是說我們從根源上應該關心人與民。我們應該對人，尤其是大眾、社群、民，有一種發自內心的、發自人的自我認識的本性關懷。因為他跟我是同胞，他跟我是同類，他就是我，所以「己所不欲，勿施於人」。在這種考慮下，我們可以建立一套禮制，建立一套法制。我想孔子絕對不會排斥這樣建立法制的說法。但是他昇華到所謂法內在的「德」的基礎，我覺得這點認識是最重要的。

他也談到這個德的基礎成為法治、禮治有一個手續，是在名稱上的認定，這也就是「正名」思想。我們要把「什麼是什麼」的價值標準搞清楚。「政者，正也」，「正」很重要。「子帥以正，孰敢不正？」這個「正」就是對價值標準的掌握，這是不是也是一種憲法精神呢？它是一種大法，這個法是內在道德，而不是客觀化成為形式的，這可以說是儒家的一個特點，有這樣一個問題：主觀上已經

了解到這個政是具有普遍人性基礎的政，但是它怎麼變成治理國家的法典、制度，變成明文規定的規則、法律？

對於這個問題，孔子在《論語》裏面提到兩種形式，我們了解孔子應該把這兩種形式合在一塊。他說：「道之以政，齊之以刑，民免而無恥。」所以他有「政」和「刑」的概念。「政」是什麼？政是一種規定，按照政的要求去產生一種命令。這是外在的，我們必須照着它去做，即「道之以政」。「齊之以刑」，你假如不照這樣做就要懲罰你。我認為孔子並不是完全反對這個法制，他還是很尊重法制。但是他認為更理想的是「道之以德，齊之以禮，民有恥且格」。老百姓不但有羞辱感、尊嚴感，而且他還有獨立思考、人格功能。

從實際來講，孔子把這兩個看成是綜合的。先「道之以德、齊之以禮」，如果不能「道之以德、齊之以禮，則然後「道之以政、齊之以刑」。從這個角度看，孔子會認為有一個客觀化的法律需要，這個客觀化的需要至少體現在刑法上。當然，一個教化也可能變成一個很好的典範，那麼是不是把這個「道之以德」和「道之以政」聯合起來，會同時變成很好的一個憲法條件？但是這是隱性的，孔子並沒有具體提供治國大道的條目或者章程。在這裏，你說它是儒家的弱點也可以，它沒有提供很具體的典範出來，但卻啟發後來《大學》所說的治國平天下之道。當然，孔子之後的孟子也有某種程度的制度理想，想建立一個福利國家。但是即使在孔子這種思想還是有的。孔子最後寫《春秋》為萬事立法，批判為君者，從德的觀點、政的觀點批判他們，這叫做「春秋之筆」。「孔子作《春秋》，亂臣賊子懼」。從這個角度來看，孔子有一個憲法內在標準，希望達到國家長治久安的目標。這是一個重大的引發。我們要對孔子在這方面有一個更深刻的認識，然後才能從中抽出孔子儒家裏面所包含的一些憲政發引是什麼。我剛才說的「正名」思想就是一個很好的例子。孔子說「君君臣臣、父父子子」，當然他也可以說「君君民民、國國家家」。任何一個社群都有它應當遵守的目標，國有國的體制，家有家的體制，為君應當有為君之道，為民應有為民之道，為國應有為國之道。那麼為國應當遵守的就是一個以民為本的國之大法。所以，從推演上看孔子有一個潛在的憲政思想，很明顯地體現在他的政治哲學上。

　　孟子繼承了孔子關於德的思想，在人心、道義、仁義基礎上探討治國之道所至少應當滿足的要求，就是能夠行仁、循義。政治哲學到荀子發揮得更多，他的《王制》篇也有君王立憲的意思，這裏我就不多談了。

　　在這樣的基礎上，中國走上儒學也不是偶然的。這要提到中國歷史上的君主第二問，就是漢武帝之問。漢武帝，如當初武王問箕子一般，在漢代統一之後也發生一個治理之道的問題：到底治國之道是什麼？如何使國家長治久安？這麼大的國家不能不談論這個問題。武帝相當賢明，當時可能已受到儒生的影響，方才提出了天人三問：主導歷史的是什麼力量？一個國家怎麼能夠長治久安？儒家能不能提出長治久安的道理？

　　為了這三問，武帝把賢良中正、地方的有才之士薦引到宮中，所以當時就有董仲舒、公孫弘等人到宮中。董仲舒回答了這三個問題，說遵從儒學就能夠撥亂反正，建立大一統的國家，儒學為萬世立法，遵從儒學的道理就是一統天下的道理。董仲舒對《春秋•公羊高傳》這一點發揮的很好：儒家要為萬世開太平、為生民立命，就要提出一些價值標準，來處理人際的基本關係，據此方能治理國家。因此，他在「五常」之外提出「三綱」，所謂「君為臣綱，父為子綱，夫為妻綱」。漢武帝也接受了這些說法，所以在某種程度上中國儒家基本大法的思想是通過漢代董仲舒更進一步地推展，尤其是通過他所謂的陰陽感應的方式建立起來。漢代開始建立經學，武帝時期就有五經博士，五經後來變成十三經，包括《論語》和《孟子》，這些經典也都成為治國之道的載體，但其中心思想還是聚集在一個潛在的天命之所趨、天命之所求、為民作主的基本信念層次上，當然有它內在的局限性。

　　我要強調的是這裏已經可以看到經學已有把道德變成立法的客觀精神。但是這個客觀的立法精神是不是能夠跳躍過去傳統的體制度創造一個君主立憲的景觀呢？當我們去想像這個可能性的時候，我們似乎馬上從古代跳到現代，而覺得事實上是不可能的。你能夠想到在漢代進行君主立憲？在唐代推行君主立憲？這都好像很難去想像。當時的君權還是大到無以復加，一個客觀的洪範精神還無法

去籠罩或者去轉化一個君權勢力。君權勢力透過世襲制持續強化，雖然世襲制最後崩潰，在歷史上它卻透過民間革命、農民起義、改朝換代的方式變成另外一個君權的復活與延伸，這是中國歷史上很大一個問題。

最後，我想說說近代。我們現在慶祝辛亥革命，想當時康梁主張君主立憲，是不是有君主立憲的可能？我的基本感覺是：在光緒百日維新的時期，如果光緒有充分權力，那是有那種可能的，但是過了那個時期卻是毫無可能了，百日維新的失敗就註定了今後君主立憲的失敗。當時滿清皇族大都沒有考慮到如何進行徹底內部更化，還在講祖宗家法。君主立憲又如何可能？所以辛亥革命力求推翻帝制，我認為在中國歷史上不是單純的偶然，而是具有複雜意義的必然性，是開闢了一個新天地，但卻又是回歸到一個更古老的以民為本的時代。

讓我作一個總結，儒學憲政發引有八個特點：

第一個特點是中國的憲政強調的是大一統的概念，這個概念是全面性的、普遍性的。一部憲法要治理國家，它是整體全面的，也是最基礎的。

第二個特點，儒家強調掌握人心和民意，以民為本，但卻不一定以人民參與行政為必要條件。漢代開國取士、查訪賢良、鄉舉里選當然是人民參與的一種方式，但是基本上是以君權作為基礎，君權大於一切。這個可能跟夏代以後從禪讓制變成所謂世襲制很有關係，但是君權又不能保障永遠的合法性，所以最後由另外一個君權來代替。很值得探索的是，為什麼每次在改朝換代不可能有一個民權的思想出現呢？有沒有可能中國在漢代、唐代成為民主國家呢？這很難說明白或想像到底是什麼必然道理，也許跟儒家尊君的思想有關係。儒家能不能脫離君權去思考國家治理的問題呢？我認為是可能的，也是必要的。為君者也必須接受比他個人更重要的法典，以此為治理的根據。這點我覺得很重要，可是儒學在傳統歷史上並沒有完成這個使命，但這卻是儒家的理想的使命，也是儒家必須提

出的使命。從「洪範」傳統看，或從「正名」傳統看，儒家當然不必要以君權作為政治決策的標準。

第三點，儒學不是一個外在化要求，重點強調法是以德為基礎，德以內在的修養為基礎，不是以外在化權威為基礎。

第四點，儒學不需要一個外在超越的權威，也就是並不需要以上帝作為政治的基礎。它雖然提到「天」，提到「天命」，但是「天命」的主要目的是說明君主應該有的一種使命感，應該有一個合法性，它的最後目的，不管是《尚書》、《周禮》、孔子、荀子都是以治國安民為目的。最終的目的一定是惠民的。尤其是孔子，特別強調這一點，孔孟之道重在於如何惠民，如何安民。

第五，儒家對政府的職能規劃還是很清楚，《周禮》、《周官》、《洪範》都是對政府的機能的描述。你要達到這個目的應該做什麼事，儒家還是有這個制度性的內在認識，有相當程度的現代政治理性。

第六，儒家還有一個道德的理想，就是它要創立一個制度，要使在其中的每個人都有可能成為聖人。這個制度不只是一個社會功能，還是一個教化人民個人的功能，這個是很重要的要求。

第七，在孔子的儒學裏面，一個很好的管理制度最終的基礎仍然是人的道德情操、人的道德理想。這是把立法的道德性看得非常重要。而在現在的法典裏面可以說不重視，或者不談這點。

第八，我認為儒家憲政思想分成六個層次：道、德、禮、政、教、刑，其中兩個層次是屬於內在修養的，屬於道德性的。至於政則是屬於憲法的，在憲法之上還有一個憲法基礎的問題，這個憲法基礎在儒學裏面表現為道與德。憲政要體現整個人的功能，從孔子說的「道之以德，齊之以禮；道之以政，齊之以刑」來說，一方面是教化，使人們遵守禮教，假如不遵守禮教還是要刑罰。他雖談到兩個模型，但卻仍然認識到法（尤其刑法）的重要，所以我把它綜合來看的話，儒學還是將法與德結合，這是毫無問題的。

回到今天，我們的目標當然是要實行所謂民主的立憲、民主的憲政。這是一個時代的呼喚，也是時代的潮流。以民為主肯定了民的主體性和民的主導性。對民的認識可能需要更進一層地去掌握，因為現在的「民」可能不再是農人了，而是不同的階層，包括在經濟發展之中成為資產階級、自由職業、知識界，具有江澤民主席所說的「三個代表」性質。這種「民」的要求我想也是有參與的要求，跟傳統的早期儒學表現出的信賴民主的要求也有一致性，就是以民為本（當然，也有所不同）。事實上，今天在全球化裏面的「民」，其性質也有重大的變化，不能忽視參與的需要，但是也不能放棄信賴的作用。所以民主既是信賴政治，又是參與政治，光是參與沒有信賴也不行。尤其在像中國這樣一個龐大的國家，凝聚這個社會，使這個社會走向和諧穩定，產生一個信心、促進社會經濟的發展，這個信賴是非常重要的。信賴要與參與結合，對參與與信賴都一樣非常重要。參與可能是憲法必須要規定的，而信賴卻是推行憲法所需要的條件。我們今天談儒學中的憲政問題，我們顯然可以從儒學歷史發展和儒學的哲學思想建構去獲取很多教訓，得到很多啟發。

譚道明：從成老師的演講中，我得到的感想是「中國特色」似乎從古代就有的，一直發展到今天。西方有參與的民主，我們有信賴的民主，中國特色的民主對現在還有很深的影響，從我們最早領導人提出的以德治國，剛才成老師也講到「三個代表」，無不透着以民為本的思想在裏面。而現在社會中很多公民盛行的「信訪不信法」的現象，也是因為在他們的頭腦中，有着希望有人「為民作主」、「為他作主」的類似的樸素觀念。這是我自己的一點感想，不知道是否曲解了成老師的意思。下面有請王老師做一個評議。

王焱：剛才我聽了成中英教授「儒學中的憲政發引」，很受啟發。成教授是改革開放最早到國內進行學術交流的學者，我以前看過他的書比較側重從語言分析哲學入手來分析中國的傳統學術文化，比較注重概念的清晰。今天他的演講給我們提供了一個研究儒學中的憲政問題的基本框架，首先這個框架對我們理解儒學的憲政問題非常精要，各個問題他都涉及了。包括講儒家憲政問題不太談的原始的禪讓傳統，《尚書》的《洪範》篇裏面關於治國之道的討

論，等於是儒學憲政的思想雛形。然後講到漢代董仲舒的公羊對策，撥亂反正。我們把中國傳統社會的秦漢政治模式，秦代開創，漢代完成，特別是漢武帝時代，劉邦打天下七十多年後董仲舒上「天人三策」，從那個時候中國的政治模式沒有發生特別大的變化。所以成先生漢代以下就講得比較簡略。

儒學憲政也是當今中國思想界一個比較關注的問題。早一點像北大的李零教授《喪家狗》中對《論語》的解讀就引起很大爭論。最近秋風、袁偉時在報刊上有爭論。為什麼一本《論語》的解讀引起學術界很大的爭論？主要是這個名字起的比較驚人一點。我們說孔子至少也是中國文化的名人，你解讀《論語》怎麼叫「喪家狗」？在李林的解讀裏，孔子是一個人文知識分子，是一個教育家，他和政治沒有太大的關係。他有一個理想，但沒想到他生前沒有實現。所以別人嘲笑他，他抱着那個理想不得實現，惶惶如喪家犬一樣。

有人批評李零，認為從孔子能夠看出現代的憲政，你把聖人說成喪家犬，這是褻瀆聖人。像中國歷史博物館北面立起孔子的塑像，本來挺好。孔子是中國文化的名人，結果不到一百天又搬進去，說明孔子的問題在中國當今政治視野裏還是相當敏感，如何評價孔子，如何評價儒學和憲政問題。儒學憲政問題不是我們發思古之幽情，迷戀骸骨，這不是陳腐的問題，而是在當今政治生活中依然很有爭議、非常敏感、非常重要的一個問題。

從 1215 年英國的《大憲章》開始到現在的民主國家的憲政法治，它們走過這條道路。中國憲政問題還沒有完全落到實處。黨史上說 60 年代中央開會，因為沒有請毛澤東，毛澤東很生氣，帶着一本憲法和黨章去了。根據憲法，我有言論自由；根據黨章，中央主席有出席中央會議的權利。在文革中，劉少奇垂死的時候，也援引憲法說他是中華人民共和國的主席。但是這個憲法在中國還是一個紙上的文書，不是現實中活生生的權利作後盾的規範。政治家都是處於不利的情況下來援引這個憲法，處在有利的時候就不大用。

所以，憲政之所以重要，在於它不僅僅是一部憲法，它在背後需要成教授講到的立法的重要和合法機構的維護。憲法頒佈了，但

是你沒有專門監督、執行、審查其他法律是否合憲。你的行為是否符合憲法？沒有一個專門的機構，終究還是古代人說的紙上蒼生，起不到應有的作用。

秋風教授認為，孔子的思想包含憲政思想；袁偉時先生就反對這個說法。孔子或者儒學它有一定的憲政雛形或者思想，當然這種雛形或思想不是憲政思想，你不能拿來就用。漢代董仲舒把儒家學說社會建制化，不再是一個傳授的空洞的概念，融入了漢代社會生活。史書上說漢代儒生認為孔子寫的春秋就可以當做處理刑法問題的基本規範，論語當做治河的水利科學，詩經當做給君主進諫的章折，變成一種現實的力量。

辛亥革命以後，儒家從社會建制裏面退出，它一步一步退回到私塾裏或者講堂上，成為講授的一門知識。從古代憲政到現代憲政，英國是絕無僅有的，從中世紀一直跨越到現代社會，它走了一條憲政獨特的道路。由於它的古代憲政直接步入到現代社會裏面，它的一系列普通法成千上萬的案例在社會生活中發揮作用。法官、當事人、律師共同創造的一種憲政。

在其他國家，譬如歐洲大陸，它雖然和英國隔着一條海峽，但是就不行，實行的是大陸法系。像法國大革命以後一共頒佈過十三部憲法，不但說古代憲法不可能走到現代社會，就是大革命以後的憲法也是頒佈以後再廢除又再頒佈，一直到 1958 年戴高樂（Charles de Gaulle, 1890–1970）第五共和國的時候才穩定下來。中國也一樣，像漢代董仲舒說的三綱五常在今天不可能完全適用於現代社會。譬如君為臣綱，現在沒君主制了；夫為妻綱，現在可能反過來成妻為夫綱了。

古代憲政與現代憲政有一個不同，古代憲政裏有一個規範告訴你什麼是好的生活，涵蓋整個領域。我們說「三綱五常、夫為妻綱、父為子綱」講的是家庭生活，不是規範公共權力的。但是現代憲政只規範公共權力、公共領域，不管你的私人生活。你穿奇裝異服、奇特髮型都不管你。儒學不可能在現代生活中發揮憲政作用。

重要的是，在英國，普通法的案例還可以從中世紀直接進入現代，它活在現代生活裏。但是在 21 世紀的中國，前幾天剛剛紀念辛亥革命一百周年，革命把中國社會整個夷平，舊有的案例，我們看古代的縣官判案、判詞，那些處理的案例在今天就沒有辦法適用。因為你的社會結構跟古代不一樣了——古代的憲政移植不到現代中國。

在日本，律師有一個藍底白花的包袱包在他所有的文件，胯在胳膊上。據說，日本的律師一千年前就用這樣的包袱皮包着文件，現在還維護這個傳統。日本社會雖然經過振蕩斷裂，但社會結構沒有大的改變。包括美軍佔領了日本強加給日本一套憲法，但日本的社會結構沒有變，沒有社會革命，更沒有中國的文化革命，所以它的傳統在現實生活中保存很多。

中國就不一樣，很多討論的問題涉及 20 世紀激蕩的百年史多次發生的革命，革命把歷史變成一個斷流絕檔，所以古代的憲政不可能直接延續到今天的社會生活。如果現在的法官拿一本春秋判案的話，那就成笑話了。

但是也不能説古代儒家的憲政對今天就沒有意義。成教授講了古代儒學中的知識，不知道大家是否熟悉這些知識，我做一點補充。一個是，《韓非子•顯學》裏説，孔子之後，儒分為八。孔子和孟子死了之後，儒學分了八派，孟子分了三派，八派弟子都説自己得的是真傳，但是實際上只能説他們是取了老師的一部分加以發揮，他們都説他們是真傳。

孟子和荀子觀點的對立比較明顯，後來發展出今文經學、古文經學的對立，後來又有宋學和漢學的對立，晚清離我們比較近了，儒學今古漢宋四大衝突，康有為的變法源於公羊學派的一派經説。公羊學派包括董仲舒。因為秦代以後到了漢代，儒學散落民間，到漢武帝才尊儒學為官學，當時儒家的典籍散了很多，就把老的儒生讓他們口述儒家經典就叫今文。當時因為沒有發生古文經書，他們口傳的叫今文經學。漢代末年修了孔子的故宅，發現很多竹簡是用

古文字寫的儒家經書。劉歆、劉向他們要求把這個列為官學。在東漢開始古文經學,那麼今文經學就消亡了。

到了清代乾隆年間,江蘇常州興起了一個常州學派復興公羊學。為什麼乾隆年間公羊學派又崛起了?有的説為了反清。公羊學在漢代就被認為非常異議可怪,因為它裏面的神話特別多,我們想在秦始皇焚書坑儒以後,儒家流散到民間,跟江湖術士在一塊,雜揉了很多迷信、神話。有的書上説孔子身高多少丈,體重多少,簡直是一個大巨人,等於是個半神半鬼的人了。儒家後來才逐漸去掉今文經學的神秘色彩。

到了晚清,康有為借鑑西方基督教,想把儒學變為教會,所以他想把公羊學這一套神神怪怪的説法利用來建立儒教,他的變法失敗跟神話孔子也有關係。

再一派就是宋代的宋明理學,宋明理學受到印度傳來的佛學影響,建立一套儒學的形而上學,但是脱離了漢學對歷史社會典籍的追求,虛禮,得不到驗證。在晚清的時候,四派儒學發生了衝突。

當時西學東漸,正是中國面臨危機的時候。今文經學、古文經學的代表人物康有為、章太炎在某種程度上都是激烈的反傳統。康有為更激烈,他認為兩千年來儒學的經書都是偽經,所研究的儒家制度都是偽制度。真正的制度是什麼呢?他發明了一個從小康到大同的線性的社會進化趨勢。他認為儒家都是偽經,把儒家的大同之道給遮蔽了。他這麼一弄,學術界就群起而質疑儒學了。像顧頡剛先生就認為大禹是條蟲,三皇五帝不可信,古史都是古人偽造的,中國五千年文明史都是偽造的。孔子説到底變成一個科學騙子。整個就顛覆了儒家傳統,產生近代整體性的全盤性反傳統。到辛亥革命,大家援引中國為政之道,變成援引盧梭、孟德斯鳩,沒有援引孔子、孟子。

像中國這樣的國家,對於法學界,對於學習法學的同學來説,還是千年一遇。它正面臨立憲的時刻,面臨找到中國憲政這麼一個艱巨的任務。無論西方的憲政史、憲政知識,還是中國古代的治理

之道、憲政知識，今古漢宋四大家，社會治理、政治治理的基本看法都會融入到最後面臨的構建中國憲政的歷史契機。這個契機是難得的。假如你生活在瑞士或者美國，那樣的國家它的制度早已經構建好了，變成剛性的了，你就是總統也改變不了。

但是在中國就不一樣，譬如政治體制改革。我們看中共的領導沒有一個完全肯定過現行的體制，像毛澤東是最激進的，文革說要打碎資產階級舊的國家機器，這個體制雖然是他革命建立起來的，但他要整個打碎。後來鄧小平關於黨和國家領導制度的改革講話，江澤民、胡錦濤講話都沒有放棄對現行體制的改革。這說明什麼呢？

一個國家的領導人應該對它的體制是最有信心的，但是中國的領導人卻認為它的體制需要改革，實際就是憲政時刻還沒來臨。成教授講的儒學中的憲政發引，給我們深入研究關於中國的憲政問題開了一個很好的頭，具體的問題還需要在座的法學院的同學去鑽研和完成它。

譚道明： 謝謝王老師的精彩點評，王老師還補充了許多儒學中的知識，下面有請高教授做點評。

高全喜： 非常高興聽到成中英教授關於儒學中的憲政發引這樣一個主題講座。他基本上是在一個西方憲政史的背景下給我們梳理了中國儒家脈絡中具有憲政內涵的，甚至具有中國獨特性的儒家思想。由於時間關係，他對儒家的經典、相關制度的闡發不可能那麼仔細，但我們仍然可以通過他對民主的兩種分類、對儒家思想幾個階段，以及與這幾個階段相關聯的幾個重要典章的分析，把握到一個中國儒家為主導的憲政思想大致的脈絡和框架。

聽了以後，我覺得作為法學院的同學，我們確實可以從思想層面中受到很多啟發。成教授作為當代的一位著名的新儒學的代表人物，在海峽兩岸和歐美世界一直致力於推進和宣揚中國儒家思想，他從哲學層面上為儒家的憲政制度，提供了一種基礎性的思考，為此，我覺得我們有必要好好讀讀《洪範》、《周禮》、春秋公羊學，

尤其是新舊公羊學的歷史演變，甚至直到今天的政治儒學，辛亥革命前後，康梁變法中的儒家思想，這些都與傳統有關。這些方面都值得我們認真思考。

在此，我非常同意成教授對中國儒學憲政發引的基本脈絡分析，但我還想談談當前中國思想語境下，我們應該如何看待古典儒家思想，尤其是把古典思想導入中國社會變革，並試圖予以理論化和實踐化，對此，我們應該採取什麼樣的考慮。

談到憲政問題，就像剛才王焱談到了，憲政有古今之變，從古典憲政到現代憲政，這裏有一個重大的轉變。在西方，關於古典社會，有着不同凡常的美好生活的理念，以及相關的一系列如何過美好生活的制度設計，無論是古希臘羅馬的城邦社會，甚至基督教的神權政治，其制度理想均是致力於一群人合在一起，形成一個共同政治體，大家過美好生活。過美好生活是古典憲政的內涵。但是，到了現代社會，從古典憲政到現代憲政的一個重大的轉變，在某種意義上講，就是把政治上的憲法訴求降低了，理想降低了，放棄了私人領域，放棄了個人道德領域，逐漸只限於公共領域，集中是對公共領域中的國家政府擁有權力的限制和規範，這是現代憲政的一個主要內容。

我們在此不禁會冒出這樣一個問題：古典憲政不是很好嗎？一群人過一種美好生活，這樣一個憲政目標，怎麼到了人類發展到現代之後，反而追求降低了呢？一般我們讀古典政治思想，都會感到那時的作品非常崇高，心靈充沛，蕩氣迴腸。古典社會炮製這一套制度設置，那些思想家們對當時的理想社會以及現實狀況的描述，對政治家的讚美是非常高的。怎麼到了現代社會，現代的憲政制度反而把美好生活放棄了，最後變成一個愈來愈規範的東西，只是規範權力、規範政治。確實，人類文明或者憲法政治，從古典形態到現代形態，其理想追求這方面確實是在逐漸下降，我們不得不承認這個現實。從某種意義上說，古典學問是偉大的，現代學問是卑微的。

　　儘管古典理想是偉大的，但它們有一個致命的缺陷，即古代那一套制度設置沒有辦法約束這一群人中必然要產生的對權力的個人性的佔有，以及它的暴力和專斷。古典社會除了馴化自己的道德良知，除了自我道德修養之外，它沒有辦法制定出一套相應的制度，對權力予以馴化，予以有效地制衡和限制，以防範古典政治中擁有權力的個人、群體、階級濫用權力。我們看到，羅馬共和國從共和制到帝制到專制的轉變，到整個羅馬的衰敗，權力的魔手一直伴隨着羅馬的發達到最後把共和國斷送了。古今之變，在憲法意義上來說，就是變成了通過憲法制度，約束政治專權，無論是政治人物還是政治組織的，都不能恣意妄為，憲政就是約束國家權力的強暴。所謂憲政基本上是一個約束公共權力，保障個人的基本權利，放開私人空間，把憲政愈來愈束縛到一個重要而狹隘的公共領域，權力領域、政治領域、國家領域。

　　對比西方的憲政演變過程，我對中國儒學思想或者中國傳統政治，一直有着一種矛盾的看法。一方面我認為，中國的傳統思想，儒家思想確實是一個古典憲政的基本版圖，它是美好生活的樣態。講究和諧，道德情操，天下為公，諸如此類一系列倫理性、道德性的東西，古代的士紳把齊家治國平天下作為一個典範，這其中與西方古典憲政有很多精神價值上的共同點。但是，另一方面，我覺得中國儒家思想中的憲政內容，在中國古典社會從來就沒有真正實現過。儘管儒家傳統源遠流長，但一個專權專制的社會也是歷歷在目，大一統社會，對整個社會的控制，一系列殘暴和專制的因素。這些因素與儒家的德行政治和憲政蘊含，兩者是運行不悖，甚至互為支持的。

　　所以，我們應該看到這樣一個層面，古典憲政在中西方都有千年的歷史，一方面有它非常美好的德行高尚的方面，但是同時我們也看到也有它非常專制的、專權的、專政的這一方面。但對西方而言，它的憲政是完成了古今之變，它降低政治理想，它的最終目標可能是降低了，但它使人的美好生活至少可以在一個低層面中實現低級自由，或者第一位階的自由。但是中國的古典憲政一直到今天都沒有實現或者沒有走完它的古今之變。

所以探討中國古典憲政問題，成先生談得非常好，儘管它如此完美，依然會產生秦漢專制。還有，既然古典憲政如此完美，為什麼到了明清之際，甚至到了與西方民主國家在一起的時候會產生如此的衰敗？甚至我們談八榮八恥、以人為本，廟堂之上充斥着這種陳詞濫調的謊言和欺騙。這種東西和儒家所謂美德結合在一起，我們會覺得古典憲政的理想性和當今我們所訴求的現代憲政的制度內涵，在精神是不相通的，甚至是敵對的，並沒有完成古今之變。

如果完成儒家思想的古今之變，我們可以塑造古典社會那種美好制度，那種道德情操。那種心情和我們還沒有走完制度變革就評價古典憲政，我們的感受是不一樣的。對現在中國大陸來說，首先面臨的是要實現現代憲政，憲政中最主要的就是約束政治的專斷權力，維繫個人的以人為本或者個人的基本自由，言論自由、生命自由、財產自由、結社自由，這是憲政的最主要的目標。在這個制度完成之後，或者初步走完了它的基本制度構建之後，我們再來評價古典憲政的那些高尚、美好的高級版的理想，可能會更好恰如其分。我們現在處在一個政治弔詭的深淵裏頭，當評價古典憲政高級版的時候，就會感覺非常矛盾。我自己經常處在這種矛盾之中。

就是說，古典的東西抽象地說是很好，但我們現在假如要是用古典那一套東西，那麼，它能夠給我們真正的力量，使我們改變現代專制專橫的社會，實現現代憲政嗎？我覺得很難。但是我們又不能說古典的東西不好，因為現代憲政最後達到的目標是很庸俗的，它沒有達到古典憲政高級的道德性。現代憲政最終實現的人就是一個俗人，但是它可以有自由。古典憲政是成就道德的人，很高級。但是我們現在搞的話，連基本自由都沒有，我們就是戲子，在戲台上唱那些歌曲，但是我們自己沒有自由。這是一個矛盾。我自己都不知道在這個矛盾中自己究竟應該怎麼主張，我一直處在困惑中。這是我聽了成教授和王焱兩個人發言之後的一點感想。

張千帆：謝謝高教授。下面是提問時間。

提問：成教授，你剛才講了那麼多，最後的期望我可以這樣理解，你對中國將來的發展道路是一種參與民主，加上信賴民主。但當今中國如何建立信賴，如何實現參與呢？

提問：在辛亥革命以後，我們為什麼沒有走上君主立憲的政治道路，而是走上了共和民主？

提問：關於黃宗羲先生理想政體的設計，你剛才提到儒學在古代有內涵道德依據，但是缺乏外在化，黃宗羲先生在這方面有一定的外在化的涉及。黃宗羲的政治主張是古典憲政還是現代憲政，還是兩者之間？它對當代有什麼意義？

提問：請你進一步闡述一下「大中至正」含義。

提問：你剛才講到《尚書》裏面有很多關於天命的思想，你怎麼看待宗教在現代憲政的作用？我覺得缺乏這一環節的話，現代憲政其實還是比較難以實現它的某些理想。

　　成中英：古典憲政跟現代憲政，這是兩個不同的理想，在人類學上過去是一個德性倫理，我們主張德性，中西不一樣。古希臘人亞里士多德講究公民應該了解他自己追求的是什麼，在一個社群裏面自然和諧地修持自己。現代社會強調權利，不是以德性為主要要求。這個是什麼原因？我想從歷史發展來看，人口膨脹、人類智力開發。古典的憲政好像不太夠用，因為德性上沒有知識，它的善意也不一定能夠帶來什麼善。所以要講究認識環境，認識他人。孔子也有這個意思在裏面，你要知人，當然他說不知禮無以知人。今天我們說不知人，不知道怎麼規範自己。道德進度可能從德性要經過

一個對人的責任認識階段，才能認知對人我應該做什麼，我認為這個很重要。對人的責任，相應人們所需要的，最後還要認識他人需要什麼，當政者因之也就要認識到人民需要什麼。人民需要基本權利來保證基本利益，國家與政府應該保障這些，這就是現代憲法與憲政的目的與作用。

權利意識是這樣開始的：權利以每個人的主體性為基礎，並不像是父母對待子女那樣，我奉獻一切，你接受就好了。不是這樣。首先基於德性而為善，並不就等於社會所要求的善。基於責任所做的一個後果，也不一定是對方正所需要的。還是從一個認識人之所需、民之所需來考慮我應該做什麼。這是權利意識的存在。你要尊重我的需要，不能以你的德性、你的責任感為主。這個權利意識是不是就是剛才高教授所說的有現代憲政的思想？這個我認同。人類道德發展觀就是從德性走向權利。

20世紀，人類已經有非常清楚的權利意識，每個人都知道我應該怎麼保護我的權利。一方面是德性不夠用了，責任不滿足人們的需要，再加上權力的膨脹，因為大家掌握的工具，社會工具也好，地位權勢都有一種權威，甚至知識也是一種權威，知識構成一種壓迫，因此人們必須要學會怎麼保護自己。社會與人民要求的也是怎麼去發現他人的權利，尊重他人的權利，保護他人的權利，甚至私有權利。我完全同意這種看法。今天憲法以保護權利為主，你看美國憲法五大部分，兩百多年了，中間有二十七個修正案都是保護權利。有些權利當時沒看到，後來要修訂，而且很多權利是逐漸發現的，因為新的工具發明，譬如互聯網，可能侵犯到別人的隱私權，影響他人的生活。我們造成的傷害是不自覺的，當我們認識到這一點就要進行保護。包括我們對環境的破壞，我們當初沒有認識到抽煙或者用煤可以影響環境，現在我們知道了，你的所作所為對這個環境產生影響，你抽煙就會影響到他人的健康，因此我們要保護。這就是憲政立法、憲政司法，這個我完全同意。

怎麼使這個權利意識與時俱進及成長？就需要參與。我要告訴你什麼是對我好，參與有這個意思。當初希臘人講我要做什麼，

我作為一個公民我希望做什麼，這個參與的意識就是要自我表達，要考慮到公共利益，但是也要考慮到私有利益，考慮到公共利益跟私有利益的協調，公共空間跟私有空間的平衡。參與就是彰顯這個協調這個平衡。剛剛說現代生活中的權利意識和容易遭受傷害的情況，所以參與是非常重要的，不參與就沒有辦法表露。你參與也是一種責任，不只是為了維護自己。民主是需要參與的，這點非常現代。過去你代我發言就好了，你代我投票就好了，你代我簽字就好了，現在不行。

我想信賴也不能廢除，根據我們過去的經驗來作一個合理的假設，今天選出一個地方官或者一個國家領導人，我們怎麼知道他第二天不會發瘋，怎麼知道他沒有什麼隱性的毛病？我想我們不需要過分的懷疑，在沒有知道之前我們是信的。同時作為領導人他也知道應該使大家信任，這是他的責任，他也應該努力使大家信任。所以我覺得在這種情況下參與重要，信賴也不能放棄。信賴是一種古典的德性，也是現代權利申張中不能放棄的德性。德性是現代公民社會裏面重要的因素。美國社會只有法律意識，很少有道德意識，甚至於認為只要合法的就是道德。這就造成很多危害，因為不是所有合法的就是道德的。這個法律還不能取代道德，一個外在的權威規定不能取代內心善良的意願。我們要保護這個善良的意願，我們也應該約束自己，使德性的力量能夠有所作用。我們必須強調可值得信賴的德性。我想我們應該在制度上強調公開討論，公開報導，公開監督的重要。民主的參與方式之一就是在制度上儘量使人們能夠建立對公共利益的關心、認識和警覺。

第二個問題是君主立憲的問題。歷史上，君主最後是會完全被淘汰的。英國即使有國王，從客觀講，它跟沒有國王沒有多大差別，但是可能由於慣性的依賴，已經有了君主，君主還不錯就延續下去。但是理性的說，這個君主如果消費太大，不能發揮對社會公益的作用，對國家產生凝聚力，實現大家所期待的價值，他最後還是會被淘汰的。基於此，我覺得君主立憲基本上只是過渡，不一定有終極價值。日本的天皇發揮了什麼作用？有時候反而發揮很壞的作用。第二次大戰日本天皇實際逃避不了責任。

中國儒學發展中，黃宗羲的確相信真的為君者應該大公無私，他就是在批評中國傳統的專制政治。儒學的本意不是要專制，儒學需要一個君，君並不是要世襲的傳承下去。這個專制來自於一種世襲制度，尤其是傳子的世襲就構成一種累積的權威，一種愚忠。我們看到一個權力的轉移往往就是憲法要規避的。英國憲法的幾次變革，包括光榮革命基本上都涉及君主權力的轉移，這個對整個國家社會發展具有重大影響。

這裏為儒家說一句話，儒家說君君臣臣，並不是說那個君要世襲的，君臣關係是上下權力的關係，並不是我要這個君永遠以世襲的方式專制存在下去。把儒家看成是專制，我覺得有點冤枉。其實，它真正要求的是德治仁化，要求仁政。儒學裏沒有反對法制，它不只是講善，還要講法，這個法還是很重要的。古典跟現代不能把它對立起來，應該結合起來發展：古典應該走向現代。現代也應該認識這個古典所看重的不變之道，一種經典價值，一種核心價值。《尚書》裏面講無偏無倚之中。既然我們的意向應是好的，這時候要掌握方向卻很重要，中就是在整個了解當中維護一個平衡的立足點。那個方向是對的，你的起點是中，你的方向是正，你的行為就不會走向偏頗。憲法就是給我們提供一個方法，讓我們能夠站在中位，站在一個正確的位置，走的方向是正確的方向。這是一個儒學的基本觀點。孔孟說的是中道，是對能夠發展的提供一個理想境界。所以我認為它是本體性的認識：本是根源，體是能夠形成的生活形態，或者存在狀態。這種本體，是能從本到體形成一個價值觀，這是我要強調的。有了這個價值觀，生活本身就豐滿充實，至於說我最後要靠什麼東西，就靠你自身的反思，你永遠開放、永遠掌握自己，那你內心無愧於心，無憂於人、無憾於天地。孔子基本的看法是說，這樣做，不管什麼時候發生，本身就是一種滿足，所以不要用鬼神迷惑你，不要讓鬼神來煩惑你。

儒學並不反對宗教，但是宗教最後一定是一個人的宗教，你信什麼是你的事，但是不能因為你信什麼，就叫別人跟你一樣信同一樣東西。即使別人不信你的東西，你還是要與人和平相處。這是每個人尊重的他人的權利，是每個人約束自己應盡的義務。我從來不

想把儒學看成一個宗教。當然，康有為是這樣想的，但問題是你怎樣把儒學變成宗教？你要把孔子變成上帝嗎？還是要把廟裏的牌位變成現實的神嗎？這個很難理解，也很難做到。西方宗教是不一樣的，它靠祭司的記錄與神學維持，但仍然有其爭論。我們沒有這個制度化的歷史宗教，但這也不妨礙每個人去信他自己的宗教，即使不是宗教，每個人還是可以過得心安理得。

提問：梁漱溟先生曾經說過憲政是「理」與「勢」的結合，他一直強調中國尚沒有發展到實行憲政的時候。根據你判斷，中國何時會有憲政所要求的勢，如何構建這種勢？

提問：儒家宣揚道德政治訴求在事實上起到一種忽悠麻痹民眾的效果，德性政治的美好期待反過來成為我們民眾自身的一條鎖鏈，是否可以這樣理解：不具有現實操作性的理想政治其實是非常有害的理想？這也是為什麼現在很多人強烈反對烏托邦，反對我們今天推行國學、儒學遍地開花。

成中英：天下的事情是靠兩個東西來發揮，一個是理，一個是勢。有個詞叫理直氣壯，只要你的理發揮得好，氣就會壯。我覺得中國對外的外交在勢之外同時需要理和氣，這些外交官要多受一點理氣結合的訓練。西方的外交官往往雄辯，論證這個那個，來強調自己的重要性。我是沒有研究，但是我很懷疑中國從民國到改革開放以來，一直到今天，中國外交官在國際層面能不能發揮雄辯，滔滔不絕的辯才。當然這有語言的問題。以理與氣造勢，因為你有這個理這個氣，就有這個勢。你沒有理，就不可能有勢。當然可能有權勢，但是不可能造成一種理勢。世界的事情還在因理而成勢。有了勢還要去存自己的理。你沒有理，那仗勢欺人很過分，最後還會受到批判。中國的理沒有好好發揮，譬如鴉片戰爭以來，第二次中法戰爭時，劉永福打了勝仗，但李鴻章跟法國交涉卻無法表達自己的優勢，連理都抓不住，該講理講不出來，反而變成弱勢。理直氣壯這個原則一定要爭取。今天中國國力很發展了，但是在說理方面

要有一套政治哲學，一套世界政治哲學，一套全球性的政治語言作為背景，這是很值得探討的。前幾年，哈佛大學的 Joseph Nye 跟我講論美國的力量，他說美國有三大勢力：硬實力、軟實力，還有一個巧實力。我們會用計策，我們有智慧。我聽了回應說美國往往缺少一個道德的勢，一個道德的力。他聽了沉思半天，默認了這個我說的道德勢、力。你沒有道德勢、力，最後還是要被批判。勢還是可以造成，只要你有這樣的理與道德。

第二個問題，我想這不是烏托邦。烏托邦是空想主義。假設我們看了這個理想和我們自己的生命有關，我們真誠地需要密切和它聯繫在一起，我們就能夠建立一種實踐行為的關係。我們要減少犯罪率，增加財富。我看到 60 年代的美國的確是這樣，一般的小城市，市民晚上門不關都可以，也沒有恐懼，沒有人去犯罪。但是現在不一樣。現在即使有法制，犯罪率還很大。美國也是貧富不均的，有很多不安全的因素，有些地區人們道德低落、毒品泛濫、教育沒法落實。但你說的有一點也對，我們必須要釐定一個實踐規劃。不能完全把它看成空想，因為它跟真的空想主義還是有差別。

七
當代中國的信仰結構

時間： 2012年10月16日

地點： 北京大學法學院

主講人

何光滬： 中國人民大學宗教學系教授，著有《百川歸海：走向全球宗教哲學》、《天人之際》等。

鄭也夫： 北京大學社會學系教授。代表作有《走出囚徒困境》、《代價論》、《信任論》等。

張千帆：非常高興，歡迎兩位著名學者今晚來給我們探討中國信仰。鄭也夫教授是著名的社會學家，就中國社會學寫了很多專著，代表作有《走出囚徒困境》，一個很有意思的題目。我最早知道鄭教授，是因為我偶爾為《新京報》寫評論，而他也在《新京報》開設專欄，文章很有激情和趣味。

我們今天的主講人是人民大學哲學院的何光滬教授。他是著名的宗教和文化研究學者，代表作有《多元化的上帝觀》、《神聖的根》《百川歸海——走向全球宗教哲學》，也翻譯過很多著作，其中有《宗教哲學》、《全球倫理——世界宗教議會宣言》。我曾讀過何教授給馬丁・路德・金（Martin Luther King, 1929–1968）的傳記寫的一篇序言，非常有激情。我相信只有對宗教有深刻領悟的學者才能寫得了。

何教授也是國內最早提出普世價值概念的學者之一，今天非常高興請何教授為我們講解當代中國的信仰結構！

何光滬：謝謝大家冒着大風趕來，題目已經定下來。我有一個引言、結語，中間有三個大話題。

先是引言。我想説的是引起思考的現象，如何進行思考或者需要反思的問題，包括三點：首先在西安被打成重傷的日系車車主太太控告西安市公安局的「不作為」，廣東被燒毀的修車場地受損失的人也提出：大火燒起來，人為的火災怎麼沒有人救？救火的人到哪兒去了？我的意思是：反日遊行亂象叢生，當然要引起思考；遊行問題多多，當然也需要我們反思。

由此想到第二個小問題。我曾寫過一篇文章叫〈龍與鴿子〉，剛才千帆教授介紹了我的書，其實還有一本叫《三十功名塵與土》，其中最後一篇文章就是〈龍與鴿子〉。在裏面我説有兩個「9・11」事件，現在我想説有四個「9・11」事件。大家知道 2001 年 9 月 11 日美國「9・11」事件很可怕、很恐怖，3,000 多人被無冤無仇，素不相識的人殘酷殺死，這是第一個「9・11」。為什麼有第二個「9・11」？因為我們這邊居然有如此多人為此大聲叫好，裏面包含了冷酷和不祥的性質完全可以稱為一個事件，對中國和世界的未來，對我

們的後代肯定是不祥的預兆，所以我說這是第二個「9•11」。大家知道 2001 年發生這個事，但前面兩年千千萬萬中國年輕人看了幾個月、幾十個月科索沃人、波斯尼亞人被屠殺毫無動靜與反應，結果中國幾個外交官被炸死就上街打砸使館，忘了中國人的古訓——兩國交兵，不斬來使，而且打不相干的麥當勞，以至於當時國家副主席胡錦濤在一個非正常的事件下上電視呼籲大家不要有過激行動。

1998 年之前一年，印度尼西亞用軍車載着暴徒焚燒華人商店，搶劫華人財物，強奸華人婦女，北京大學有十幾個人到印尼大使館抗議被擋回來。2009 年俄羅斯用軍艦向中國商船開炮、開槍，打死好幾個船員，有人受傷掉到水裏，他們在旁邊看着笑，不但不施救而且很高興。就在同一年，即 2009 年 9 月 11 日，他們把幾萬個中國商人價值幾十億元商品全部沒收，讓幾萬個在莫斯科的商人陷入絕境，吃飯的錢都沒有，過了幾天又將沒收的商品付之一炬全部燒掉，中國沒有一個人抗議。這個事情到今年還在發生，我們知道有俄羅斯軍艦追趕中國漁船開炮開槍。我就想這種民族主義或者愛國主義表現出來的東西是不是太荒謬、悖理？如此荒謬的事情需要解釋、需要思考。

最後就引出一個話題，「冰凍三尺非一日之寒」，中國民眾這些怪現象，荒謬、違反理性的怪事情，同樣是中國人，有成千上萬的老百姓被暴力對待沒有聲音；同樣是外國做這些事，為什麼有些嚴重得多卻不抗議？外國人對此想不通，我們是不是有精神分裂症？我認為這個現象有思想的原因、精神的原因。中國人很長時間人云亦云、隨波逐流，我們的思想是這樣的狀態，所以知識界、出版界、讀書界也表現出這一點，譬如好些中國知識分子曾經反思中國的民族主義和國家主義的問題，寫出一本相當有份量的書《潛流》，但沒有聲息、沒有反應。過了不久另外一本書《中國可以說不》，裏面刀光劍影，至少是片面的煽情，而且模仿的口徑正好是石原慎太郎，因為石原慎太郎是全世界第一個說這句話——我們可以說不，日本可以說不。我們作者以同樣的邏輯也寫了《中國可以說不》，大家知道這種熱賣的景象。類似一本書，其中有同樣作者寫的《中國不高興》才幾個月就翻印了十幾次，大家熱捧、熱炒、熱性的閱

讀，這種精神領域，思想界、出版界、讀書界的怪現象是前邊那種怪現象發生的更深的根源。

所以，面對這些事情我們需要進行反思與思考，尤其需要制度上的思考，譬如我們的教育制度、新聞制度、網絡制度，即這些事情同這種制度有沒有關係。譬如教育制度裏的「一本書主義」——教科書絕對正確，唯一的標準答案都在裏面，知道答案就知道這個世界了。這是極大的荒謬，世界上每一件事是多面的，那裏只有一面、一個答案。另外我想從制度上進行反思外，還有思想上的反思，即精神方面、信仰層面也應該進行反思，下面的反思不一定能回答所有問題，但我希望有一點幫助。

下面談談信仰的結構。今天的標題是「當代中國的信仰結構」，我做宗教學研究，這是我的本行。在座有些人不做這個專業，需要的討論不一定很深入，所以我就簡單說一點。信仰有兩個結構、兩種組成：一是宗教信仰，二是非宗教信仰。宗教信仰的特點是所相信的對象、信仰的對象帶有終極性，我們叫終極者。什麼叫「終極性」、「終極者」？是你追溯世界的本源，從 A 追到 B，B 追到 C，C 追到 D，最後追到 Z，追不下去，那就是終極，世界的本源是終極。按照著名宗教理論家、宗教哲學家田立克（Paul Tillich, 1886–1965）的說法，ABCDEFG 一直到 XYZ 都不是終極，因為這些都是世界的萬事萬象萬物，不值得崇拜，不值得信仰，X 一直到 Z，也就是世界萬事萬物的總體、全體看成一個對象，要追究它的根源，這個根源才是終極者。非宗教信仰信的對象是非終極者，世界萬事萬物都是非終極者，所謂「非終極」，它的特點是短暫的、有限的、有條件的，世界萬事萬物哪一件不是短暫的？佛教說法是無常的，不是永恆的；是有限的，不是無限的；都是有條件的，換句話說不是無條件的。萬事萬物在一定條件下存在，都佔有一定的空間和一定的時間，這是有限、短暫、有條件的意思。對這種信仰我們叫非宗教信仰。

至於當代中國的宗教信仰，宗教信仰大致有一些政治承認、大家所公認的信仰或者說合法的信仰，一是佛教。它在中國人民當

中被一部分人信仰，這部分信佛教的中國人裏面又可以分成不同的派系、派別。信仰是多元的，即使是佛教信仰，在中國也有藏傳佛教、漢傳佛教、南傳佛教。譬如西藏用藏語寫成經書的佛教叫藏傳佛教。中國內地大部分漢人信佛教所採用的是漢文經書，真正懂得藏文很少，懂得梵文的更少，所以我們把這個叫漢傳佛教。還有中國西南部地區的少數民族信仰南傳佛教，從斯里蘭卡到泰國、老撾、柬埔寨、緬甸傳進來的佛教叫南傳佛教。現在我們還知道佛教從另一角度說有分化，什麼角度？即從世俗的角度看佛教有世俗化的傾向，或者很多山門寺廟愈來愈商業化、政治化、行政化，很多和尚被稱為「處級」——處級和尚、局級和尚、科級和尚被老百姓傳作笑話，其實這個笑話反映了一定的真實。寺廟上市、寺廟掛牌、寺廟有股份，這個事情在網上的爭論很多，以少林寺為首。另外還有政治化，前面說的行政化是政治化的一方面，佛教追求級別，想要當官，從而在寺廟裏、沙發底下藏現金；還想有一個頭銜，在名片上印上這個級別那個級別的和尚，這是政治化。當然也有很多佛教徒反對，所以我說在這方面有分化，不是鐵板一塊，而是多元的。

二是道教。在中國至少有兩大派，北方叫全真派，南方叫正一派。鎮派仿照佛教住在道觀裏，正一派平時不做道符，只是給人做一些道場，可以養家，可以有妻小。就道教而言，中國很多人不是道教徒，但對道教的人生哲學感興趣，特別是讀書人。

三是伊斯蘭教。按官方的說法有十個少數民族全民相信它，大致如此。但現在情況有新的發展與變化，有一些少數民族的信仰愈來愈淡漠，也有放棄信仰的。反過來漢族人現在開始信仰伊斯蘭教，甚至大學裏就有伊斯蘭教社團活動，所以漢族人正在悄悄擴大。這正如在西方世界一樣，很多白種人開始信仰伊斯蘭教。反過來，也有中國的穆斯林改信清教的現象，新疆信徒愈來愈多，教堂也慢慢熱鬧起來。

四是基督教。最明顯的區別分化或者不同是所謂「三自教會」和家庭教會的區別。這兩種教會的存在是事實。官方媒體對宗教的報道很少，特別是基督教，幾乎沒有。現在佛教報道比較多，基督

教雖然沒有正式官方媒體強大的宣傳以及課題費、工程、經費支持，但它在中國千千萬萬民眾中發揮着愈來愈大的影響，這是不能否認的事實。

五是天主教。和基督教情況類似，天主教有地上地下之爭，地上被稱為「官方的教會」，地下的承認「梵蒂岡（羅馬教廷）」在宗教上的權威，被稱為地下教會。基督教和天主教都有另外一種兩極化，一方面有上層領導的行政化，另一方面下層廣大的信眾、淺層的信主同這個事情有相當的脫離，所以現在法學界有人認提出一個話題（宗教學界也提出）：中國對宗教應該從行政化走向法治化，這樣才能一勞永逸解決這些矛盾。這是一類。

還有一類信仰是準宗教信仰。一個代表是民間宗教，這些年非常興旺、活躍，譬如對文昌帝君的崇拜。有些大學生考大學之前都要去拜文昌帝君，據說是保佑讀書人，保佑你考上大學、研究生。在東南沿海地區還有媽祖崇拜，那個比較典型，組織嚴密，人數很多，勢力很大。這些宗教信仰的對象因不具有終極性，在這個意義上我們可以說是準宗教信仰，譬如關雲長不管是武將還是財神，他的能力有限，他不能造太陽也不能造月亮，世界不是從他而來。媽祖是一個民間婦女轉變而成的神，據說她可以保佑海上航行的漁夫、漁民，顯然也不是終極的。文昌帝君能夠保佑讀書人，是不是能夠保佑木匠，據我所知是不行的，保佑鐵匠也不行，也沒有終極性。所以我把這稱之為準宗教信仰。

還有一種信仰信的對象可能有終極性，但在中國不被承認，譬如巴哈伊教，它是從伊斯蘭教派生出來一個伊斯蘭教徒不承認的派別，在伊朗受到迫害，很多人移居美國。他們是聯合國教科組織下活躍的民間團體、NGO、NPO，主張外教歸一，同樣尊重孔夫子、耶穌、默罕默德、老子等，在台灣被翻譯成「大同教」。還有摩門教，於美國 19 世紀中期興起的，大家不是很了解，中國開始有了一些信徒。再是統一教會，教主前幾天去世（韓國），它是基督教分裂出來的一個派別。這些宗教在宗教學研究裏叫做「新興宗教」，前面叫「民間宗教」。新興宗教有各種派系，有些統治於基督教，有些統

治於伊斯蘭教，有些統治於佛教，有些統治於印度教系統，譬如前些年大家熱衷的奧修，這些年大家熱衷的愈加都接近於這種宗教。

最後，中國現在有一種勉強的不帶貶義的宗教。我為什麼強調「不帶貶義」？因為「宗教學」是一個學術用語，「準宗教」也是一個學術的語言，接近宗教有點像宗教但又不是，有宗教之名無宗教之實，宗教學家認為本質上是同宗教有區別的。這種宗教我們不帶貶義地稱為「宗教」。中國有一些這樣的東西。首先有所謂的儒教之說，雖然古代儒釋道三教並立，但「教」指的是「教化」，教育老百姓的手段，屬於一套學說、說教、理論、教導或人生哲學，但它不是宗教。很奇怪，中國搞這行的絕大多數學者研究中國哲學、中國思想史、中國文化、中國文學，但這麼多年以來幾乎沒有人說儒家是宗教，除了極少數學者，如我的導師任繼愈先生，他說儒教是宗教。我的大師兄李申也說儒教是宗教，寫了一本書《中國儒教史》。任先生說儒家在宋朝、明朝變成宗教。李申先生說儒家在漢朝變成宗教。但絕大部分中國學者都說儒家不是宗教，而是一套哲學，是一套包含社會、政治以及倫理道德的理論，特別是有關人生哲學的一套龐雜學說。

奇怪的是，正是這些人當中的一部分現在大力倡導儒家是宗教或者儒教是宗教，把儒家的意思改變，說它是宗教。不但如此，他們還要求把這個宗教確立為中國國教。我認為這是一個大逆歷史潮流的說法。什麼是歷史潮流？歷史潮流總結了以往宗教迫害帶來的千百萬人頭落地、血流成河、白骨成山的經驗教訓。正因為有國教居於統治地位排斥別的宗教，所以有宗教迫害、宗教戰爭，中國、西方都有，不像有些人說中國歷史上沒有。從 17、18 世紀開始，洛克寫了《論宗教寬容》，用嚴密的理性證明宗教應該寬容，不應該有宗教同政權相結合。洛克以降到馬克思甚至到列寧都論證宗教應該獨立於政治，應該政教分離，不應當有國教制度。列寧曾說過這樣的話，大意如下：19 世紀末 20 世紀初，現在世界上只有最落後的土耳其（奧斯曼帝國）和我們的俄羅斯（沙俄帝國），因為只有這兩個國家還保留着一種可恥的國家制度。政府支持一種宗教，排斥別的宗教。宗教應該是誰都管不着，有自己的信仰自由。所以

今天把儒家説成是儒教，而且説成宗教意義上的儒教，本身就悖離了這些思想家或革命領袖自己的理論。學術上的轉變是可以的，但要説理由，要論證，沒有任何理由就要求轉過來實在匪夷所思。當然，的確有一些儒生對儒家學説抱有宗教感情，但很少，古代還多一些，但畢竟不能説儒家就是宗教。將儒家視為宗教同現在的國學熱、讀經熱有關。但宗教應該是民眾的現象，而熱衷把儒家稱為宗教的畢竟還是少數學者。所以我認為它還不能算是宗教，只有最廣大的民眾用一套儀式、組織奉行一種對終極者的信仰才能成為一種宗教。因此，我把儒家稱為當代中國接近於宗教的信仰，這是不帶貶義地説。

最後還可以提到廣大民眾所相信的手相、面相、星座、八字、生辰、血型、風水、祖先崇拜，這些都可以算是偽宗教，它們有一點宗教的特點，但並不具備宗教全部要素，譬如統治制度的要素。以上就是對當代中國宗教信仰狀況的簡略回顧。

最後談談當代中國的非宗教信仰，這裏可以講三點：第一，中國的非宗教信仰當中大家最可能會想到的就是馬克思主義或者共產主義的信仰。它不是宗教，但是一種信仰。我們可以把它説成是屬於國家的信仰，是國家所主張的信仰，因為國家由中國共產黨領導（在憲法上如此寫着），而中國共產黨又公開宣佈指導思想是馬克思主義，宗旨是要實現共產主義（這在黨章上寫着）。反過來推理，先講黨章，中國共產黨以馬克思主義為指導思想，以共產主義為最終目標，而且又執政、掌權，在憲法裏規定它是唯一的領導力量，所以實質上把黨的信仰變成國家信仰。

這裏有兩點值得思考的地方。一是並沒有在正式文件裏説這是信仰，但老百姓，特別是在中華人民共和國前 30 年裏都把它説成信仰，為什麼？因為從 1921 年以來，雖然黨的正式文件的正式措辭沒有用「信仰」二字，但事實上很多宣傳材料、教科書、小冊子、通俗讀物都把馬克思主義或共產主義説成是黨的信仰。而黨又領導着國家，這就變成整個國家的信仰。另一方面，今天在座年輕朋友很多，你們成長的年代同我們這些老師、教授成長的年代有很大不一

樣，現在提信仰共產主義、馬克思主義比我們那個時代要少。我們那個時代到處都能看見，而且天天都讀到、聽到這些內容，以至於絕大多數中國人確證為這是我們的信仰，不但是國家的信仰，而且是人民的信仰，有意識無意識地這麼想。這些年這種說法、這種說辭、這種宣傳的重點有了改變，提這個東西比較少，但沒有宣佈放棄。在這個意義上，馬克思主義、共產主義是「國家的信仰」。

第二，如果你把信仰理解為「國民的信仰」，那恐怕既不是共產主義也不是馬克思主義，就像我剛才提到很多信佛教、道教、基督教、天主教的人，以準宗教為宗教信仰的人很多。事實上，老百姓在這個問題上並不是統一的，所以不是單數是複數，有多種信仰。除了準宗教以外，還有一些非宗教的，現在我談的是非宗教信仰，譬如對財富的崇拜、對權力的崇拜，對地位、名聲的追求，對情愛、享受的追求。有些人追求這些東西到了無所不用其極、不擇手段的地步，可以說是迷戀這些東西，迷戀財富、權力，即所謂的官迷、財迷、守財奴、花痴等。當然這些是負面的，也有正面的，譬如特別迷戀詩歌、音樂、舞蹈、體育，這種勉強說是一種非宗教。有些人說「足球是巴西的宗教」，這只是比喻的說法。足球賽失敗後把小孩從窗口扔出去，這屬於痴迷。在這種意義上足球成了宗教。

第三，有一種既不是國民的信仰，也不是國家的信仰，而是「對國家的信仰」或「對國家的崇拜」，以國家為對象的信仰。「國家信仰」這個詞在中國很少有人用，學者裏也很少，宗教學界少數人用。但現象是存在的。前面我說的兩種現象也沒有用這個名詞，但它是存在的，第三種現象更加明顯的存在，這是我為什麼在開頭說引言，要回答那些問題、思考那些問題的原因。我們這種信仰是對國家的信仰，同它相聯繫的首先是「國權主義」。有人說何老師用一個怪名詞，是自己發明的吧？某種意義上，我確實倡導採用這個詞代替大家所熟悉的「國家主義」。「家」是什麼概念？是私人領域，家裏面的事情家庭成員管、家長管，屬於私事，中國以前有很大的毛病把私人領域同公眾領域混淆，所以「國家主義」這個詞很不恰當，首先從邏輯上有毛病，把公民與市民混淆。從效果上來說是一

種壞效果，用「家」看「國」，用「家」套「國」，說官是父母，所以有了「父母官」之說。有些人公然寫文章說國就是家，家就是國。其實不一樣，林肯總統的家管得不是很好，但他管國管得很好。因此，「國家主義」是一套混雜不同邏輯的說法，效果很不好，對樹立現代公民觀念是很大的障礙。「國權主義」則突出了國家權力至上，超過人民的權力，超過人民的主權這個特點。

也有人用「國族主義」。這裏的問題在於把國家和民族兩個概念等同，而大家也知道它們不能等同。譬如你說新加坡人是華人，他說對；但你要是說新加坡人是中國人，他說 NO，我是新加坡的公民。所以「國」是一個政治概念，「族」是文化概念，以前還包括血緣、經濟、地域，居住在同一塊地方。如今血緣、地域和經濟上的統一體愈來愈淡，愈來愈交叉、混雜，所以文化上升，成為第一位。文化首先是語言，所以在美國看見很多黃皮膚、黑眼睛的人不要說他是中國人，因為你講中國話他一個字都聽不懂。他是美國公民，文化上也屬美國，所以「國」同「族」是兩個概念，不要把「State」等同於「Nation」，「國族主義」也不恰當。

那麼為什麼說中國有對國家信仰的現象？這主要是因為中國的國權主義特別發達，而且還特別古老。中國有考古證明的最古老朝代商朝、周朝，那時候不叫「朝」，那時候商朝、周朝統治稱為「天子」，後來的人把他稱為王，當時也叫王、天子，為什麼叫天子？因為統治的是天下，不叫「國家」。當時的人們因為交通、通訊、地域所限，不知道有現在意義上「國」的概念，反正看得見的地方被王統治，所以稱為「統治天下」那個時代民族觀念不明顯，民族和民族的區別還沒有上升到大家的主流意識裏。但即使在那個時代，所謂天下觀更勝過民族觀，即開始有「國」的觀念。國是什麼東西？是楚國、齊國、魯國、秦國、晉國、魏國等分封的諸侯國。「國」就是方框，裏面一個「或」，「或」字有「口」、「戈」，裏面有人口、刀槍，保衛城市。再加上周天子的權力很小，把天下分封給他的功臣或者弟弟們後，自己權力比較虛空；但國君，魯國、齊國、秦國的權力實在，這些諸侯、各國國君在國內享有專制君主一樣的權

力，所以那時候就有了很強的「國」的觀念。這種現象到了秦朝、漢朝更加明顯。秦朝、漢朝以後是中國統一時期，中國大地上的芸芸眾生所能看見的、唯一的最強大的，不受任何制約的力量就是無所不在、不所不能的「國家」機器。正因為這個力量不受制約，很容易把自身神聖化作為信仰的對象，把自己當成神。而且在民眾心目中也可以被神聖化，如朝廷被稱為「天闕」，是上帝的朝廷、天的朝廷；皇帝稱為天子，臣民把他稱為聖上。「聖」是一個帶有宗教意味的字，本來是神聖的意思。

同歐洲相比，譬如羅馬帝國，只有少數皇帝自稱為神的兒子，甚至神，但沒有辦法像中國這樣形成一脈相承的制度。為什麼？因為從外傳進來一個東西——基督教，它影響了廣大民眾，認為上帝只有一個兒子，即耶穌和基督，除此之外任何人都不能稱為是上帝的兒子。所以當時基督徒受三百多年的迫害，很重要一個原因是拒絕承認皇帝是神，拒絕把他當神一樣崇拜。中國情況則完全不一樣，所有皇帝都被認為是真命天子，老百姓稱為「聖上」，而且不同朝代一脈相承。中國從外面傳進佛教，一開始也不承認這一點，把一切說成是「空」，「四大皆空」。而且從印度帶回來的習慣是沙門不敬王者，當和尚的人可不向當王的人進行崇拜，不向你行禮。這種制度在現在的泰國、東南亞還在實行，可在中國不行，你不信、不聽皇帝，那就要迫害、消滅你，就像北魏的太武帝，唐武帝，後周的武帝、周世宗——「三武一周」消滅佛教，佛教徒稱之為「法難」。結果是佛教不得不改變自己，不敬王者變成了另外一句出名的話「不依國主，則法事難立」——不依從政治上的統治者，宗教上的事情就立不起來，站不住腳。幾千年下來，民間力量極其弱小，國家力量成了中國老百姓能看見的、唯一的壓倒性的力量。馬克思把這種「國家超強，社會極弱」的制度稱為人人都是奴隸的奴隸制。馬克思的話在中國有印證，即「普天之下莫非王土，率土之濱莫非王臣」，人人都是臣。「臣」的象形文字是跪在地上的人，不是說每個人都是大臣，而是每個人都為奴隸。我們以前說地主統治階級，馬克思是怎麼說的？「中國的土地是地主的。」馬克思把中國、東方

或亞細亞制度 [1] 劃成和歐洲不一樣的制度。奴隸社會、封建社會、資本主義社會等是講歐洲，他認為亞細亞的制度是什麼？是人人都是奴隸制或者國家奴隸制，「國家」這個詞用上來了，他說「地主只不過是佔有土地的農民」。「佔有」這個詞不是「所有」，而西方的所有制在實踐上是肯定的。在封建制下，國王把土地分給公爵，就永遠不再向公爵要回那個土地，也沒有權利要回來。公爵宣誓，打仗時出點兵、出點錢。國王被俘虜了，就出錢贖回來，如此而已。至於公爵把土地分給誰是他的事。所以私有財產權在西方歷史上，即便是封建制下，也是有所保障的。

中國怎樣？我們都知道和珅富可敵國，他的錢超過國庫的錢，但皇帝要他拿出來他不敢不拿，要他腦袋也不敢不拿，何況黃金白銀？所以馬克思說「佔有土地的農民也不過是統治者實際上的財產，也就是奴隸而已」。地主就是奴隸，而且是財產，沒有人格，是物不是人。「奴隸」的意思就是會說話的工具，不是人。民間力量弱到如此地步，所以國家力量成了唯一的在世界上看得見的壓倒性力量。

人類的弱點、缺點是崇拜力量、崇拜權力，這不僅僅是尼采（Friedrich Nietzsche, 1844–1900）所說的「will to power」。中國同人類一樣具有這個共同的弱點，所以會出現權力崇拜。由於權力只是在國家那裏，所以會形成國家崇拜，這是必然的，這種東西在 1949 年以後得到了空前加強。清代末期，民間組織完全公開，日漸強大，到民國更加明顯，民間組織、社會組織、政治組織，譬如工會、農會、行會、商會、婦女組織、青年組織、宗族組織（家庭組織）、宗教組織甚至政黨，譬如共產黨，民國以後還有國家主義黨，都紛紛公開活動。這些社會組織在 1949 年後一部分被納入黨和政府的各個部門，黨和政府首先成為一體，各部門就是黨領導的工會、青聯、婦聯、文聯、共青團、黨委統戰部門、各級統戰部門等。另一部分被瓦解、解散，譬如宗族組織、民間宗教組織，宗教組織解散，宗

---

1. 亞細亞主義或稱泛亞洲主義，是一種政治意識形態。亞細亞主義沒有明確的定義，內容經常圍繞國家協同合作、建立新秩序等主張，但實際上會隨國際情勢而改變。

族組織，一個家庭裏分階級就瓦解，有些是地主，有些是農民，有些是貧農就瓦解了，發動貧民鬥地主。1956年後，民間經濟組織也消失了，工廠、商店、各種企業、私營公司全部收歸國有，社會主義改造後就消失了，全中國民眾自此失掉了橫向的聯繫。我至今記得我的同學、朋友，也是今天的評論人鄭也夫教授的一個説法，他説社會的正常結構就像土壤的正常結構一樣，土壤結構正常能夠生莊稼、長植物，因為它有糰粒結構，有腐殖質，泥土粘在一塊有營養，長莊稼。1956年後全中國民眾失掉了橫向聯繫，社會組織沒有了，大家只是單個面對着從最高領導到最基層金字塔樣的組織、一體化的組織，中國人説話沒有單數、複數的區別，這個組織其實是一個單數，因為它是自上而下的委派領導。每個人有一個單位，但這個單位不過是空前巨大、空前嚴密組織的組成部分，或者機構。土地裏糰粒結構因周圍營養、黏連腐殖質被沖洗得乾乾淨淨，變成沒有黏性的沙子，相互之間沒有辦法支持，甚至沒辦法連接，那時候搞連接用文化大革命的語言就是「黑串聯」。人與人之間不能相互支持，甚至不能相互聯繫，所以每個沙子只能孤立地面對藍天，因為藍天是唯一可以降下雨露的地方，但當時的藍天上只有一個太陽。

那個時代每個中國人都這樣，他們只要碰到一些難題或者生活上的問題就會説「要去找組織」、「組織上會解決的」，這個「上」很妙，在中國人裏本來是説不通的，「組織」是一個名詞，「上」是什麼詞？那時候老百姓也會説「依靠組織、相信組織」。組織不是你所在的普通人組織的單位，而是指那個單位裏的領導、黨組織，尤其是上級黨組織、上級黨的機構。為什麼組織會有這麼大的力量？黨有這麼大的力量？因為黨掌握着國家資源，不僅僅是立法、司法、行政，還包括社會、國家甚至個人資源。譬如説你是才子，你是錢鍾書，你的英文特別棒，這就是你的資源，這些資源他可以掌握：請你去翻譯《毛澤東選集》，請你翻譯毛主席詩詞。錢鍾書去了。國家、社會乃至於個人的所有資源組織都掌握着，所以組織是一個符號，代表的是國家。在座各位比較年輕，需要知道我這個年紀講這個話，比我年紀更大的人覺得是廢話，因為都是過來人。所謂組織是國家的代表，不是單位的意思。為什麼這麼説？因為你的難題要找組織，如果找單位、黨組織，難題超過它的權限或者本單位領導

人甚至上級黨領導人不願意幫你解決問題、不能夠解決你的問題，你會怎麼辦？會說「我相信黨和國家」。文革時有些挨整的黨高級幹部、地級幹部臨死時還説「我相信黨、相信國家。我的問題一定會解決」。這是一種終極的安慰，終極的鼓勵，因為他明明馬上就要死了，要進火葬場了。這時候講黨和國家不完全是抽象的，而是指更有力量更有權力的全國性領導。

中國有一個心理事實很少被挑明，那就在全中國所有媒體幾十年每一天千百萬遍地重複七個字：黨和國家領導人。這七個字向中國十幾億人暗示出一個基本事實，即黨和領導人掌握着國家的資源，而國家的力量無比強大，所以他們的力量無比巨大。由此來分析才能解釋個人崇拜的怪現象。不管是毛澤東、鄧小平還是現在的領導人曾都説過要反對個人崇拜，但實際上個人崇拜在中國，特別是在毛澤東時代最為盛行。個人崇拜本質上是權力崇拜、國家崇拜。為什麼崇拜毛澤東？因為他有權力，他的權力最大。為什麼他權力最大？因為他掌握着國家的力量，是一種對權力、對國家的崇拜。許多人不能清醒地認識到政黨有局限，個人有局限，甚至國家也有局限。同時大部分人又不相信超越國家之上、超越一切之上的上帝，看不到更高的力量，看到的最高力量只有國家，所以就認為代表國家這個人是無所不能的，可以為所欲為。我們在人間能見到的、最實實在在的巨大力量是國家，這種力量通過人格化象徵成一個信仰的對象。現在對領導人不搞神化，對領導人個人崇拜的事情已經停止，但當今中國要警惕另外一種狂熱和悖理，主要是極端和狂熱的民族主義，即我一開始提到的那種現象。對國家的信仰可以解釋這種現象，為什麼？因為民族主義被國權主義利用。在意識形態、思想上、精神上，國權主義在有意無意之間滲透、主導、歪曲了我們正常的民族主義。我必須説民族主義是很正常的東西，理性的民族主義是正常的，因為民族主義看出自己這個民族和別國民族的區別，有一個身份的觀念。但如果它走向極端，把自己的民族看成是永遠比別國民族更寶貴、更高貴、更有價值，自己文化比別人高級，有一種優越感，那種是極端民族主義或者是沙文主義、大漢族主義、大俄羅斯主義。理性的民族主義是正常的、自然的。

　　愛國主義也一樣，本來是一個天然的情感，即對自己生於斯長於斯的鄉土有一種天然情感，這很正常。但在中國被國權主義扭曲、主導、滲透。前 30 年以個人崇拜表現着國家信仰，後 30 年以不正常的民族主義表現國家信仰。而且中國「愛國主義」這個詞是從西方語言翻譯而來，西方語言是「patriotic」，詞根是「父老鄉親」之意，最多可延伸到「鄉土」。但中國翻譯時這兩個意思都沒有了，只剩下光禿禿的「國」字，變成一個政治概念，淡化了鄉土文化的意思。

　　由於國家並不具有終極性，太陽和月亮不是國家造出來的，國家非世界本源，所以從宗教學角度來說，對國家的信仰是非終極的信仰，所以肯定是非宗教信仰。前面提到終極是最終的東西，而國家信仰就本質來說是對權力的信仰和崇拜。任何對非終極事物的崇拜、對人間任何事物的崇拜都屬於宗教學上的偽宗教和準宗教（不帶貶義），這種宗教悖離了真正的宗教（如果把它當成宗教），因為真正的宗教是不絕對化人世間的任何東西的，其中包括國家。所以我剛才提到佛教「一切皆空」，按照它的教義來說國家也是空的。真正的宗教信仰者可以對國家有不同的想法與觀點，宗教是各種各樣的，對國家問題當然有不同看法與觀點，這是正常的。但只要是真正的宗教統就不應該使國家絕對化，把它變成信仰對象，因為它相信終極，不崇拜非終極的東西。我們如果足夠理性與清醒，就會知道這種國權主義和國家信仰在過去一百年裏給全世界無數人民帶來深重災難、巨大災禍，也會知道這種國家信仰或者國權主義會扭曲人性，會顛倒國家同人民的關係。國家同人民是什麼關係？無數學者都進行了論證，千帆教授比我有發言權。我現在想引用馬克思的一句話：「國家是工具。」恩格斯說國家「是階級利益衝突不可調和時，站在更高位置調節這種利益的工具」。他沒說這是階級鬥爭。工具為目標服務，手段為目的服務。如果把國家從服務工具變成信仰崇拜對象，推行國權主義、國家崇拜，我們就會顛倒這種關係，把為人民幸福目標服務的工具——國家，變成人民的幸福要為它犧牲的目標。這就是一個巨大災難，所以提醒這種災難曾存在過，也不排除以後再發生就是我們今天討論的意義所在。

張千帆：感謝何教授，他對中國的宗教和非宗教信仰結構為我們提供了非常系統而精闢的分析。據統計，中國當代社會信仰宗教的有 3 億多人；換言之，剩下的 10 億人不信仰宗教。當然，這並不意味着他們不信仰——具體信仰什麼、有多少人信仰，我們都不是很清楚。何老師梳理了三種非宗教信仰。原先的馬克思主義國家信仰衰落了，後來國家主義——用何教授的話是「國權主義」——興起，替代了原先的國家信仰。就我理解，他的基本主張是這種模式的認知對於我們這個民族來說是十分自然的，因為自古以來就是這樣。換言之，我們的文明不是由信仰凝聚起來的，自古以來就是由權力凝聚起來的。權力吃掉了信仰，或者說成為信仰的對象。權力成了我們最終的信仰，包括國家主義或國權主義，歸根結底是對權力的信仰。

中國社會目前是否面臨着何教授一開始所說的「精神分裂」，我們的國家主義信仰中是否包含着種種悖論和非理性？它們是怎麼發源的？這和我們的教育體制又有什麼關係？下面有請社會學家鄭也夫教授為我們分析！

鄭也夫：今天特別高興能和老同學、老朋友見面，還能聽他演講。1979 年，我們倆共同進研究生院宗教系。還記得去以後要填表，他從貴州來到北京先填，我填表時他人先走了，上面寫着的是何光滬，出生年月。我一看嚇了一大跳，不光是同年生，而且日子都是 28 日，只是不同月。三年同窗關係非常好，那時候他就顯示出哲學家的氣質和天分。什麼是哲學？在我看來就是明白學，把混沌的、錯綜複雜的事情說得透徹、明白，他有這種天分。他一開始說到信仰，後來說到世俗的信仰、偽宗教的信仰、準宗教的信仰，特別是偽宗教的信仰、非宗教的信仰。他說前一部分時非常抽象，但說得非常清澈。這個話我絕對說不出來，能把那套東西說得如此深入淺出、通俗的人並不多，那是一種天分，哲學家的天分、宗教哲學家的天分。

今天何老師的重點放在世俗這塊，很大程度上覆蓋了我研究的內容，所以我今天點評敲邊鼓比較容易，否則純說宗教，雖然同窗

過，但我絕對說不出這樣的話，因為需要很高的抽象和見地。大家如果有興趣，他在哪兒講宗教問題一定要去聽。但到世俗領域，我就可以「班門弄斧」一些。

在我《信任論》中，區分了三種權力：一個是王權，一個是皇權，一個是全權。王權是封建時代最高統治者的權力，征伐很大地面以後把它分成一塊一塊，有些塊給哥哥弟弟，少數塊給功臣，象徵性的是他為最高統治者，但實際上每塊各有各的人管，他無權管他兄弟所管的地面，無權管功臣所管的地，那些人是諸侯王，所以即使是最高統治者為大王，但也管不了諸侯王的地面，那是王權，王權有最大的有限性。後來發展成皇權，皇權倒破了諸侯各佔一塊的土地，換成郡縣制，換成我的官吏、臣子、家奴，隨時可撤換，於是整個地面不再分制，都是最高統治者管理。皇權比王權大，但也還有自己的局限性。在中國歷史上皇權只在縣以上進行管理，縣下不再管；社會上還存在着「江湖」，個人不順心可以走江湖。但到後來發展成全權制，江湖沒有了，哪兒都跑不了，縣以下也要管，因為通過現在的技術力量有能力管到縣，所以一切都要管得嚴嚴實實的。王權、皇權、全權三種權力是我借這個時間所要說的第一個觀點。

第二個觀點，某次我跟我的學生開讀書會，大部分是我指定的書，有時候我讓他們指定一本書。一個天分很高的學生拿出一本英文書，選擇重要兩章建議大家讀，這本書名叫《掠奪之源》。掠奪之源是誰？不是別人，不是強盜，也不是外族人，不是任何人，而是政府。他跟我說他熱衷於此範疇，並說這本書非常好。我很有興趣，一直激烈地討論這本書。我真的認定這個世界掠奪之源就是政府，不是強盜。關於大是大非，我個人認為是抑制政府的權力，而不是抵禦外敵。

下面我說一下愛國主義。其實愛國主義非常值得解析、追究與懷疑。為什麼要愛這個國？它是一個大的生存共同體，但問題是它太大了，說生存共同體我可以理解成家、家族、村莊，如果來了強盜築起籬笆保護鄉土。譬如現在日本人特別強調愛公司如家，那確

實是一個一個共同體，固然大小不等，家、家族、村莊、公司都是有切身意義的共同體，說「國」──960 萬平方公里，13 億人，共同體很大。若在 1937 年不用問為什麼要愛國，因為在那個時空下有一個巨大的衝突發生了。現在和平時期，跟周邊沒有什麼戰爭，愛國主義的支點在哪裏？我要說的是，民生是至高的，大批民眾屢屢在最關鍵時認輸，重新開始生活。滿清代替明朝，中國歷史上異族重新開始統治少嗎？大家都「寧為玉碎，不為瓦全」？「寧為玉碎，不為瓦全」是世界最大的道理還是民生為大道理？我不同意「寧為玉碎，不為瓦全」是最大的道理，歷史也不是這樣。這不是人類的生存之道，不是人類的根本哲學，最大的哲學肯定是民生，而非愛國主義。我不知道年輕的同學對此是否有不同意見，不要緊，我願意迎接挑戰。

張千帆：謝謝鄭教授的演講。他給我們留下了值得反思的問題，譬如愛國主義的支點是什麼？下面還有一點時間進行互動。

提問：我是標準的 80 後。我的問題是，我們這一代人如何建立信仰？怎樣的信仰？人內心是否真有一個信仰的需求？

何光滬：你有兩個問題，如何建立信仰與信仰什麼。這位同學說出了自己這一代包括自己在內的反思，未來怎麼看，很不容易，一個人要有自己的立場與圈子看問題，非常難得。世界上的事情太複雜、多變，講這一點、一面是對的，但還有第二面、第三面……一百面、一千面，為什麼不講？沒時間看一百面、一千面、一萬面，不能全面了解，但至少要看另外一面是怎麼說的，這樣才能為建立信仰建立一個比較可靠的基礎。這是一個簡單的回答。

是否人人都要信仰？人是不是一定要有信仰宗教？是否有時間攀索高深的問題、複雜的問題？我的演講在某些方面已經回答了你的問題，每個人有信仰，有些人信金錢，有些人信權力，人生目標有高有低，有些人認為更重要，有些人認為不重要，這是價值觀。什麼叫價值觀？有些人有價值，有些人沒價值，有些東西是第一，有些東西是第二，有些東西是第三，每個人的信仰都是有排序的。

所以每個人都有某種意義上的信仰，重要的不是有沒有信仰，而是信什麼，拿什麼作為信仰的對象。前面我說有人以這個世界上有限的、短暫的、有條件的東西為信仰對象，那容易帶來禍害。一個人看足球比賽輸了，把小孩扔出去，很後悔，這是害自己，還害別人。譬如希特拉時代，德國國家社會工人黨（納粹黨）搞的事情害了千百萬人，國家也好、主義也好，都不是終極的東西，是此世的東西。就算有道理也是相對的，不值得為此獻身。以此作為獻身的對象弄錯了對象，隨後害人害己。人總是要信仰，主要是看你信仰什麼。這是我的回答！

> 提問：感謝三位老師的精彩演講，對你們獨立的學術人格表示敬佩。我有幾個問題想跟各位探討一下。第一，現在有不少人哪怕在宗教信仰方面也有非常功利化的傾向，譬如需要求子時找送子觀音，需要某一方面就找到某一個所謂的神靈保佑。各位老師怎麼看？第二，關於中國國民性，大部分人會說中國是一個特別喜歡內訌的民族，「一個中國人一條龍，三個中國人一條蟲」。這個事情和剛才兩位老師講到的國權主義有沒有關係？第三，某個宗教內部不同派系之間權力博弈和不同宗教之間的博弈在我們日常生活中經常可看到，反映出不同社會價值觀的對抗，我想請老師對這些事情做一個解析。

何光滬：我先對也夫老師的點評做一個簡單回應，聽也夫講話時我想到他講到民生是第一原則，是最重要的。中國在春秋戰國時代甚至以前是天下觀念，而非民族的觀念，所以儒家有一句話叫「以天下為己任」。「天下」概念首先不是「國」的概念，是一個超越民族界限的概念。想到這些話又聯想到也夫所說的「民生」，我想把這句話改成以天下蒼生為念，不是以國家政權為念，光考慮政權的安危就屬於工具目標，而以天下蒼生為念，目標是人類的幸福。有一個對聯非常有意思，現在某些人的思維方式能從這個對聯中有所警惕：吃地溝油的命，操中南海的心。很多人說話好像自己是統治者。另外講到愛國主義。「國家」概念興起時，愛國主義是什麼

意思？他們做了準確的解釋，即一群人小的共同體。譬如威尼斯、佛羅倫斯是大家的共同體，一個小城市，是一群人的生活方式，他們喜歡，這是第一。第二，他們這群人的生活方式是他們決定的，佛羅倫斯是威尼斯共和國，我們願意這樣，誰要改變它這群人不願意，要維護這一群人的生活方式，這是愛國主義本來的意思。

你舉例提到功利，我想到 1945 年的日本，那時候的日本是因為信仰「寧為玉碎，不為瓦全」，軍人戰死剖腹自殺。但明智的選擇是當時天皇的選擇：投降。美國人隨後把日本改造成一個有民主制度的國家。日本人的生活怎麼樣也比軍國主義時期好很多，進步飛速。

回到你的問題，你的評論比較多，說到中國好內鬥，我們是有這種思維。民國時期很多有志之士說中國人最需要的公心，不要私心。晏陽初在農村不光教農民農業生產技術，還有醫療知識、醫療保健、認字識字，而且培養他們的公民心。我們的確有這些問題，這些問題也和信仰有關：在一盤散沙的社會結構下，就只會顧好自己，因為沒有力量顧及別人。也夫教授指出一點：古代社會情況好一點，因為古代社會有一定程度的民間組織，譬如縣以下的「江湖」。後來連江湖都沒有了。所以說國民性問題涉及宗教信仰。宗教信仰不應該追求一己私利或者追求眼前的好處，你的說法是「功利性」。我們的宗教信仰確實有這個問題，有宗教之名的廣大信徒，他們有意識無意識或者沒有意識到宗教信仰的對象應當是超越性的，所以功利性的信仰悖離教義或者說信仰的程度不高。至於不同宗教有不同教義，必然有相互排斥的一面，這是自然的。希望能夠解答你的問題。

張千帆：關於這個問題，我稍微補充一句。國民性問題我相信不是一個民族的物質基因或者「文化基因」造成的，而和制度更有關係。何老師剛才已經提到。人作為一種動物的存在，天生是短視的、自私的，這時候可能面臨很多「囚徒困境」。當人孤立時，往往不會和別人合作，所以就產生了內鬥。要超越「囚徒困境」或短視自私，只有通過信仰、道德，或通過自然的組織、通過人的自然交往培養相互感情和信任，所以組織很重要。包括宗教，從社會學角

度來講也是一種人和人之間交互交往的組織，只不過形成組織的底線是信仰，不是利益或者其他東西。社會橫向和縱向這兩種統治模式是有矛盾的。當國家開始集權時，就把橫向東西通通瓦解掉，形成縱向的人身依附，使每個人再次變成孤立、自私、短視的人。在這種情況下，我們又不會合作了，所以這種確實與我們的政治制度很有關係。

八
法治的理念

時間：　2012年12月11日

地點：　北京大學法學院

主講人

Martin Krygier：著名法理學家，新南威爾士大學法學院教授，
（克萊齊）　　澳洲社科院院士，著有《普及民主與法治？》、
　　　　　　《反思後共產主義的法治》、《馬克思與共產
　　　　　　主義》等。

裴文睿：著名中國法學者，牛津大學社會法律研究中心研究
　　　　員，著有《中國走向法治的長征》等。

張騏：　北京大學法學院教授，北京大學法學院比較法與法
　　　　社會學研究所執行所長，著有《法律推理與法律制
　　　　度》等。

張千帆：今天請來了三位著名法學家，其中兩位是國際著名法學家。記得「憲政講壇」第一講也是國外教授開講的，哈佛大學教授給我們講美國的中央和地方關係。今天，我們請來了澳洲新南威爾士大學的 Martin Krygier 教授、著名中國法研究學者裴文睿教授以及北京大學法學院張騏教授。Martin Krygier 是著名法理學家，新南威爾士大學法學院教授，也是澳洲社科院的院士，在國外很多大學兼職。他的研究興趣主要是關於法律、國家、官僚系統的特徵，以及它們產生的社會後果，尤其關注東歐憲政轉型下的制度和社會發展。他著述甚豐，包括《普及民主與法治》、《反思後共產主義的法治》、《馬克思與共產主義》等。其實這些話題都跟我們密切相關。他今天會給我們講解法治的理念以及社會條件。下面有請 Martin Krygier 教授！

Martin Krygier：我今天主要講的內容是法治，法治這個主題在中國和美國都是一個涉及面比較廣泛的領域。關於這個主題，我個人也在不斷研究和寫作過程中，至今已有三十多年的時間。首先我將解釋一下為什麼法治這個聽上去可能有些枯燥的話題會成為我關注的中心點。我的家人是東歐納粹移民，曾有兩年半的時間我和我的家人在不斷遷徙中，途中經歷了俄國、日本、上海等地。我們本打算回到波蘭，但當時波蘭的政治體制是集權政治體制，所以最後沒有回到波蘭。我的這段成長經歷對於我的研究有一個影響，讓我對於一些集權國家的政治制度比較感興趣。從我對東歐、俄羅斯以及日本的政治制度的觀察來看，集權政治的特點是權力的行使沒有限制。關於集權政治形成的原因有很多不同解釋，我比較關注的一點是法治與政治制度的關係，因此研究法治是一個比較好的主題，尤其是從限制權力的獨斷行使的角度研究這個問題。

在 1989 年東歐的政治制度垮台之前，當時生活其間的人們沒有想過要有什麼變化，更不會想到是今天社會的狀態；但 1989 年以後開始建設國家法治。通過對這些偉大實驗的研究，我發現讓我比較失望的一點是人們如何理解法治這個問題。從我們對於法治的一般理解來看，其所強調的是一套系統的國家法律制度，包括建立案例體系，有一套系統的法律解釋，是一套制度建設。人們思考的主要

問題是通過何種途徑實現法治狀態，但我考慮更多的問題則是法治究竟會實現一種怎樣的狀態。我認為通常的理解是一種錯誤看法，理解法治首先要理解法治的目標或者最終目的是為了實現什麼。我的主張是，法治的核心價值觀和目的在於通過一套制度化的體制實現對權力專斷行使的有效抑制。我認為對於法治最大的危害，因而也是我們應當極力阻止的地方，就是享有重要權力的人可以不受限制地行使他們所享有的權力。在我看來權力如何行使才應是法治概念中最需要關注的問題。為此，我談談四點用來解釋法治和權力獨斷行使之間的區別：

第一，當享有權力的人或者機構任意行使他們的權力時，權力行使的對象即客體將處於一種恐懼狀態中。

第二，權力行使的客體或者對象將沒有能力與自由能夠對抗這些對自己行使權力的人。即便是在開明專制的體制下，但開明專制下的奴隸仍然是奴隸，不是自由的公民。

第三，權力能夠以一種尊重人的尊嚴的方式行使的唯一途徑應當是權力行使的對象們能夠知道或者影響權力行使的結果，如果未實現這種狀態，他們就不是人，而只是一個物品。

第四，在權力能夠任意行使的社會中，人們之間不能夠有富有成效的、可靠的以及誠信的交流和溝通，因為在這樣的環境中人們可能會隨時隨地遭到攻擊。因此抑制權力的專斷行使是法治最主要、最基本也是最終的目標。

前面是我對權力專斷行使的介紹，接下來是一些啟示：首先，不僅僅是國家權力的恣意行使需要我們擔心，國家之外的社會權力也獨斷行使的話，同樣會造成可怕的結果。

其次，如果想要抑制權力的獨斷行使，法律可能就不是我們的首要手段。其他的社會制度以及社會實踐，在抑制權力獨斷行使的過程中也發揮着非常重要的作用，因為造成這些危害的最根本原因在於權力本身是否受到限制，並不在於它是否合法。因此我認為研究法治首先要闡述清楚法治的價值是什麼。

在我看來法治的核心價值是限制權力的獨斷行使，並非像現在有一些法學家的研究方法那樣，列舉出法治狀態所必須的一些條件和基本要素。法治的這一核心價值於目前處於一種危險的狀態。這一觀點聽上去可能是哲學意義上的，但同樣有其社會學、政治學的角度和價值。現有研究主要集中於對國家法律制度的研究，而我們需要把視野放得更寬一點，在更廣闊的社會中研究法律和其他社會制度之間的關係。我們對於法律的理解通常有一個錯誤觀點，即認為法律像一塊磁鐵，能夠把所有爭端與糾紛吸引到它的面前。其實上述看法在任何社會均從未發生過。在所有社會中的真實情況是，只有非常小的一部分爭端能夠進入到法律視野。國家的法院系統最主要的功能並不在於解決這很小一部分的爭端，而是在於向社會發出一個有關法律、權利、成本優劣勢及其他替代性解決方式的信號，以指導我們理解其他的社會制度和法律之間的關係。一些國家的法律系統會給我們發出負面信號，因而這些國家的人們經常生活在恐懼狀態中。即使在法律信號比較清楚和有幫助的國家中，也可能存在着一種情況，即人們並不會等待法律給你信號從而指導自己的行動。實際上，真實的狀態是以群體狀態生活的人們，會在日常生活中發出自己的信號，即便是地方群體發出自己的聲音也是非常有意義的。法治對於限制權力獨斷行使的貢獻取決於其與法律之外其他很多事物的合作。

理想狀態下，好的法律應是能夠與社會當中的行為準則和人們的期望相同步，但實際上我們並不能經常實現這種狀態。一方面，法律可能會釋放非常危險的信號。我記得保加利亞一個學者曾說「法律就像是在一片空曠土地之中的一扇門，你可以穿過這扇門，但通常只有傻瓜才會這樣做」。這表明保加利亞的法律制度釋放的信號是負面的。另一方面，即使是在法律比較好的國家裏，也可能會有一些比較有權力的社會群體會抵制法律的實施，而且事實上他們也有能力抵制法律的實施。在許多國家都存在着以上兩種情況之一，要麼法律本身會釋放危險的信號，要麼是社會群體會抵制法律釋放出的良好信號。法治面臨諸多困難，並且面臨不同程度的挑戰。這也是我們為什麼不應該僅僅列舉與分析法治的基本界定要素的原因，因為法治可能會通過很多方式失效。我會舉例說明：

第一種情況是政府拒絕遵守其制定的任何法律，恣意行使其權力，這種狀態是沒有法治的政府模式。第二種情況是政府會有效利用法律，因為這是和社會準則進行聯繫的一種比較好的方式，或者這是理想狀態下比較好的方式，但這種情況下，政府很難限制其自己的權力。第三種情況是政府本身沒有問題，但這個國家會有內戰或者其他戰爭，阿富汗就是如此。政府太亂必然不能做任何好事，但如果足夠強大可能也會做壞事，譬如俄羅斯，還會有更多可能性。僅僅通過制定一系列的制度以期望限制權力的專斷行使，將很難實現法治的目的。因此我的觀點是，如果抑制權力的獨斷行使是我們主要考慮的目標，我們進而就要考慮不同社會制度之間的互相影響。僅僅把法治理解成法律是不對的，應將法治理解成我們需要一種怎樣的社會狀態來抑制權力的獨斷行使，因此不應僅僅尋求一系列的法律救濟途徑，譬如一些國際組織正在從事的工作。相反，我們應考慮法律之外的其他制度，譬如從社會學、經濟學、政治學等不同因素的角度考慮限制權力的獨斷行使。

總結起來，我的論點主要是兩個部分：第一，我們研究法治時不應該將視角集中於如何制定一系列的制度規則，而應思考法治價值之所在。我認為，法治的核心價值是限制權力的獨斷行使。第二，想要實現法治這一理念，我們的目光就不能僅僅局限於國家的核心法律體制，必須同時考慮法律所處於的社會關係、政治組織以及經濟狀況。

現在我需要你們的幫助。我正在考慮寫一本書，目前書名暫定《法治的理念》，但鑒於我研究的主要問題是法律之外的其他制度，所以可能考慮將書名改成《超越法律的法治》。我很難擇一，因為我覺得我以上兩個論點都是有道理的，而這兩個論點分別對應兩個書名，所以希望你們能夠告訴我哪種類型的書以及哪種類型的題目你們更加喜歡。

張千帆：感謝 Martin Krygier 教授對於法治理念做了一個視野很寬的分析，認為法律人不能只將目光集中於國家的法律制度建構。這方面，中國與西方國家有很大差距，但他把焦點放在國家之外，

放在社會、社會組織、經濟體制，因為權力歸根結底不僅僅是政治權力，也包括經濟權力等各種社會權力。如果真正要講法治，要想辦法限制所有權力。而且教授提到了保加利亞的格言，非常有意思。中國人應該很容易理解「法律是空曠大地上的一扇門」這句話。大家可以思考一下，希望 Martin Krygier 教授寫哪本書，在自由交流時告訴他。

我們的第一位評議人是裴文睿教授，他是著名的中國法研究學者，常住北京，普通話說得很好，我說錯任何話他會知道。他長期研究中國法治問題，不僅在加州大學教書，而且在多所著名大學兼職，包括在牛津社會法研究中心兼職。他的兩本代表作影響很廣：一本是劍橋大學出版的《中國法治的長征之路》，另一本是牛津大學出版的《中國現代化——對西方的威脅還是對全球的榜樣》，書名就非常有創意，下面有請裴文睿教授！

裴文睿：首先，我同意主講人的主要觀點，法治最重要的目的是限制專斷權力，限制權力的濫用。如果一個法律制度不能限制權力，只能說是一種 rule by law, 並不是 rule of law。而且我同意他的警告，專斷權力，雖然一般來自國家（官員），也可以來自公司、經濟利益團體、社會組織等。一個比較完整的法治制度，應該能夠限制所有的專斷權力。

當然，法治不僅僅是限制權力，因為權力也是好事，有些事沒有權力不好做。法治必須是給予權力，授權你做某些事。問題是怎麼保證行使好的權力，同時限制不好的、過度的權力。而且法治不僅只有一個目的；法治的目的、用途是多方面的：促進經濟發展、保護個人權利、和平解決各種各樣的糾紛等。Krygier 教授在別的文章中探討了這些其他的方面。

這次他的發言內容也超過了狹義的法治，涉及政治、經濟、社會的問題。一個公正的國家，不光是一個法治的國家。法治是一個公正國家的必要條件，但不是一個充分條件。一個不公正的國家也可以行使狹義法治（「薄的」法治）並符合狹義法治的要求和條件。因此法理學家很難避免政治、道德的問題。而且，連執行狹義法治

也取決於政治、經濟和社會條件。所以，法學家不得不討論更廣泛的問題。Krygier 教授很了解這點，但他還強調法治是一個有限的概念；他要避免把法治跟政治爭論混為一談。我也理解而贊成這個方法。但遲早，我們（不一定是他或者我，但一定有某些人）必須面臨這個問題和挑戰。所以，對於羅爾斯（John Rawls, 1921–2002）和許多其他政治哲學家，法治只是他們理想中的公正社會的一個部分。

落實一個比較健康的法治，也需要比較健康的制度、規則、慣例。Krygier 教授強調了法治的目的。他的出發點是法理學家的出發點，道德性比較強。但即使我們都同意需要限制專斷權力，關於怎麼限制專斷權力，什麼是專斷權力還會有很多爭論。哪怕我們可以達成關於這些問題的共識，我們還會需要制度、規則、慣例。我們不一定會同意應該有什麼樣的制度、規則、慣例。關於這些問題會有很多不同的觀點，尤其因為每一個部門會爭取保護它自己的權力和利益。即使我們可以克服這些困難，我們還需要克服很多技術性的問題——建立效率高、清潔、公正的機構不容易，而且需要很長時間和很多資源。

從比較法的立場看，我們會發現，為了行使法治，不同的法治國家建立了不同的制度。換言之，沒有一個獨特法治模式。每一個國家應該，或者說是不得不，創造它自己的法治模式。

最後，我同意主講人的觀點，法治是一種理想；在任何國家，現實與理想會有一定差距。而且總的來說，一個國家的法治水平與它的經濟水平有關係。高收入國家的制度比中等收入國家的制度強。中等收入國家面臨的挑戰又多又複雜。很多中等收入國家克服不了那麼多問題。他們就被卡在那兒。現在中國就是一個中等收入國家，面臨的問題多。中國是否能克服這些困難，很難說——但是我們都希望中國會繼續走向法治。

張千帆：謝謝裴文睿教授，中文果然說得很好。下面有請第二位評議人，北京大學法學院的張騏教授。張教授常年研究中國司法改革，在指導性案例等方面做了很多工作，相信他對 Martin Krygier 教授的演講有很多自己的體會！

　　張騏：非常感謝張千帆教授邀請讓我做評論人，很榮幸；感謝 Martin Krygier 教授和裴文睿教授來到北大法學院做演講和評論；也感謝翻譯同學，這其實是一個比較難的題目，她做得非常好。剛才裴文睿教授從法律和社會的角度講法治，我重複一下裴教授講的話，因為不得不重複，我完全同意 Martin Krygier 教授的觀點。如果有同學看過我關於法治的文章，應該會知道我沒有說假話。但我要感謝 Martin Krygier 教授，他自己的專業是社會理論和法律理論，所以他從法和社會相互關係的角度更深入、廣泛、充實、充分論述、分析了法治。下面我從三個方面做一個儘量簡短的評論。

　　第一，什麼是法治？我完全同意剛才 Martin Krygier 教授所講的法治核心、要害是什麼——是對專斷權力行使的可能性的限制。這是我非常同意的。中國一些學者（包括我）把法治定位在以法治權或者以法治官的問題。中國為什麼需要法治？千帆教授、裴文睿教授和我在這方面有不同的學習和研究，對我來講有兩個重要的原因，即解決中國社會結構長期以來應該解決而沒有解決、最後導致文化大革命發生的兩個根本性、結構性的問題：一是個人權威與法律權威的關係；二是黨與國家的關係。由於這兩個問題沒有解決，使黨的領導人可以運用自己的政治權力實現個人目的，造成國家和社會的浩劫。

　　法治的好處有很多。我自己看到母親被她的學生毆打，我的父親被關到牛棚裏。國家主席被紅衛兵關押，他自己轉身回到屋子拿出《憲法》說：「我是中華人民共和國的主席，你們要逮捕需要經過全國人大常委會，需要經過法律程序。」但紅衛兵根本不管，所以他被關押，而且他在離世時連一件完整的衣服都沒有。他是無辜的、可敬的。在 50 年代時社會上也曾討論過要法治還是不要法治，結論是不要法治，這是我們的深刻教訓。這是為什麼結束文化大革命夢魘後提出堅持「有法可依、有法必依、執法必嚴、違法必究」的原因。那時雖然沒有提出法治作為原則，但在社會中已經有了法治的理念，中國有識之士就提出了這樣的概念。譬如梁漱溟在 1978 年春天的政協會上講中國必須要搞法治，如果不搞法治，國無寧

日。改革開放三十多年來許多人都對這一點念念不忘,我想千帆教授和我就是這樣。

從法哲學上來講,法治的定義與法治的目的緊密聯繫在一起。從法理學來講,法治是一個規範性概念,對它的界定取決於人們希望法治做什麼。當然,這在目前社會沒有達成共識。兩個月前我在中國社會科學院參加了第四屆法學博士後高峰論壇,我做其中一節的主持。會上一位來自最高司法機關的博士向我們提問:難道法治是終極價值嗎?這之前也有學者說中國法治很難、需要經過仔細計算和成本收益分析。有種種不同見解。回過頭來說那位最高司法機關的博士所提出的問題,他說法治是不是終極價值?我要說法治不是終極價值,但法治是最低標準。中國到了經濟社會發展的今天,若再無法治,岌岌可危。不是終極價值,而是最低標準。這裏面有一個問題要講:(我非常同意 Martin Krygier 教授所講的)法律不能解決所有問題。認為法治 / 法律是萬靈丹,這是一個誤會。中國古代社會有這麼主張的。中國古代法家想通過法律解決所有的問題,所以現在有學者說中國古代有「法治」。但我不同意,那個「法治」並沒有被今天的學者和法律人所接受,因為古代「法治」是權力的僕從。法、術、勢。法是法家為統治者設計攫取權力和維持權力的工具。Martin Krygier 教授講的法治是限制專斷權力;其最高價值是人的尊嚴,是人性,是價值。水治(「治」)和刀制(「制」)的爭論在中國也有。我跟我的學生和朋友講,刀制是一種工具,水治是一種原則。所以關鍵是怎樣通過法律限制專斷權力,避免絕對權力絕對導致腐敗的問題。這是法治的要害和核心。

第二,我非常贊同和敬佩 Krygier 教授所講的探討如何實現法治要着眼於法與社會的關係。福山的《政治秩序的起源》給人的印象是,法治只是西方社會特有的,其實他自己並不這麼認為。他認為,中國的發展對世界有好處;但中國也有自己發展中的致命困難,即如何實現法治?法治僅僅是西方社會的一個特例嗎?如果不是,在中國如何實現?哈佛大學法學院昂格爾教授寫過一本書,其中講到關於中國古代為什麼沒有法治,他認為因為中國古代沒有

像西方社會那樣支持法律至上的神權觀念和祭司、先知。安守廉
（William P. Alfold, 1948-）教授挑戰這樣的觀點，説中國古代有制約
皇權的社會力量：士大夫、知識分子，譬如朱熹、張載。這是今天
建設法治的重要歷史思想、社會文化資源。

第三，中國建設法治最大的挑戰是什麼？剛才 Krygier 教授請
教大家，我也想請教大家，同時也請教裴教授、千帆教授和主講教
授：中國最大的挑戰是什麼？困難是什麼？我想可能是怎麼解決黨
的領導與法治之間的相互關係。這涉及的不光是一個制度問題，而
是社會的很多方面。十八大講法治思維和法治方式至關重要，但怎
麼實現？裏面充滿着悖論、反諷和挑戰，但願不要出現太大的動盪。

最後要請教主講教授、千帆教授、裴教授和所有聽眾朋友們：
怎麼樣處理法治建設進程中，社會演進與制度變革、制度建設的相
互關係？社會是一定要重視的，包括公民社會。同時，制度建設非
常重要的，特別是作為法學院的學生來講，制度好，可以避免壞人
做壞事；如果制度有問題，也沒有辦法避免好人做壞事。所以，我
的問題是怎麼樣以一種制度使人們不去或者不可能做壞事。我期待
教授們能夠回答和大家的參與！

張千帆：主講人和評議人之間有共同的地方，也有一些分歧和
張力，這是一個很有意思的話題。如果法治概念是西方的，那中國
是否可能實現法治？中國曾經有沒有法治？這些都是需要探討的問
題。除了在中國歷史上也許有過西方法意義上法治因素之外，從剛
才的 Martin Krygier 教授的演講中會發現，西方法治理念也有中國傳
統所認同的理念，譬如說到國家這套制度到底解決什麼問題，法院
所處理的爭議只是社會爭議中很小的一部分，任何時候都是如此，
美國社會也是這樣，只有很小一部分才是真正經過法院、國家政治
機構解決。如此，則法治的價值到底在哪裏？它似乎更多是為社會
設立一個樣本，在遇到各種情況時應該如何處理爭議。國家通過正
式程序處理社會爭議，為社會自行解決更多糾紛樹立了一個樣板，
這就是中國人通常説的「上行下效」。

Martin Krygier：我回答兩位評論者每人一個問題：文睿教授提出了一個非常好的論點——理解法治的一個通常錯誤是僅僅將它視為如何控制權力的一門學問，我相信並且也贊同必須通過權力以實現我們的社會目標。當我談到限制權力的專斷行使時，指的是限制權力以專斷的方式行使，而不僅僅是說限制權力本身。兩者區別在於，一種是專制權力，一種是基礎性權力。專制權力是權力的行使未受到限制，沒有與他人協商的過程，這是一種非常恐怖的權力，是法治需要抑制的一種權力，需要國家以及社會其他機構為我們提供一些基礎設施以對其加以限制。自由主義者的論點是認為對於權力的有效限制，能夠使權力的運作更加有效。我認為這是良好運行法治可以實現的目標，法治並不是一種全有或者全無的狀態，而是以不同的範圍和程度出現。一些國家的法治狀態可能比其他國家更好，但在另一些國家特殊領域的法治狀態可能比其他領域要更好。

關於張騏教授的評論，法治是我們基本以及重要的理念，但僅僅是我們法律理念的一個部分，不是我們的終極目標。如果法治得到良好執行，那麼其他一些事務也會朝比較好的方向發展，雖然不是全部的事務。

> **提問**：感謝教授的精彩講述。我個人比較贊成 Martin Krygier 採用第二個提法作為書名。我的問題是，中國面臨的問題在於，可能不僅僅是法律文本本身發出的信號是負面的，在執法過程中，因為受到政治因素的影響，會進一步發出負面信號，從而影響法律的效力。不知道你具體怎麼理解政治和法律的關係？

Martin Krygier：感謝你對書名的提議，我強調法治核心在於對獨斷權力的限制。不僅僅是法治本身，法律之外的其他社會制度是在我們實現良好的法治之後需要進一步考慮的問題，當然我們的核心要放在法治問題之上。

關於你的問題，你指出不僅制定法本身會向我們發出負面信號，法院實際執行中也會發出信號。我的一個朋友寫了一本書《過

程即為懲罰》，此書的主要觀點是制定法律之後執行過程中涉及懲罰部分。法律所涉及的每個過程都會釋放出信號，所以法律執行過程中也會釋放自己的信號，這是法律最重要的信號，無論它是否已經全部釋放出來，是否公正對待每一個人。來自紐約大學的社會人類學家曾做過非常豐富的研究，即人們為什麼相信法律。這一實驗在很多國家或地區進行，結果是人們相信法律，儘管不可能贏得訴訟，即使在訴訟中敗訴，但只要在訴訟過程中能得到公正對待，他們對法律依然保有信心。這不僅僅是願意將爭端訴諸法庭的人得到的信號，在更廣闊的社會背景中，對法律之外的其他社會機構有信念的人也會接收到這些社會機構釋放出來的信號。

再是關於政治和法律的關係，這個問題在不同層面存在着不同的差異。在納粹希特拉時代以及斯大林時代，政權的特徵是政治力量極為強大，以致於他們改變了整個法律的進程。有一本書是關於比較 18 世紀法國王朝和英國王朝，解釋了為什麼這兩個國家進行革命會有不同的結果發生。與英國相比，法國的政治權力更強，因此他們殺人更容易，但與其他社會制度和社會機構相滲透的程度沒有英國那麼緊密。

關於俄羅斯政治體制我有兩種不同看法：第一種認為他們是一種集權政治的統治，通過法律治理整個社會；第二種觀點認為因為法律之外的政治團體如此強大，以致於國家政權不得不向這些團體妥協甚至進行某種交易。所以關於政治制度對社會和法律的影響是，如果沒有政治制度或者是一套糟糕的政治制度，那麼這個社會將是一個糟糕的社會；如果政治制度以良好的狀態出現，這個社會將會是一個良好的社會。

提問：你如何理解法治和人權之間的關係？

Martin Krygier：這個聽上去可能過於學術，但我覺得應當將法治和其他概念做出概念上的區分。如果我們認為人權和法治是完全相同的事物就沒有必要區分這兩個概念。可事實上正是因為人權和法治是完全不同的觀念，我們才需要理解人權和法治的關係。從第

一個層次來看，法治的核心價值確實與人權有一定的聯繫。我們之前說到法治的一個核心價值在於保障每一個人有尊嚴，也就是說將人作為一個人對待，而不是將其作為一個物品或者東西來對待。更進一步說，法治和人權的區別在於它們有不同的目標，以及它們和社會制度之間的關係是不一樣的。人權更關注的是對於可能存在侵害人權這樣一個問題的研究，法治更關注的是如何通過一系列的制度設計防止對人權的侵犯。我在東歐觀察到，每個人都在談論民主問題，但很少談及一個明顯的問題，即為什麼它沒有實現制度化。總統、內閣以及其他政府機關應當如何行為，這是我們應當需要考慮的問題。但對當時社會來說由於還沒有正式開始這種行為，沒有正式走上軌道，所以個人權力很容易走向獨斷行使的狀態，所以更重要的是要通過一系列的制度抑制這種局面。

張騏：我完全同意 Martin Krygier 教授的觀點，但補充兩點。第一，法治有助於人權保障。第二，這裏面要區分兩個問題：法治是什麼？法治的要害，法治的核心是什麼？再就是法治能維護的價值。同一個意思另一種表示方式是我們需要法治的原因。這是我想說的，Martin Krygier 教授講的也是這個意思，如果分開這兩個問題，法治比較容易行得通，法治所希望保障的價值，相對來講也比較容易實現。

> **提問：Martin Krygier 教授，對於中國目前存在的小範圍之內的錢權交易、人權交易、權權交易問題，我們應該有所改變坐視不管，還是對此有所作為？**

Martin Krygier：前面一個問題，權錢交易、錢錢交易不僅僅是中國的問題，在美國以及世界其他國家都存在這樣的問題，事實上任何享有權力的個人都會想取得對自己有影響的權力，而這些握有重要權力的人也往往能夠成功取得其他權力。這是全球普遍的現象，只不過在不同國家、不同社會的程度不一樣。事實上，解決權錢交易的問題正是法治需要努力的一個方向。19 世紀英國有一個說法叫「權力導致腐敗，絕對的權力導致絕對的腐敗」。權錢交易是社

會的一個自然普遍現象，真正的問題在於我們能不能設計出有效的機制和制度來限制權力的壟斷和權力的交易。

張千帆：下面請兩位評議人對中國的法治各說一句話。

張騏：說一句套話也是一句實話——「千里之行始於足下」。我現在研究的是指導性案例制度，這是一個具體的事情。

裴文睿：今天討論了很多抽象、理論性的問題，但事實上有更多具體法治的問題，中國具體法治問題於現在比較重要，但這需要很長時間。對於理論沒有那麼多人會反對，譬如主講人說的內容；而如何限制權力，防止濫用權力，就需要具體的制度，需要協調政治界、經濟界、社會界的權力。這完全是另外一個問題，今天因比較偏重理論沒有討論，但這些具體法治問題同樣值得關注。

張千帆：法治問題對於中國來說很重要，今天主講人和評議人都從不同視角探討了法治。法治無疑是一個「好東西」，問題是如何在中國這樣的國家實現法治，如何從有法過渡到有法治，從法治質量比較低的狀態下走向法治質量比較高的狀態。孟子兩千多年前就說「徒法不足以自行」，「法」本身不可能給自己帶來「治」，所以法治最終還是要靠人，法治終究是一種人的行為。其實法治和民主一樣，也是一種眾人之治；如果只靠個別人，那麼必然是人治，只有大家都發揮作用才能變成一種法治狀態。若大家不發揮作用，權力不會受到法律的控制。今天沒有太多時間討論更有意義的問題，即什麼樣的社會結構、什麼樣的經濟權力結構、什麼樣的政治體制更有助於實現法治。特定的政治、經濟包括人的信仰結構會讓我們處於某種特定人和人之間的相互交往關係，其中有些關係有助於產生對法律的信仰。在這個意義上，法治確實是一個超越法治本身的問題。但法治的實現註定取決於大家的共同努力，光等是等不來的。

九
中國憲政與改革方向

時間： 2012年8月25日
地點： 北京大學法學院

主講人

童之偉： 1954年生於湖北武漢，法學博士，現任華東政法大學教授、憲法學學科帶頭人，中國憲法學研究會副會長，曾任武漢大學副教授、中南財經政法大學教授、上海交通大學教授、美國哥倫比亞大學等機構的訪問學者。

吳家清： 華南理工大學教授，中國憲法學研究會副會長、廣東省法學會憲法學研究會會長，著有《比較與調適：我國加入〈公民權利與政治權利國際公約〉的憲法調整問題研究》等。

苗連營： 鄭州大學法學院院長、博士生導師，著有《和諧社會的憲政之維》、《立法程序論》等。

秦前紅： 武漢大學法學院教授、博士生導師，武漢大學珞珈特聘教授，《法學評論》主編，著有《憲法變遷論》、《憲法原則論》等。

張千帆：近年來，中國改革似乎又走到了十字路口，左右之爭愈來愈激烈了，甚至到了水火不相容的地步。其實中國的左右分派劃分很混亂，好像和其他國家恰好是相反的。我們在座幾位或多或少算右派，我可能被不少人認為是「極右」，但是在西方我也許算「左派」。為農民、農民工等弱勢群體講話，你們說到底是左還是右？郭道暉在國外應該算典型的左派，但是在中國卻被打成「右派」。無論左右怎麼劃，中國改革的方向從憲法的角度看是極其清楚的，不能說還在什麼十字路口上。從 1978 年開始改革後，八二憲法從一開始就基本確認了中國改革的方向。經過以後的四次修憲，尤其是 2004 年修憲，這個方向是很明確的。憲法究竟怎麼規定，你們看看就知道。憲法第 2 條規定了人大制度，國家的名號是「共和國」，而且是「人民共和國」。這體現在什麼地方？首先體現在人大選舉和人大的監督作用上。民主是憲法的第一原則。憲法也明確規定了法治，尤其是 1999 年「法治國家」入憲。雖然我們的司法獨立有「中國特色」，但是法院獨立審判是很明確的。最後，憲法也規定了人權。憲法第二章本來就規定了許多權利，2004 年修憲又把人權條款、私有財產都放進了憲法。因此，憲法的基本原則是民主、法治、人權，人權又包括各種自由，尤其是憲法第 35 條規定的言論自由、出版自由、集會自由、結社自由，以及第 36 條規定的宗教信仰自由。中國改革的方向很簡單，應該就是實施憲法的這些規定。我覺得這些基本問題是沒有什麼好爭論的。

在我看來，中國的左右之爭在本質上是擁護憲法和反對憲法之爭，是擁護民主、自由、法治和反對民主、自由、法治的爭論。今天在中國擁護民主、自由、法治的就是我們這些「右派」，反對的是那些提倡國家主義的「左派」。他們有什麼憲法依據？他們憲法依據無非是憲法序言當中的那一條規定，但是憲法序言是沒有直接效力的，總不能拿憲法序言的一條來否定憲法正文中規定的那麼多條吧？所以我認為現在中國所謂的左右之爭，本質上是護憲和反憲之爭。

今天很高興有四位非常知名的憲法學家，從憲法的角度來評價中國目前意識形態的爭論，並審視中國以後的改革方向。我們的陣

容還是很強大的，坐在我旁邊的幾位都是憲法學會的副會長。坐在我右邊的是大家熟知的華東政法大學法學院童之偉教授，他親身參與了對重慶「打黑」[1] 和貴陽小河案 [2] 的調查，他在網絡上發表的調查報告引起了巨大反響。今天在座的也有好幾位律師，周澤律師親自代理了小河案。坐在童教授旁邊的是華南理工大學吳家清教授，坐在我左邊的是鄭州大學法學院苗連營院長和武漢大學法學院秦前紅教授。下面我把時間留給這幾位學者。首先有請童之偉教授為我們做講座！

童之偉：非常高興有機會在這裏跟大家見面。我今天要講一個比較學術化的題目，在大學我們應該講得比較學術化。我講的內容有一個標題，那就是，《從所謂中國模式看中國憲政之路》。或許大家覺得奇怪：為什麼扯到什麼「中國模式」？確實，就我個人而言，原本對討論所謂中國模式不感興趣，但前些日子因為應邀出席新西蘭維多利亞大學與北京大學聯合舉辦的一場關於「中國模式」的研討會，不能不花時間關注一下。不過，花些時間閱讀後，我覺得對「中國模式」做些評論還是有意義的，尤其是從法學的角度評論一番很有必要。

剛才千帆教授説到左右，我自己似乎已經習慣於把自己定位為中間偏左。學術界有一些人私下認為我觀點偏左，是因為我始終堅持中國憲法規定或確認的基本原則和制度。但好像也有人把我看成觀點偏右的人，理由是我常對官方支持的論點和做法有所批評。我覺得這兩種評價傾向都容易造成誤解，因為，這些説法顯示的區分左與右的標準是錯誤的。我今從憲法學角度討論「中國模式」的相關説法，完全超越左與右，只根據憲法和理性説話。

關於 1949 年後中國大陸的經濟發展，我強調兩個基本事實。第一個基本事實是，過去 63 年的前 30 年，中國做得並不成功。當

---

1. 「打黑」即「打黑運動」，指重慶打黑除惡專項行動，是中共第十七屆中央政治局原委員薄熙來任重慶市委書記時發動的兩場政治運動之一。

2. 貴陽小河案指嫌疑主犯為黎慶洪的黑社會性質組織犯罪集團案，因案件審理地點位於貴陽市小河區而得名。

然，官方有兩個數據，一個數據出自中國國家統計局拿出來的宣傳資料，說是 1953–1978 年中國 GDP 年均增長 6.1%。說中國 1949 年之後 30 年經濟發展情況也很好，但這與我個人的感覺和日常生活的常識都出入很大。對於文化大革命的 10 年，我們後來無數次說到國民經濟走到了崩潰的邊緣，還有 1959 年到 1962 年餓死了那麼多人。現在要說那時的經濟有那麼高的增長率，似乎不可信。

好在有來自 1981 年中共中央通過的《關於建國以來黨的若干歷史問題的決議》提供的權威數據可以修正上述說法。中共中央這個決議說到，「1980 年，全國城鄉平均每人的消費水平扣除物價因素，比 1952 年提高近一倍。」這表明，從消費角度看，那 28 年的年平均增長率是大約是 2.5%。我認為這才是更可信的數字。這個數字直接表明我們的頭 30 年經濟建設不夠成功。在美國有關學術機構能夠找到的經濟數據也印證了這一點。香港學者丁學良在其《中國模式：贊成與反對》一書中援引了這方面的數據，這些數據表明，中國按不變價格計算的人均 GDP，1978 年是 1952 年的 2.05 倍。這個數字與中共中央在上述權威性文獻中的估計數大體可以間接相互印證，儘管人均 GDP 與人均消費水平是兩個不同的指標。所以至少從人均 GDP 或人均消費水平看，那 30 年經濟發展速度遠低於中國周邊實行資本主義的國家或地區。因為，在同一時期，日本、韓國和台灣地區人均 GDP 數量增長都在中國的 5 倍以上。

但是，自 1979 年以來的 33 年直到今年，中國經濟增長速度確實是非常驚人的，取得了輝煌成就。國家統計局公佈的數據表明，這 33 年中的前 29 年，GDP 年均增長 9.8%，最近 4 年平均增長 9.4%。這些數字比較過硬。雖然不時有經濟數據造假的批評，但總體來說，國際社會認同這些數據，畢竟後面有進出口總額和龐大外滙儲備等過硬的東西擺在那裏。我說這些數字當然跟我後面要講的憲政制度有關，如果沒有前面的這些數字，我後面無法展開。好，現在言歸正傳，進入要講的第二部分，主要內容是從所謂北京共識看中國模式隱含的憲法觀。

經濟發展模式方面，人們過去談得比較多的是華盛頓共識。華盛頓共識形成於蘇聯解體之前，原本是針對拉丁美洲國家的，但

似乎也有針對當時經濟發展遇到了困難的蘇聯和東歐國家的意味。1989 年，國際貨幣基金組織、世界銀行、美國財政部找了一些經濟等方面的專家在華盛頓開會，經討論得出一些共識，基本的傾向是主張是以私人經濟取代國有經濟，保障私有財產權，政府權力受限制，擴大個人、企業自由和加強社會保障，鼓勵投資和貿易自由化。應該說，華盛頓共識雖然是十分自由主義的，但從形式上看，它確實是一個共識。很有意思的是，我也偶然研究了所謂的北京共識，發現這個共識其實是一個假共識。原來我有一篇文章，針對所謂北京共識寫過一段相當的嚴厲的話，但是後來有人說你這些話講得太嚴厲了，可能被學界誤解，說我不寬容，我後來拿掉了。

「什麼是北京共識？」雷默先生（Joshua Ramo, 1968–，美國著名中國問題專家）認為它包含了三條「定理」：一是使創新的價值重新定位；二是既然混亂不可能自上加以控制，就需要一整套新工具，它超越了人均國內生產總值這樣的衡量尺度，把重點放在生活質量上；三是在外交上強調運用杠杆推動可能想要惹怒你的霸權大國。老實說，我始終沒看出雷默先生的這些話包含什麼重要的經濟與政治、法律關係原理，後來愈來愈多的人卻把「北京共識」與「華盛頓共識」做正反兩面的理解。2012 年初，美國經濟學家約翰‧威廉姆森先生（John Williamson, 1970–）又將「北京共識」從「增量改革即反對休克療法、創新與實驗、出口導向、國家資本主義和威權主義」等 5 個方面做了闡述。這裏的所謂「威權」，實際上是不民主或政治專制的委婉說法。到後來，中國模式的說法取代了「北京共識」，但內容依舊，其核心憲法內容是推崇國有經濟、威權主義和權力無限政府，同時否定、忽視或不重視民主、憲政、法治和對公民個人基本權利和自由的制度保障。

我感到，中國領導層中確實有一些人對所謂中國模式比較感興趣，但他們可能沒有注意到，中國各個最高國家機關和執政黨正兒八經的「喉舌」，從來沒有肯定過所謂「北京共識」、「中國模式」。大家可以找一找，看執政黨哪個權威性文獻肯定過它們，看哪個重要領導人公開肯定過它們，看《人民日報》、《求是》和中央電視台什麼時候肯定過它們。或許我孤陋寡聞，反正我沒見它們以自己的名義正面肯定過「北京共識」、「中國模式」。

　　為什麼國家和執政黨不肯定「北京共識」、「中國模式」？原因很簡單，這個所謂基於「北京共識」的所謂中國模式的系列觀點或內容，從總體上看明顯違背《中華人民共和國憲法》、《中國共產黨章程》和中共十七大路線的規定、論述和精神。實際上我們今天談論中國的發展道路，無外乎是要總結過去 30 年成功的經驗，但是中國真正成功的經驗是怎麼呢？這個成功的經驗就是中國特色社會主義道路。中共十七大報告寫道：「改革開放以來我們取得一切成績和進步的根本原因，歸結起來就是：開闢了中國特色社會主義道路，形成了中國特色社會主義理論體系。」中共十七大對這條道路全部內容的概括，既包括在中共領導下立足基本國情，以經濟建設為中心，也包括堅持改革開放，解放和發展社會生產力，鞏固和完善社會主義制度，建設社會主義市場經濟、社會主義民主政治，建設富強民主文明和諧的社會主義現代化國家。對中國特色社會主義道路，十七大有一個完整的定義，大家可以自己看。

　　但是我注意到，中國模式的理論定位很有意思，它基本上只強調中國特色社會主義道路裏面包含的傳統的內容。換句話說，中國特色社會主義道路包括很多內容，既有改革開放前就有的內容，即傳統內容，也有改革開放以來創新發展的新內容，如私有經濟、按生產有素分配、市場經濟體制、法治、對私有財產的保護，以及對其他個人權利與自由的擴大保障等等。憲法中的傳統要素和新要素，都為過去三十多年中國經濟的高速發展做了貢獻，都應該肯定，尤其是正在發展的這些新要素。

　　我發現，中國模式在理論定位上，基本上是片面地強調中國特色社會主義道路裏面包含的全部憲法要素中的傳統部分，這就是它的問題所在。也就是我們官方，一方面有些人很欣賞這個東西，談起來很津津樂道，但是他始終不能在正式的文件上肯定這個所謂的中國模式的原因。我覺得，我有義務告訴大家關於「中國模式」的真實憲法內容。所謂「中國模式」，從它的基本內容看實際上是一個非常左的套路，其要害主要是維持現狀，甚至在某些方面要回歸改革開放前，同時否定繼續改革的必要，尤其是否定政治體制改革的必要，否定實行民主、法治和加強公民基本權利保障的必要。可以

說，重慶模式就是「中國模式」的實踐模型，重慶模式的實踐即中國模式在中國的預演。同樣，重慶模式的崩塌也意味着「中國模式」的壽終正寢。不管一些人願意不願意，這就是所謂「中國模式」的宿命。這是我個人對這個問題的看法。

談論中國模式涉及中國迄今為止數十年的發展經驗。回顧歷史，在經濟成功一定有政治法律要素提供正面助力的假定前提下看問題，傳統的憲法要素在中國仍然有正面的功效，我們不宜放棄。但是，我們要看到，傳統憲法要素在新中國的頭 30 年並沒有沒有表現出多少效率，現在和今後光靠它們肯定是不行的。那我們最近的三十多年是靠什麼發展起來的？應該說主要靠在改革開放歷程中加入中國憲法的創新性要素，如私有經濟、按生產要素分配、市場經濟體制、法治和對個人權利與自由的保障。如果正主導中國歷史進程的人們看不到這一點，中國就會出大麻煩。

還有一點我覺得必須要談一談，那就是中國經濟過去三十多年高速增長的根本原因。在這方面，「中國模式」論者把片面地把發展成就記載在中國傳統憲法要素的功勞簿上。這不符合實際，也是不公平和難以令人信服的，因為傳統憲法要素在 1949 年後的前三十年就是強有力的存在，但它們並未在推動經濟發展方面顯現出威力。中國改革開放三十餘年來的經濟高增長，很大程度上是改革開放過程中多種憲法要素變革和創新的綜合結果。這些創新性憲法要素千頭萬緒，但其中最緊要是在所有制結構中加入了私有經濟，分配結構中加進了按生產要素分配，計劃經濟體制向市場經濟體制轉軌，確立了依法治國，建設法治國家的治國方略，尤其是擴大了個人權利和自由。

過去三十多年是中國經濟高速發展的時期，這個時期可以與中國歷史上最輝煌的時代並列。文景之治，開元盛世、康乾盛世，恐怕也不過如此。話雖這麼說，但我們不能忘乎所以。

關於從所謂中國模式看中國憲政之路，我原本還有許多話要說，但今天時間有限，我這裏只表達五點結論性觀點。

1. GDP 能説明的東西是有限的，中國為年均 GDP 持續高速增長已經付出了難以繼續付出的高昂代價。GDP 只是在一定時期內，通常為一年，一國或地區生產的全部最終產品和勞務市場價格的總和。因此，單純從 GDP 總量或年增長率本身是反映不出其後面的資源投入、能源消耗、管理成本和環境損害等很多情況的。但恰恰是在這些方面，過去三十多年在 GDP 至上的政績思維主導下，付出的成本之高，相當驚人。

2. 經濟與政治這兩個社會生活的基本領域，三十多年來原本應該強調協調發展，但實際上始終搞的是 GDP 中心主義。政治體制滯後於經濟發展的問題上世紀 80 年代就存在而且提上了國家的工作日程。但因為眾所周知的原因，這方面的改革並沒有繼續進行。後來經濟的迅速增長則進一步拉大了政治發展水平與經濟發展水平之間的差距。有些人可能會問，你這樣說有沒有依據？我說有，至少有兩方面根據。早在上世紀 80 年代，黨和國家領導體制改革就提上了日程，鄧小平在〈黨和國家領導制度的改革〉一文中重點提出要解決權力過分集中問題，但是權力過分集中的問題只在中央政治局常委會層面得到了較好解決，其他層面在體制上基本沒變，甚至權力集中程度更甚於從前。從黨與國家關係看，權力過分集中於黨的機構，從條條上看權力過分集中於分管常委個人，從地方黨委內部的關係看，權力過分集中於黨委書記等方面，情況就是如此。譬如，黨委的一個常委分管一個領域，這個領域最重要的公共事務不分黨政最後只由他／她一個人説了算，這就很離譜。

3. 我們必須承認，國民日益增長的物質文化需要同落後的社會生產之間的矛盾已經大為緩和，但國民日益增長的基本權利保障需求，尤其是政治參與方面的基本權利保障需求與現有政治體制能夠提供的實際保障過於稀少之間的矛盾則變得日益尖鋭。中國領導層應該真正面對和回應國民日益增長的基

本權利保障需求。這涉及調整對社會基本矛盾的估計。數十年來，中國領導層一直把國民的需求主要定位於最低層次的需求，幾乎是一成不變地把我們的認識定位於「中國社會的主要矛盾是人民日益增長的物質文化需要同落後的社會生產之間的矛盾」。這個估計一直都是正確的，但問題在於，情況現在有了很大變化，這個變化就是我們經過了三十多年經濟高速增長。從近年來的一些社會關注度最高的案例來看，現階段中國公民正在爭取的最前沿的基本權利是人身自由的保障，其次是爭取私人財產權、言論出版自由、宗教信仰自由、被選舉權和對國家機關工作人員提出批評、申訴、控告、檢舉等基本權利的保障。

4. 今日之中國，能對整個社會生活發揮關鍵影響力的基點，已經從經濟領域轉移到政治法律領域。我們長期以來都是說，發展是硬道理，實際上僅僅是講經濟發展，沒有包括政治法律發展。似乎只要是經濟發展問題解決了，其他所有問題都好解決。我覺得現在不能這麼說了，今後的情況很可能是，如果政治體制改革跟不上，經濟發展可能受阻，經濟體制改革的成果可能喪失，社會可能陷入動亂。鄧小平說過，溫總理也多次說過，政治體制不改革，經濟體制改革的成果有可能失去。我們整個社會發展中有一個最難解決的問題，是按民主和法治原則處理好執政黨與國家的關係，也可以說是廣義的黨政關係，其核心內容是黨政分開。

5. 中國應該通過政治體制改革，通過落實民主、法治、審判獨立和切實保障公民基本權利，來保證社會的長治久安和經濟、政治、文化等各個方面的協調發展。中國政治體制改革最基本的要求是公權力的運作完全回歸憲法，實現憲政。中國現在國家權力的運作很大程度上處在憲法規範之外，真正擁有和運用憲法規定的權力者並不是憲法規定的機構和職位。這是國家政治進程脫離憲法法律的表現。中

國領導層原本在 20 世紀 80 年代就正式提出要通過黨政分開解決這個問題。我們今天討論中國今後的發展不能不考慮結束這種不符合民主、法治要求的局面。

總之，「中國模式」這個提法有害於中國社會經濟與政治法律間的協調發展。「中國模式」看起來是描述經濟發展方略的用語，但其主要包含的內容是政治，而且是阻撓政治體制改革的政治。「中國模式」的提法反映了中國一部分國民安於既得利益、固步自封、不願改革、尤其不願進行政治體制改革的心態。但是，中國要持續發展只能通過改革走憲政之路。「中國模式」這個提法的內容違逆了時代潮流，必然逐漸淡出中國思想界和學術界。

張千帆：感謝童之偉教授對「中國模式」進行很深入的剖析。下面讓我們歡迎華南理工大學的吳家清教授。

吳家清：很高興有這麼一個機會，在我們中國最高學府和中國最著名的網站聯合舉辦的這樣一個近似於學術沙龍的座談。圍繞千帆教授提出的主題，在童老師的啟發之下，我講一個下小的題目，這就是：「憲政依循人權的向度前行」。

為什麼要講這個題目呢？朋友們都注意到，如果我們從憲法和憲政的視角看，現今的中國和三十年前剛改革開放那時候相比，已經有很大的變化。過去我們中國的國力很弱，經濟總量在世界上的排名是很不好的。現在我們成了世界上第二大經濟體。公佈的經濟總量是美國的一半還差一點，實際上我們經濟總量可能至少要達到美國的三分之二。中國國力增強了，特別是經濟方面。另外，我們的軍隊這十年的發展情況也是非常快的。我們中國的國力增強了，以美國為代表的西方國家，對中國從憲政、法治等方面對中國的影響力相對減弱了。我們 20 世紀 80 年代、90 年代，美國總統說句話、西歐的領導人說句話，我們中國領導人還是比較注意或者比較重視的。現在就不一定了，你說了我出於禮貌理你一下，說不定我根本不理你，外國的影響相對減弱他也大大的減弱。我們畢竟不是利比亞和敘利亞這樣的小國家了。

另一方面，我們中國作為憲政「土壤」的基礎——經濟方面也有非常大的變化。可以看一看我們國內的經濟結構大家就知道的，就是所謂的「國進民退」，現在我們國有經濟從結構上講，掌握着國民經濟的命脈。這是從結構即質的角度來說的。從經濟總量來看，央企、國有企業，它們在中國經濟的蛋糕裏比例愈來愈大，嚴格意義上的民營經濟在中國的結構裏相對不斷縮小，這樣我們憲政建設就缺乏市場經濟的土壤，缺乏中產階級這樣一個新社會階層。我們從憲政的角度看，這一塊我們不僅沒有大的進步，甚至可以說有所倒退了。現在我們國內的情況對我們憲政建設的發展都也很大的影響。現在的時代沒有哪一個當權者、政治家不會講這些好聽的話，都不會講我不要法律，我不要法治，我不要民主，我不要人權，他們絕對不會這樣講的。你在講，我也在講，意思是不一樣的，其中蘊含的價值和觀念是不一樣的。這就涉及一個問題，到底怎樣判別是不是真正的憲政、是不是真正的法治，是不是真正的人權？要用一個什麼樣的標準進行衡量？這就是一個很重要的問題。不然表面上有共同的語詞，但是表達的概念是不一樣的。大家都學過憲法，憲法的原則是四個基本原則，人民主權原則、法治原則、人權原則、分權制衡原則。憲政的根本標準到底是什麼？這就涉及這四項基本原則的關係問題，左派講當然是人民主權原則是最重要的。現在我們的教科書中，佔主導地位的觀點就是這個觀點，官方也很容易接受。再有一點新觀念的學者認為人權原則是最重要的，是出發點也是終點，這是最重要的。但是我們認為，如何真正判別一個憲政是真的還是假的，一個憲法是真正意義上的憲法還是非真正意義上的憲法？一個非常重要的標準，我認為最直接的標準，就在於國家權力是不是分立的，而且在分立的前提下還要能夠制衡，這才是憲政最直接的標準。這是檢驗你的憲法是真憲法還是假憲法，你是真憲政還是假憲政的試金石和分水嶺。

為什麼這樣講？這個關係很好處理，我們的路徑很重要，或者說措施很重要。人權怎麼能夠保證？當國家權力沒有分立，沒有制衡，國家的權力非常之強大，像中國現在中央的權力和地方的權力都很大，部隊是國家的最重要的機器，在沒有分權的情況下一個個

公民怎麼能夠跟他們較量？他根本不把你某一個人、某一個公民當作一回事，所以沒有分權制衡，人權是沒辦法保障的。同樣，沒有分權制衡，法治你也是保證不了的。現在我們法院受制於黨組織和政府，他是獨立不了的。所以分權制衡的原則是憲法裏最直接，最關鍵的原則。

另外，真憲法，嚴格意義上的憲政，也要看公民是否真正有以及是否實際行使廣義的結社權。公民社會的發展，社會組織發展，就是所謂的社會力量多元化，再加上我們國家權力有分立，有制衡了，這兩個同時具備了，我們的人權、公民的權利當然就非常好辦了，就能夠得到真正實現。法治也是如此，你沒有真正的國家權力分權制衡，法治就是空的。打個比方，我是一個大力士，獲得舉重的冠軍，跟一個小女孩之間進行較量，我們之間有什麼規則可講？沒有規則可講，我的大力士面對着一個幾歲的小女孩，所以她的意志我完全可以不考慮。反過來，我和童教授兩人都是大力士，我們倆在一起摔跤，摔了五六個小時，你也不能把我摔倒，我也不能向你討饒，我們倆誰也不能戰勝誰，那我們就不得不坐在一起聊一聊，我們制定規則，於是就有法治了。一方特別強大，沒有兩個以上力量相當的政治力量和組織在一起 PK、較量，就不可能有憲政意義上的規則，不可能有法治。所以我講了，檢驗真憲法假憲法，真憲政還是假憲政非常重要的表徵是有沒有確定並實行分權制衡原則。第一個，憲法中規定了沒有？第二個，實際上能不能做到。這是判斷民主國家和非民主國家的標準。

在這種情況下，我們憲政改革是不是就沒有希望了？或者說路子到底怎樣走？我想到我們的小平同志真的是大政治家，很有國際視野和政治韜略，對國際上韜光養晦，對國內他提了兩個概念：一個是「社會主義初級階段」，從量的方面很好地應對西方國家你說我的民主不夠，法治不夠，人權不夠，狀況不好。因為你們是發達國家，我們是社會主義初級階段，你們現在幹的我們以後會逐步實現，這是一個很智慧的解釋。另一個是「有中國特色」。如果你說的跟我說的不一樣，你搞的跟我搞的不一樣，我說我們搞的是有中國特色的什麼什麼，你就不好評判，不好說我不好了。你是你的，我

是我的，我是有中國特色的，從質的方面可以應對西方對中國一切的詰難，可以回答西方提出的任何問題。如我們和西方都在大講人權，西方大講人權的基本主體是個人，大講公民權利和政治權利，我們則大講生存權、發展權、集體權。第一個是社會主義初級階段，第二個是有中國特色，從量和質的結合上，可以應對西方對中國的任何質疑。

憲政改革發展的方向，中國現在還沒有憲政，這是一個不爭的事實。中國一定要搞憲政，這是人類共同發展的規律，走向民主，走向自由，走向法治，走向憲政，這是任何一個國家，任何一個政治實體發展的必然歸宿。這些東西是人的本性所派生的，是人的本性所決定的，是人類社會發展的客觀規律，不以人的意志為轉移。我們中國憲政的方向是依循人權的向度。我覺得人權有三個向度，這個向度是取決於人權的特性。人權的特性在於：人權的天賦性，我們說世界的本源是物質還是精神的？這是沒有辦法證實的，這只是一個理論假設。辯證唯物主義說世界是物質的，這是假設，關於世界根源的假設。唯心主義說這個世界是統一精神，這也是一個假設。同樣地，人權怎麼解釋？我通過一個假設，它是天賦的，人生而具有作為人應該享有的權利；人權是人人平等的，這種假設是最高的假設，最有價值的假設，為我們人權的理論解釋和實踐提供了無限的空間和動力。人權在社會實踐中慢慢成長，這樣人權就會打折扣。實際上人權是天賦性。第二，人權的至上性。第三，人權的普世性，只要有人、有人類就要有人權。現在我們中國要講，全世界也要講，如果發現火星上有人，哪個星球上有人，哪怕那個人長了四個耳朵，只要他是人，一樣要講人權，不管你是什麼人或怎樣的人。

人權有三個向度，第一個向度，人權對公民個人來講，即從國家和個人的關係來看，我們中國國家政府，給我們每一個公民，每一個人怎樣的權利是一個向度。第二個向度，我們國家在人權問題上對別的國家的表態，這種態度和行動，就是中國在人權維度度上的指向，譬如對利比亞、敘利亞、朝鮮等國家的人權問題，我們中國怎麼說話，怎麼表態。第三個向度，外國或政治

實體對我們中國的人權的評價問題，我們取什麼態度的問題，是採取普世價值前提下的寬容態度還是採取意識形態上簡單拒斥。我們的憲政要以人權保障為出發點和歸宿，務必要處理好這三個向度的關係。國家對每一個公民和個人的向度，要承認人權是公民絕對的權利，這沒什麼可說的，是不能打折扣的。第二，中國對其他國家在人權問題上，我們一定要旗幟鮮明地敢於支持人權進步現象，敢於批評踐踏人權現象。第三，別的國家評價我們的人權，我們沒有必要總是大為不快，甚至暴跳如雷。我覺得在人權問題上，評價、支持都是互相的，都是互動共進的；只有相互評價、批評，人權事業才能不斷進步。

我們中國的憲政需要一個較長的過程，要以人權為出發點和歸宿，必須依循人權的三個向度前行。

張千帆：吳家清教授強調了分權制衡、尤其是自由結社的重要性。在某些方面，中國近年來確實有所倒退，而這種倒退部分是因為歐美國家對中國壓力的減退，或者說是實質性影響力的降低。雖然他們每年還發表一個人權報告，但是限於口頭指責。在制度設計上，中國需要向美國學習，但是我們確實不能把希望寄託在美國，不能指望美國幫助中國實行憲政。美國也許真有意願推動中國憲政，但是我想他們更希望中國繼續買他們的國債。所以中國的憲政最終還是中國人自己的事情。下面讓我們有請鄭州大學法學院院長苗連營教授。

苗連營：我先從剛才千帆教授提到的學術上的左和右之分說起。說實在的，對這個問題我沒有認真的觀察，更沒有深入的思考。剛才聽了千帆教授的解讀之後，包括吳教授、童教授的發言，我還真是產生了一點想法。這種左和右的劃分能不能成立？它們的標準、界限是不是那麼清晰？在形式上是不是形成了組織化的對壘等等，可能都是需要我們去認真反思的問題。譬如千帆教授剛才的劃分標準是，擁護民主、法制、人權的就是右派，反對民主、法制、人權就是左派。但是，正如剛才吳教授所言，在世界潮流浩浩蕩蕩的今天，想必沒有誰公開站出來反對民主、法制、人權。左和

右可能更多的是一種政治上的意識形態對立問題。最早左和右的劃分是從法國起源的，就是一個政治上的派別問題。好像是在法國大革命時期，議會開會時，支持共和的坐在左邊，支持君主的坐在右邊，從而形成為一個標籤化的概念。法國這樣一種左和右的劃分，後來影響了歐洲，波及到世界，成了一個意識形態化的政治對立的符號。在學術性的問題上，用這樣一個政治化的標籤，是不是那麼確切，是值得斟酌的。我們左右的標準不但不太清晰，而且在所謂左的那一部分，右的那一部分，其內部仍然是形態各異，呈現出各自的特色，未必有明確相同的政治訴求，更沒有外觀上比較明顯的形式化的東西。同時，用左和右這種對立化的概念，可能不利於我們達致一種和諧與共識的境界。在此，我想超越左和右之爭，討論一個比較客觀的學術性問題，當然這個問題可能顯得非常的幼稚，即中國的憲法實施問題。這裏面可能很多問題是屬於老生常談，但是我覺得它雖然古老、雖然樸素，但並沒有過時，因為這是當今中國憲政建設中仍然需要直面的一個非常沉重的話題。

八二憲法頒佈 30 年以來，我們必須追問一個問題，中國的憲法是不是得到了實施？實施的狀況如何？這可能是中國憲政理論和實踐中一個非常重要的問題。雖然三十年不平凡的憲政歷程帶來了累累的碩果，成績巨大，但也存在着種種的不足和缺憾，這其中最讓人糾結的恐怕就是憲法實施。對這個問題的回答，我想首先做一個概念性的界定工作，即到底什麼是憲法實施？我們一般認為，憲法實施就是憲法的貫徹落實，就是憲法上抽象的權利義務規範變成了現實中具體的權利義務規範，這時候憲法就得到了實施。因此，一種觀點認為，各個國家機關依據憲法行使職權、做出行為的過程，就是在實施憲法，其中最重要的是立法機關根據憲法制定各種各樣法律的立法活動。國家機關依照憲法而產生，依照憲法而組成，依照憲法而行使職權，都是在實施憲法。有種觀點則更進一步說，其他的組織和公民個人依照法律所做的各種行為，也是在實施憲法，因為法律是根據憲法制定的，所以按照憲法去做就是在實施憲法。

如果對憲法實施做這樣的理解可以得出一個結論，中國的憲法已經得到了實施，甚至可以非常樂觀地說，在中國憲法不僅得到了

實施，而且得到了很好的實施，除了所謂的違憲行為外，其他的行為都可以推論為是在實施憲法。從這個角度出發，雖然得出的結論是令人欣慰的，但是卻可能遮掩了憲法實施的本質。其實，真正意義上的憲法實施只能是用憲法去解決憲法爭議、憲法糾紛的活動。任何一個法律存在的預設前提就是為了解決糾紛、解決爭議，否則，根本就不需要法的存在。把國家機關正常行使職權這樣一種天經地義的活動也叫憲法實施，可能會把憲法要真正幹的事給掩蓋起來。憲法爭議的核心就是公權力的行使是不是符合憲法的要求。從這個意義上認識憲法實施，可能才能夠對中國憲法的實施狀況做出一個客觀的認識，那種似是而非的評價和結論，只能模糊人們對憲法的認知和信仰。如果從這個角度理解，我們可能會發現中國憲法實施的尷尬與無奈，因為三十年多來，甚至六十多年以來，到目前為止我們還沒有看到任何一個立法行為、行政行為、司法行為等公權力行為因為違反憲法而被宣佈撤銷或無效，也沒有看到公民在憲法上的權利受到侵犯時，我們的憲法能夠站出來做些什麼。在這種情況下，如果說憲法已經得到了實施，這可能很難在民眾心目中得到認同。

那麼，到底是什麼原因造成了這樣一種局面？一方面，我們看到憲法高高在上、威嚴無比，另一方面老百姓似乎又感受不到憲法的存在和意義，其癥結在哪裏呢？這是學者們多少年以來一直在孜孜探究的問題。雖然我們憲法實施的局面令人焦慮，但是學術界在這個問題上的努力卻始終是鍥而不捨。憲法實施的問題一直都是憲法學研究的重點，不僅國外的模式、理論、制度被連篇累牘地介紹進來，而且對中國憲法實施該怎麼辦，大家群策群力也想出了很多建設性的意見和方案。但學術界的聲音，並沒有引起各方面多大的興趣和反響，以致於憲法實施成為一個令憲法學人頗為傷感的話題，一個不願意再提起的話題。千帆教授去年有一篇文章，面對憲法規範和社會現實嚴重背離的狀況，他發出了「憲法死了」的悲嘆，當然他又接着喊出了「憲法萬歲」的口號。

對於憲法實施，學界更多的是直接觸及中國憲法實施的監督體制問題，憲法實施與憲法監督二者之間的內在關聯我不想再做過

多的介紹。一種觀點覺得中國憲法之所以沒有得到實施，是因為我們憲法監督體制出了問題，因為監督憲法實施的一項重要內容是改變和撤銷全國人大和全國人大常委會所制定的與憲法相抵觸的法律，這是憲法實施的重要內容。讓全國人大及其常委會監督憲法實施，就形成了自己監督自己、自己做自己法官的局面，所以我們的憲法實施不了。這種理由可以解釋這個問題，但是解釋不了更多的問題。如果對法律進行憲法監督存在上述障礙的話，為什麼對低位階的法規、規章等規範性文件也始終沒有啟動過監督程序呢？這恐怕不是自己監督不了自己所能解釋的。對全國人大立法的監督還涉及一個問題，那就是全國人大的最高性和憲法的最高性該怎麼排列的問題？這個問題在物權法起草過程中曾經有過爭論，由於時間的關係在此我不想過多涉及。但我覺得如何消解憲法最高性和全國人大最高性之間的內在張力，是一個無法迴避的問題；對全國人大最高性和憲法最高性的理解，可能是認識中國特色憲政體制和憲政理論的一個切入點。還有人把我們憲法實施的現狀歸咎於缺少一個專事憲法監督的機構，並為此設想了各種各樣的方案，其中設立隸屬於全國人大及其常委會的憲法委員會被認為是最為穩妥、可行的方案。迄今為止，不管是激進的，還是穩健的方案，也都沒有付諸實施。立法法在憲法監督方面顯然是希望有所作為，並對憲法監督的程序做了非常詳細的規定，甚至非常煩瑣，但在實踐中仍然沒有發揮出什麼功效。

鑒於這樣的困境，有的學者又設想了另一個思路，就是通過憲法的私法化而實現憲法司法化，即讓憲法進入到私權訴訟，當公民受侵害的權利無法得到普通法律的救濟時，可以讓憲法直接出場。這樣的設想有其積極的一面，也就是先讓憲法走下神壇走進民間，這樣人們才能感受到自己跟憲法息息相關的密切關係，也才能生髮出對憲法的敬仰和期待，從而為以後的憲法實施做些鋪墊。但問題是，這樣一個策略性的方案，隨着 2008 年底「齊玉苓案」[3] 的司法解釋被廢止，

---

3. 1990 年，應屆生齊玉苓原順利考取山東省濟寧商業學校，其同班同學陳曉琪的父親陳克政在地方具政勢力，因而買通學校行政人員讓女兒冒名頂替齊玉苓成為該校學生長達八年。1998 年齊玉苓不堪身份地位的損失及家人遭到陳克政暴力威脅，提出民事訴訟。

宣告了這條道路走不通。後來，好像是 2010 年，安康市旬陽縣法院在一起土地侵權糾紛案的民事判決書中也涉及了憲法的適用問題。但是，在這個案件中，法院在判決依據中並沒有直接援引憲法，而是引用了森林法的規定。只是在論證部分根據現行憲法的規定否定了當事人依據共同綱領的規定所取得的產權證書的效力。因此，這不是直接適用憲法對案件的處理。更重要的是，如果憲法以這種角色介入到私權訴訟，那就值得去反思了，在這裏，憲法不僅沒有成為公民權利的守護者，反而成為限制乃至剝奪公民權利的依據。這樣可能使公民本來就比較脆弱的憲法信心又進一步雪上加霜。在這種情況下，寄希望通過私權訴訟的方式來激活憲法條款，可能性也相當渺茫。因此，我們沒有必要再去追求未來的完美制度的設計與發展，而應當去考慮一下憲法學實實在在可以做些什麼？

其實，早在 20 世紀初，胡適、張佛泉等人就曾經深刻指出：憲政不是什麼高不可攀的理想，而是一種可以學得到的政治生活習慣，其中並沒有高深玄妙的東西，就如同下象棋的人必須遵守「馬走日字，象走田字」一樣。憲政可以隨時隨地開始，但必須從幼稚園下手，逐漸升學上去。並強調如果沒有他所說的「必要的前提條件」，無論是帝制還是共和都不能拯救中國。我們的工作就是提供這些必要的前提條件。有的學者認為當下中國的思想啟蒙工作已基本完成，學術研究應當關注具體的實證性問題。然而，這種估計可能過於樂觀。也許，憲政理念對文化精英來說已經耳熟能詳，但對芸芸眾生而言可能仍然顯得相當生疏。前些年，某地舉辦了一次憲法知識大獎賽，其中一道題是要求每個參賽隊表演一個以憲法為內容的節目。而幾乎所有的參賽隊表演的基本上都是諸如「母親偷看女兒寫的信，學習憲法之後知道自己違反憲法了」、「兒媳婦不孝敬公婆，學習憲法之後知道應該按憲法規定去孝敬婆婆」、「個體戶不納稅，學習憲法之後知道應該納稅了」等等。這可能真實地反映了社會大眾的憲法意識。李慎之先生在一篇文章中也講到：50 年代新中國第一部憲法通過後，青年學生中流行的一句話就是「打人違反憲法」。顯然，憲法的性質、價值與功能等這些憲法學的最基本問題尚未為社會所普遍認知，憲政思想的啟蒙仍然是一項嚴峻而艱難的工程。憲法應該扎根於社會，如果沒有社會對憲法真誠的理解和尊

重，沒有社會對憲法實施的強烈訴求和期盼，可能憲法實施就只能是無源之水，無本之木。當然，在全社會的憲法意識中，政治精英對憲法實施的理解、體悟和推動是非常關鍵的，只有當大家認識到憲法保護的是所有的人，只有當大家認識到每個人都會受到憲法之母的關愛，憲法實施才會有堅實的社會根基。當然，在積聚憲法實施的社會條件的同時，我們還要促成和等候某一具有里程碑意義的憲政時刻的到來。經過這一時刻之後，全社會對憲法的認識會有一個質的提升，憲法實施不再是我們爭論不休、絞盡腦汁的問題，而成為一個自然而然的事情。這一天的到來或許會漫長而曲折，但不會是遙遙無期，讓我們共同期盼憲政曙光的早日降臨吧。

張千帆： 謝謝苗連營教授對憲法實施概念的分析，連營是我們憲法學界的才子，20 幾分鐘沒有稿子侃侃而談，整理出來就是一篇相當漂亮的文章。他剛才質疑我的左右之分是不是過於政治化了。左派反憲法，這不是我安在他們頭上的帽子，我只是描述了目前中國的現狀。因為你看看左派，他們什麼時候提倡過人權？有的左派講法治，但是怎麼實行法治呢？不是像吳老師說的那樣通過分權制衡，而是偏偏強調集權，非要以反法治的方式實現法治，這個「法治」能實現得了嗎？講民主，有的左派聽上去比誰都民主，要回到古希臘抽籤式的「大民主」，但是這個大民主在中國 14 億人中能實施的了嗎？這是典型的假民主，最後還是回到集權專制。所以無論是民主、法治還是人權，我看他們是一個都沾不上邊。剛才連營對中國憲法實施的前景表現了一種擔憂，同時也表達了一種期待。我非常同意他的看法，憲法實施最終是我們大家的事情。憲法的永生歸根結底要靠大家的努力。最後，讓我們有請武漢大學法學院教授秦前紅。

秦前紅： 謝謝千帆教授，對北京之外的高校人來說都有一個北大情結，童之偉教授曾勸我說不要在武漢做教授，因為在上海做教授比在武漢做教授影響力高 50 倍，在北京可以高 100 倍。我此刻就感覺是高 100 倍，我過去在武漢市做人大常委，武漢市市委書記以下的很多官員都被我公開批評過，《南方窗》專門記錄了我人大常委的八年生涯，但武漢媒體卻很少知道我幹了這麼多驚天動地的事情。

我們這一次到北京來開憲法年會，其中討論一個的命題是關於中國憲法實施 30 周年的問題。我們學界對此有一個主流的說詞，並表現為兩個判斷，第一，八二憲法是新中國最好的。第二，我們改革開放 GDP 增長得快，是實施憲法的結果。我不同意這個判斷，八二憲法不是最好的，它的出台有很多是非憲政的東西。我們舉個例子，八二憲法的制定不是以七八年憲法為基礎，是以五四憲法為基礎。如此就自然產生一個追問：1978 年以後憲法頒佈建立的秩序是什麼秩序？我們要不要接續這個法秩序？當年為了審判林彪和四人幫集團，我們突擊頒佈了九法一例，這個九法一例在我們八二憲法之前制定的，在八二憲法頒佈之後還實施，法律出台在憲法之前，現行憲法頒佈後它們是否還有效力，如有，是自然而然繼續有效，還是要通過憲法解釋或者人大特別決議賦予其效力？它們其中與憲法衝突的如何處理等等？學者們都迴避了這個問題。我認為八二憲法頒佈之後，如果中國社會有進步，有成績，不是憲法文本和憲法規範實施的結果，而是中國社會在充滿對憲法浪漫主義的想像中促進的一種進步。當全國人大常委會委員長宣佈中國已經是建立了社會主義法律體系的時候，民間對中國法治卻做出了如下判斷：大規模的立法，選擇性的執法，公信力缺失的司法，普遍違法的政府。官方操弄法律，工具化使用法律，老百姓不信法律。

這裏我們可以舉很多例子，譬如我憲法裏要強調要恪守法制精神，不論任何人、任何組織都不得違反法律，超越法律。但當今天舉國上下要迎接十八大順利召開的時候，反腐敗的執法部門就可能要控制反腐節奏。我們已經選出了 2,200 個黨代表，這時候你反貪部門、紀檢部門遇到黨代表涉嫌腐敗的案件，就必須慎之又慎。好不容易把他們選舉出來了，你很快又對一些代表採取反腐措施，那就會對十八大的召開產生重大不利影響，這就是選擇性制度執行的問題。前不久中紀委研究室主任在新聞發佈會上說我們中國反腐取得了很大的成績，中國在有關反腐指數排名裏已經超過了印度、緬甸。請你們在網上去看過去寫過的一篇文章，題目是「紀委反腐，愈反愈腐」，腐敗是前仆後繼的。據說當年黨的領導人之一的曾慶紅

說我們為了反腐搞了「雙規」[4]這個臨時性舉措,「雙規」可能不那麼合法但是管用。但是後來「雙規」變成一個常規化的東西,到今天這個手段我們用了近 20 年的時候,我們有一個公平清正廉潔的社會了嗎?沒有。腐敗問題已經超出社會的容忍度。憲政的最大價值之一是滿足社會的穩定預期問題,而恰恰在中國今天的社會,一些權貴、精英、富翁等有所成就的時候想到了什麼事情?是把自己弄出國外,把子女弄出國外,把家屬弄出國外。大家好像對中國未來沒有充分信心,對國家的長治久安充滿了憂慮。

我們還可以說出憲法沒有實施的其他情形,譬如溫家寶總理在今年兩會的記者招待會上講,我想幹很多事情但是很多時候力不從心,其中一個問題是政令不出中南海。憲法寫了總理可以介入軍隊事務,因為國務院的職權中有負責國防建設的事項。但你們可以看九個政治局常委中,除了軍委主席之外誰到地方視察敢去軍營?國務院總理到地方視察,碰軍隊就犯政治忌諱。汶川地震時總理就為調不動軍隊,發過脾氣,這跟憲法的規定是背離的。相較而言,西方之所以有憲政,是因為很早就有社會勢力的分層,有三個等級之間的相互制衡,這些奠定了憲政的基石。在中國當下,談及憲政建設的時候,我過去無數次做演講時都提到一個觀點,那就是不能法治單兵突進,還要去呼籲民主,建設民主,憲政和民主絕對不能須臾分離。如果不解決好民主的問題,法治建設不會有實質性進步,法治是沒有未來的。2008 年台灣政治大學請我們到台灣去觀察五都選舉,我寫了一篇文章,主要觀點是,只有民主才能讓權力謙卑。我們現在設計很多的制度,前幾天也有人還主張在中國可以設計一個防腐敗的鏈條。從表面上看預防腐敗的制度設計得天衣無縫,不僅是管八小時之內,八小時之外也可以管,但其實是成效甚微。作為民主制度最重要內容和表現形式的競爭性選舉於中國的發展而言

---

4. 「雙規」指要求有關人員在規定的時間、地點就案件所涉及的問題作出說明,是 1994 至 2018 年間,中國共產黨紀律檢查機關根據《中國共產黨紀律檢查機關案件檢查工作條例》第二十八條第三款,在進行黨內紀律檢查案件調查時曾採取的措施之一。

是太過重要的東西。當我們談所謂政改的時候，你可以有系統設計和頂層設計，但是最要害的是一定要靠選舉解決問題，通過選舉來改變權力的授權體制，改變公權的掌握者只對上負責不對下負責的狀況，改變幹部選配的神秘化、封閉化操作狀況，杜絕吏治的腐敗。講憲政和法制一定要講民主，沒有民主的法治單兵突進，不可能有優良的真正法治。相反會搞成古人所說的那樣，規則愈多秩序愈亂。

我再說另外一個問題。這也是回應剛才張千帆教授和苗連營教授的爭論。我同意苗連營教授的立場。左和右是撕扯不清的，很難有一個明晰的標準。你講反對憲政、民主、人權就是左派，重慶薄熙來那套做法被公認為極左，但他也沒有完全不講人權。有人講重慶薄熙來雖然倒了，但是他所關注的問題卻是實實在在的中國問題，是人權中的平等權問題。重慶的問題意識也許不無可取之處，只是解決問題的方式方法是錯誤的，甚至是反動的，是反憲政反法治的。所謂重慶模式極力強調的問題恰恰是中國的階層衝突，貧富懸殊問題，它要關注民生，消除貧富懸殊，那不是人權嗎？張千帆教授劃分標準中的人權只能是伯林（Isaiah Berlin, 1909–1997，自由主義思想家）講的消極主義的人權。最近有一本書很流行，那就是托克維爾的《舊制度與大革命》。此書討論的很多問題對當下中國現實來說，不無啟迪意義。中國未來的社會變革可能有兩種路徑，一種是平等取向和大革命式的實現路徑。歷史上的大革命有兩個，一個是蘇俄大革命，一是法國大革命，中國的文化大革命只能算半個大革命。所有的大革命都有一個極富浪漫主義的願景，要戰天鬥地要改變天地，甚至要實施對人性本身的改造，要促進靈魂深處的革命，但所有理性主義的狂妄和浪漫主義的動機，最後都會因制度的反人性和不可持續性而敲起喪鐘。另外一種是尊重傳統，接續傳統，繼往開來有歷史感的自由主義的取向，可能會在發展策略性的競技中佔了上風。我認為中國憲政的未來發展，應該更多爭取一個有自由、有尊嚴的社會。但恰恰這麼多年來，我們這樣一個國家，往往從一種所謂善良崇高的動機出發，幹了很多侵犯經濟自由的事情，侵犯人民政治自由、人身自由的事情。未來中國法制和憲政的發展，如果說上帝給我們一個眷顧，把我們想要的都給我們，我們

全要。如果上帝不能給我們這個眷顧，我們在多項改革架構裏只能選擇一項，我認為首要的是選擇自由。前幾天我為中國改革雜誌又寫了一篇文章，關於房地產調控跟憲法的關係問題。我的立場是，房地產的宏觀調控是政府僭越了自己的權力邊界，侵犯和違背了憲法裏面的市場經濟條款，是侵犯自由條款，表現了近些年國家主義的強大，國家職能的日益強大。這都是我們要保持一份警惕性並要特別加以防範的。

張千帆：前紅教授也是憲法學的才子和「名嘴」，而且很有激情，網上有很多粉絲。我們今天有四位學者發言，時間長了點，但是我們還是應該留下一點時間自由討論。請大家言簡意賅，一分鐘之內把問題和觀點說清楚。

提問：剛才四位老師之間好像有一些爭論，但我覺得你們根本想法是一樣的，所以你們怎麼說我都是支持你們的。我想問的問題是，中國政治體制改革方向如何？時間大致在什麼時候？改革方式會是怎樣走向民主？是革命式的，還是像蘇聯式的，出現某一個強有力的領導人，他們再一塊兒決策一下開始改革。我覺得這種可能性更來自於上層，而不是下層。

童之偉：政治體制要改革，這是沒有疑問的。胡錦濤總書記前些時候很堅定地說了這個話。改革的方向當然只能抽象地表達，如民主、法治、競爭性選舉、獨立的司法，只能是這個方向，這個沒有什麼疑問。改革的路徑，既然是改革，應是自上而下有領導的，否則就成了革命，那是另一回事了。當然，能否有序地進行改革，或者將來會不會失控，我們現在當然面臨一些風險。中央也說了，風險是前所未有的。所以我估計在十八大以後，改革會有一些具體的步驟。確實，只要他們是真誠地進行改革，大家應該有耐心，要積極地配合。

吳家清：改革的方向剛才童老師概括得很好，具體為一句話是憲政，再具體一點是人權、法制、民主的統一，這就是憲政。中

國怎麼能夠改革實現這一點？我覺得從邏輯的視角看有三個環節，首先，當民主力量很弱的情況下，自下而上，敏感、熱點案件、事例和事件推動，激發民眾的熱情。中國公民熱情比較高，靠這些案件、事例和事件打動人。積累到一定程度的時候就會自上而下，就是開明的領導者，開明的領導集體，他們會有一種觀點的變化，會放鬆傳統意識形態的控制。這就給憲政未來的實現提供了一個前所未有的機會和空間。第三個環節就是上下結合，最高領導集體和人民群眾上下結合，我們徹底的改革，憲政的現實路徑就是這樣。我想一定是這樣的，但是具體的方式，具體小的模式會有所不同。

秦前紅：我個人的看法是，過去執政黨採取的辦法是把天下英雄一切都納入到體制內，現在靠這一套已經不能納入體制之中。在體制外還有多種影響社會變遷的力量。現在執政黨內也不是完全高度一致，鐵板一塊，我們體制的發展我判斷是從黨內的民主開始，這是我們可以看到的方向。

張千帆：剛才說改革的時間表，我們都不是如來佛，沒法預測時間。改革的過程絕不是像大家想像這麼簡單，黨內出現某一個領導人就成功了。前蘇聯和台灣的轉型都不是這樣成功的。我很同意吳教授講的，改革需要一個從量變到質變的過程。我對這個過程是充滿信心的。你們不要灰心，最終必然會成功。這只是一個時間問題。

今天兩個半小時很快過去了，我們今天討論了一個很重要的話題──今後的改革方向。說到左和右，我其實並不反左，我指的是真正的左派。我剛才也說了，如果按照正統的辦法劃分，其實我有一半算作左派，我當然也有一半偏右。我寫過一篇比較長的文章，分析中國左和右的譜系，各自都有五六個指標，而我有兩個左的指標、兩個右的指標。左右之爭本來是很正常的，但是在中國這兒就變得不正常。我不反對西左，我的外國朋友也有偏左的，但是為什麼我在中國反左？在中左和西左之間你能看到一個很簡單但是很根本的區別，那就是西左是反政府，是批評政府的。你看中國的左派，不是在肉麻地向權力靠攏，就是離譜地懷戀過去。當然，我也不是一概而論，但是絕大多數中國的左派和政府之間的「和諧」關

係已經讓人質疑他們是否真誠信仰自己的主張，還是為了別的什麼目的。

　　回到我們今天討論的關健詞，憲法與改革。左右之爭如剛才苗老師和秦老師説的，本身沒有太大的意義。真正意義的左右之爭也是完全正常的，但是要有一個基本的底線。美國的左右之爭也是有底線的，民主黨和共和黨在選舉的時候什麼招數都能使出來，但是底線不能破，不然就成了眾矢之的。我們中國今後改革方向是沒有什麼實質爭議的，無論是在台上的還是台下的，我們都有一個基本共識，那就是今後的改革方向無非就是落實憲法。今年是憲法頒佈30 周年，但是憲法落實了嗎？實施了嗎？適用過了嗎？如何讓憲法用起來？這是我們大家必須認真對待的問題。

十
公民社會與憲政

地點： 北京大學法學院

主講人

林炎平： 加籍華人企業家，古希臘文明研究學者，著有《奧林
匹克的啟示》、《我們頭上的燦爛星空》等。

熊偉： 北京新啟蒙研究所公民參與立法研究中心負責人，
長期推動中國基層人大和村委會選舉，曾任北京大
學人大與議會研究中心兼職研究員。

張千帆：非常高興，今天晚上有兩位朋友演講，一位老朋友，一位新朋友。新朋友是林炎平先生。我和他在今年 3 月杭州講座時認識，當時談得非常投機，相見恨晚。炎平是工科出身，哈爾濱工業大學畢業，獲得學士和碩士學位，後到加拿大麥吉爾大學（McGill University）攻讀博士，獲得理工科博士學位。畢業後卻改行了，創辦了自己的公司，自己做老闆，目前在加拿大、美國、中國、歐洲都有業務，用他自己的話說是「下過鄉，留過洋，經過商。一個被迫棄學的學生，一個背井離鄉的農民，一個走出象牙之塔的學者，一個『不務正業』的企業家。親歷了中國現代史上最荒唐的歲月和最激動人心的變革，經歷過西方社會多層面的生活。」豐富的生活體驗和嚴格的科學訓練，令其能夠嚴肅深刻地思考中西文明的盛衰和得失。

林先生是我見過最有思想、最有責任擔當的企業家，他對社會、歷史、哲學有濃厚的興趣，尤其是對古希臘文明和中國文明以及不同文明的差異有深入思考，曾出版過《我們頭上的燦爛星空》和《奧林匹克啟示》等專著，從宏觀角度闡釋了古希臘文明和中國文明的差異。今年 3 月在杭州時，炎平的講座給我留下深刻印象。他當時說過一句話：「中國上下五千年發生過無數次戰爭，但沒有一次是為自由而戰。」這句話總結得很精闢。有時我也看古裝戲，只是為了娛樂的目的。記得我在日本訪問時看了《楚漢傳奇》，80 集之多。有的故事跌宕起伏，其中不乏青史留名的歷史人物甚至被我們視為英雄的人物，如蕭何、張良、韓信。他們打了多年仗，殺了這麼多人，爭來爭去究竟為了什麼？無非是為了劉、項兩家的事。中國少有像西方歷史上那種宏大敘事的史詩，許多題材都太渺小了。走向公民、走向憲政真的可以說是路漫漫而修遠。

林炎平先生在商業上成功後，並沒有忘記回饋家鄉、社會。他在曾生活過的太行山小村莊建自來水工程，在曾學習過的麥吉爾大學工程學院和人文學院分別設立了「林炎平博士獎學金」，在浙江大學設立了「走向公民基金」，在美國斯坦福大學哲學系、歷史系、政治系、古典系都設立了這個基金，也支持了我們這個講壇。這是我們講壇活動首次獲得民間資助。如果大家細心的話，會看到我們的

講壇題目加了兩個字，現在叫「公民憲政講壇」。這和林先生一直提倡的「走向公民」非常契合，所以我們一拍即合。我自己也非常看重公民在憲政進程中的作用，曾寫過文章論證中國憲政的希望最終在公民，要靠民間推動。「公民憲政」更準確地概括了中國憲政未來的路徑，所以憲政講壇也就順勢變成「公民憲政講壇」，講壇名稱還會繼續延續下去。請用掌聲感謝林炎平先生對「公民憲政講壇」的支持！

今天講座的老朋友是熊偉老師，我認識他多年，大家對他也比較熟悉。熊偉和「公民」的關係也很密切，有的媒體報道以「公民熊偉」來稱呼他。和林先生不同的是，熊偉先生常年是在生活沒有穩妥着落的情況下投身公民運動，體現了中國公民的另一種境界。從河北東營到廣東烏坎，熊偉一直活躍在基層民主自治的第一線，非常不容易，不愧為「公民」的傑出代表。下面把時間交給林炎平先生！

林炎平：能夠來到有這麼多人的講壇我覺得很榮幸，也特別感謝千帆，我們在杭州見了面後，一直就跟我們的同事們講「千帆是我們憲政上的一面旗幟」，這很重要。剛才千帆也說了，恐怕僅僅只有旗幟是不夠的，需要有更多的公民，而什麼是公民一會兒我會談到。

我今天要講的題目是「公民、憲政和民族性格」，民族性格是我們最關心的事情。這裏要提一個非常永恆的問題，我們一直在談論，恐怕在人類（大約從公元前 3500 年）開始進入青銅時代後，我們一直在思索這個問題：我們到底是憲政和公民還是明君和臣民？作為中國人提出這個問題是近代的事情，但這的確是人類面臨的一個非常長期的問題。

談到公民，不得不談到托馬斯・杰弗遜（Thomas Jefferson, 1743–1826）的《獨立宣言》。不過有意思的是，幾年前美國國會博物館發現他的手稿上「公民」這個地方被塗抹過，那塗抹之前是什麼？他們用現代技術把塗抹色剝去後，發現托馬斯・杰弗遜最初寫的是「Subjects」（臣民），「Our fellow subjects」（英國女王的臣民），但在墨跡未乾時抹去，改寫成「Citizens」，公民和臣民之間的區別竟然如此

一念之差，於他而言一開始並沒有意識到，但突然之間意識到這是一個非常不同的概念。美國《獨立宣言》大家很清楚它講了什麼，實際上就是講了公民和政府的問題。

《獨立宣言》裏說：「我們認為如下真理是不證自明的，也就是說所有人生而平等，他們被造物主賦予某些不能讓渡的權利，譬如生命的權利、自由的權利和追求幸福的權利，為了這些權利人們在他們中間成立了政府，而政府的正當權力則是由被統治者賦予的。」這樣的概念很偉大，比起英國光榮革命，我們認為美國《獨立宣言》是更重要的文獻，直截了當地把「國王」之類完全拋開，將「政府」直接置於公民的權利之下。那麼，這是不是美國的首創？不是，甚至也不是英國的首創，當然英國一直沒有拋開王室，至少在文字上是不徹底的。而在公元前 431 年，古希臘伯里克利有這樣一個演講，其中他說道：「我們的制度之所以被稱為民主政治，是因為政權在全體公民手中，而不是在少數人手中。……每個人在法律上都是平等的……只有自由，才能幸福；只有勇敢，才能自由。」他在這裏面談到了幾個概念，一個是民主概念，另外一個是自由概念。也就是說二千五百多年前曾有人在那個遙遠的地方提出了這樣的概念，二千五百多年後，穿過地中海、大西洋，在大西洋另外一側得到了響亮的迴響，它們之間到底有什麼關係？

那中華民族這一段歷史是什麼樣的？千帆提到我曾說過一句非常刻薄的話「中國幾千年來進行了那麼多次戰爭，但沒有一次戰爭是為了自由」。我並不是要貶低中國文化，我們文化裏有很多可圈可點、燦爛的東西，但不得不承認在我們文化中缺少幾個關鍵的基因：自由、平等。正是由於它們的缺失導致公民人格的缺失。

當我們談到公民、憲政，它們有一些特點：自由、平等和博愛。關於自由，嚴復說：「中國歷來聖賢最怕這個，所以從來沒有成為教導國人的理念。」平等也是，嚴復這樣說：「中國最重三綱，而西人首明平等；中國親親，而西人尚賢；中國以孝治天下，而西人以公治天下；中國尊主，而西人隆民。」所以，自由和平等一直在中國歷史上沒有得到重視，不僅如此還刻意迴避這兩個概念。我們根本沒有創造出這兩個概念，而後來引進時還是特別恐懼這兩個

概念。博愛是另外一個概念，跟前面兩個不一樣，前面兩個是權利的話，那博愛恐怕是一種責任。中國的「愛」有很多，有「仁愛」、「關愛」、「熱愛」、「溺愛」……但真正的「博愛」概念在中國這些「愛」裏並不存在。

由於這些理念的缺失，或者說是由於這些特徵，我們可以把人類社會大致分為三種類型，從青銅時代開始到現在，不管是什麼樣的社會大致都可以分成這三種：神本主義社會、官本主義社會、人本主義社會。這三種社會的特點在於：

神本主義社會以耶路撒冷和後來的伊斯蘭國家為代表，在思想上表現為哲學和宗教的聯姻，宗教法庭即源於此。官本主義以中國和古波斯為代表；在思想上表現為哲學和道德的聯姻，「人治」或「以德治國」即源於此。人本主義社會以古希臘和後來的西方社會為代表。在思想上表現為哲學和科學的聯姻，民主憲政即源於此。

這三種社會形式貫穿着人類歷史的全部，當然人本主義社會在最初是非常特殊的情況，有人把古希臘稱之為「希臘奇跡」，之所以稱作「希臘奇跡」是因為除了這一塊地區外，世界任何地區沒有發展出這樣一種哲學理念和社會形式。

官本主義社會中的一些特徵：在中國這樣的社會裏，幾千年來子民有一些夢想，但這些夢無非是：明君夢——祈求一個聖上，賜福給子民豐衣足食。於是弘揚「文字獄」的康熙成了「千古一帝」。如果明君不可得，便有清官夢——盼望一個清官，在昏君的時代也可以苟延殘喘。於是到處是臆想的清官和現實的貪官。如果清官也不可得，便有武俠夢——企盼一個武俠，血洗貪官，救民於水深火熱之中。於是武俠小說獨領風騷。中國百姓把自己一生的所有希望寄托在這些夢境裏，最後美夢走向噩夢。

官本主義社會的結局必定是這樣：技術愈發達，統治愈野蠻；社會愈富有，人格愈低下；疆域愈廣袤，人民愈受限；國家愈強大，個人愈弱小。因為物質進步加重了人格和社會缺陷。如同癌細胞，養料愈多，成長愈快，禍害愈大。但我們也看到社會在進步，

當我們説官本主義時已經意識到我們要逐漸遠離官本主義，至少我們希望這樣，至少千帆教授以及很多人在身體力行地這樣做：希望遠離官本主義。

　　同樣在官本主義裏，人會逐漸墮落。對此張千帆教授講了很多關於國民的特點，我覺得講得非常好，把在這種社會下國民的一些墮落特點指了出來。為什麼中國從一個標榜仁義道德的民族墮落？主要是因為先天不足，沒有這些核心價值；後天不幸，當我們能夠引進這些價值觀時，卻從各種不同角度拒絕。羅素（Bertrand Russell, 1872–1970）對中國人非常有好感，曾寫了一本厚厚的書，書裏絕大部分批判西方，讚美中國。但是在最後幾章，為了回答有人的提問：中國人的缺點是什麼？他終於説出中國的缺點：冷漠、怯懦、貪婪。羅素並不是對中國不友好，他對西方的批判遠遠超過對中國的批判，但他對中國民族性格的批判應該引起重視。

　　通常為了在西方的「以人為本」面前少丟面子，我們會搬出「以民為本」。但「以民為本」和「以人為本」不一樣。所謂的「以民為本」只有在官本主義社會裏才能提出，因為官本主義社會裏，對子民們不可能説以「官」為本，而一定會説「以民為本」。但為什麼説以民為本？那時因為社會裏有官和民，並且是對立的，所以才告訴你：「我當官是為了你的利益，以你為本；如果我侵犯了你的利益，那我是代表了你最根本的利益；如果我侵犯了你的最根本的利益，那我是代表了你的最最根本利益。」他們永遠告訴你「以民為本」，但僅僅這種表述就説明了這是一個官本主義社會，和「以人為本」完全不同。以人為本意味着每個人都是平等的，每個人的價值都是相同的。「民為貴、社稷次之、君為輕」這些話只是為了確認官的地位而喊的一些口號。

　　統治者和被統治者的關係：被統治者並不總是無辜的，因為文化是兩者共同創造的；有什麼樣的人民，就有什麼樣的統治者；容忍什麼樣的統治者，就塑造什麼樣的人民。一個英國政治家説過這樣的話「建築是一個民族性格的體現，而建築本身回過頭來又重新塑造民族的性格。」

奴才到底有什麼樣的性格？我們總會看到有這樣一些人，他們在徹底被剝奪後逆來順受，一點小恩小惠便感激涕零，一經縱容即為虎作倀，一旦得志就變本加厲。而且他們對醜惡的憐憫勝過對美好的同情；對謬誤的姑息勝過對真理的追求；對強大的卑膝勝過對弱小的恭謙。我在國外待了很多年，一直質問為什麼我們是這樣的，當我說這些問題時，絕沒有把自己置之度外，我作為民族裏的一員，會經常想怎麼會在這些方面走到這步田地？

在朝鮮建黨 65 年晚會上，金正日及其子金正恩等出席，近 10萬平壤群眾參加演出，激動得淚流滿面。但這樣的情況，我們並沒有離此遠去，我們並沒有遠離這個時代。中國文革中的那種狂熱，跟北朝鮮的差距並沒有太大，僅時間來言就是幾十年，恐怕真正的距離比這個更短、更近。所以這是一件很恐怖的事情，譬如重慶唱紅歌，能夠搞成接近於文化大革命的場景，普通中國人的的確確要反思自己，因為那些人也是一些普通百姓。

而談到憲政，我認為最關鍵的是「自由和平等」這兩點，如果失去自由和平等，很多就會變成空談。如果說自由是我的自由，那麼平等就是他人的自由，自由和平等不能分離，每個人享有自由，享有同等的自由，任何人不能剝奪他人的權利。

這裏讓我們來談談自由的價值。伯里克利在公元前 431 年的講話時說「自由的是衡量幸福的標準」。我們是否這樣衡量自己的幸福？可中華民族千年來從來不用「自由」衡量幸福。為什麼會有這麼大的差距？這個差距最後造成多大的影響？當我們把自由、平等從我們的生活中剔除後，還留下什麼？每個人應該問自己，當我們把自由和平等的價值從我們的生活裏剔除，我們留下的可能是成為統治者的寵物。這不是孔孟的錯，而是後來人自己折騰的。

那我們的藝術是怎樣體現一個民族性格的？巴爾扎克（Honore de Balzac, 1799–1850）說「小說是一個民族的秘密」，我想「藝術一定是一個民族的秘密」，而圖騰更是一個民族的真正秘密，它被傾注了一個民族對世界的信念、態度和嚮往，實際上是一個民族世界觀的縮影和民族性格的象徵。

　　華表，是中國的圖騰。中國的華表，首先是龍。龍在歷史上從來是惡的，沒有什麼好的龍，令人恐怖，握有你的生殺大權，可以置你於死地，它不做什麼好事。而我們卻把它刻在柱子上，還加上祥雲。祥雲是我們的希望，是我們的一種企盼。中華民族是一個很聰明的民族，既然無法和龍抗爭，於是就美化龍，最後把龍和祥雲放在一起變成我們民族的圖騰柱。印第安人的圖騰柱，上面刻着恐怖的野獸和老鷹，還有一些變形的人。最右邊是古希臘的廊柱。我們跟印第安人的圖騰柱有一個共同特點，那就是恐懼。只不過印第安人赤裸裸地表達恐懼，而中國人不那麼赤裸裸：雖然我們恐懼，但有希望，如果龍放我一馬，我還可以苟延殘喘；如果龍給我一點好處，我還可以雞犬升天。這是我們民族的一種信仰，我們對強大的惡勢力往往採取這種態度，而我一直困惑的是為什麼古希臘不採取這樣一種態度？柏林的一組深浮雕，體現了人和怪獸搏鬥。我們是為無奈而放棄，為憧憬而粉飾，為恐懼而躲避。但有那樣一個民族在那個時代卻是這樣的：有無奈但沒有放棄，有憧憬但沒有粉飾，有恐懼但沒有躲避。所以我一直思考為什麼差異這麼大，到底是因為什麼？

　　後來我們搞出了不同的圖騰，龍圖騰最早，最近幾年搞出了一個狼圖騰、牆圖騰，這幾個圖騰代表了什麼？「龍圖騰」代表了一種統治和等級；「狼圖騰」代表了仇恨，不要博愛；「牆圖騰」代表了禁錮，不要自由。所以它們的終極獨立面就是自由、平等、博愛。

　　在古希臘，自由是永恆的主題。Aeschylus（埃斯庫羅斯）在他的劇作《波斯人》裏，希臘是這樣號召他的戰士的，「前進吧，希臘的兒子們，為了自由，為了國家的自由，為了孩子的自由，為了你妻子的自由，為了我們崇拜的自由，為了我們的國神與祖先的墳墓的自由，現在戰鬥吧！」當時我看到這句話後直冒冷汗。我想：如果中國歷史上拿這個口號去招兵買馬，估計一個人都招不來。樹一面旗幟說「為自由而戰吧」，我想用這個方式招兵恐怕是不成的。但二千五百多年前，當波斯大軍兵臨城下時，希臘人用這種方式激勵將士抵禦波斯人。在著名的馬拉松戰役中，埃斯庫羅斯本人就是馬拉松戰役的一位重裝步兵，他死後埋葬在馬拉松，墓碑上是這樣寫

的：「墓碑下安睡着雅典人埃斯庫羅斯，歐福里翁之子，在豐饒的格拉，死亡戰勝了他。但馬拉松的戰場可以證明他的勇敢，連長髮的米底人也得承認。」他自己是一個偉大的、受希臘世界崇敬的劇作家，但在墓碑上一個字都未提及，因為對他來說作為一個自由而戰的戰士遠遠比一個劇作家重要得多。

我們也有一些引以自豪的，譬如兵馬俑。我很佩服秦朝的工匠能夠造出這麼多的兵馬俑，但回過頭想：他們為誰而戰？這些兵馬俑為皇帝而戰，因此和那些為自由而戰的戰士不是一路人。有人說秦始皇有多少功績，但看到這裏，看看這些兵馬俑，就知道秦始皇多麼暴虐——在那麼一個生產力低下的時代，為了死後能夠繼續統治世界，他花費了那麼多的人力、財力。說秦始皇是暴君，如果看到兵馬俑之前還抱有懷疑的話，看了兵馬俑就不應該再懷疑。

而中國的神話體現了什麼價值？這是中國關於堯舜的神話：堯是一個很開明的皇上，臣子們諫言他造一個金碧輝煌的宮殿，但他拒絕了，而是造了草房作為宮殿。他後來把皇位傳給舜……終於，在他的統治下，風調雨順，百姓過上豐衣足食的生活。乍一看沒有錯，但仔細看有什麼問題？一是對明君的情節，總是期望明君賢達、開明，二是最大的理想是豐衣足食，有東西吃。自由和平等一個字都沒提，因為也想不到。這是給小孩子編的讀物，如果以這樣的東西教育小孩，那我們一代一代都只能成為「以食為天」的民族。於是古希臘人為自由而戰，而我們「以食為天」。我想大家都知道「生命誠可貴，愛情價更高。若為自由故，兩者皆可拋。」但到了我們這裏，可能就是「自由挺可貴，愛情也蠻好。若為吃飯故，兩者皆可拋。」只要有吃的，我們什麼都可以捨棄；只要能夠有飯吃，就可以山呼萬歲。這變成中國數千年來的民族性格。當我們說中華民族是一個「以食為天」的民族，有人不以為然，但我覺得這是一個侮辱。

談到悲劇。中國為何沒有悲劇？有人說中國怎麼沒有悲劇？中國有的是悲劇。但如果給悲劇下一個定義，中國的悲劇不叫悲劇，而是慘劇，有很多慘劇但沒有悲劇，有很多鬧劇但沒有喜劇。但是我們也創造出了一個劇種是別人沒有的，是我們的專利——「頌劇」。

悲劇是什麼？尼采說「悲劇是在死亡面前執着生活下去的勇氣和由此獲得的無窮樂趣」。我補充說：「悲劇是從來不信也不為賺取眼淚，而是拷問自己內心。把理性置於道義的兩難，把道義置於理性的兩難。」

大家知道荷馬（Homer，古希臘吟遊詩人）寫過《伊利亞特》、《奧德賽》。如果今天看《伊利亞特》不一定能夠看明白，《奧德賽》也是如此。因為《伊利亞特》不是以勝利為結局，而是以赫克托爾的葬禮為結局。赫克托爾是特洛伊的王子，阿喀琉斯把赫克托爾殺死。普里亞摩斯是特洛伊的國王，夜間跑到希臘陣營裏求阿喀琉斯把他的兒子屍體還給他，以便他可以為兒子舉行一個比較體面的葬禮。最後阿喀琉斯出於同情把屍體還給普里亞摩斯，普里亞摩斯就在特洛伊為兒子舉行了葬禮。這個葬禮是《伊利亞特》最後的結局，那個時候希臘人還沒有獲勝，特洛伊城還聳立着，只是一些英雄已經死了，赫克托爾死了，阿賈克斯也死了，阿喀琉斯的好朋友也死了。為什麼以此結局？如果給了我們中國人，那結局一定是：「在偉大國王阿伽門農的領導下，在副統帥麥奈勞斯的領導下，取得了偉大勝利，從一個勝利走向另一個勝利。」而希臘的史詩，真正要拷問的是人的內心，而不是渲染某一次的勝利。

歐里庇得斯（Euripides）後來寫了一個劇本《特洛伊婦女》。這齣戲在雅典上演。看了這個劇本後，被同情的一定是特洛伊人，被批判的一定是希臘人。這齣戲寫到特洛伊淪陷後國王死了，皇后要保全她的孫子（也就是赫克托爾的兒子），但希臘士兵過來說，因為他是赫克托爾的兒子，所以不能留下來。皇后把小孫子給了希臘士兵，走時跟他兒子說：「你必須要去死，我記得，在我生病時你繞着我的床時說將來我死後，一定會跟小夥伴到我的墳上給我上墳，但現在你得先我而死。」沒有哭泣，非常感人。作為希臘人、雅典人，對這些直截了當批判和質疑他們的歷史的藝術，給予了同情和反思，值得我們深思。

這是在北京上演的另外一個悲劇：索福克勒斯（Sophocles）寫的《安提戈涅》（Antigone）。也許古希臘的悲劇大家看不太懂，但我

希望大家體會到：一部小説或者一曲戲劇真正要體現的不是某一個人的偉大、某一場勝利，也不是某一個歷史事件，只是通過歷史事件質問每個人，把我們的道義置於理性的兩難，或者把我們的理性置於道義的兩難，在兩難的境地中思索作為一個人應該怎麼樣選擇和行動。我相信古希臘在走向公民社會時一定借助了這些力量。

從荷馬到埃斯庫羅斯（Aeschylus）、梭倫（Solon）、伯里克利，他們都是古希臘推動公民社會的重要人物。梭倫在公元前 580 年奠定了雅典走向民主的基石，最後雅典又經過七十多年的努力在克里斯提尼（Cleisthenes）時代走向了真正的民主。

回過頭看看中國的藝術。我非常喜歡《清明上河圖》，但我會提出一個問題：這麼多人，你覺得裏面有任何一個人是重要的嗎？圖中有很多「民」，有很多「人」，但沒有一個是重要的。我們一直在喊「人民」，其實「人民」這個詞很有歧義，譬如「人民萬歲」，這沒有任何意義。我在太行山上養過豬，如果一群豬喊我萬歲，我肯定要喊「豬玀萬歲」，因為如果我萬歲了，而它們到 7,000 年時就絕種了，那剩下的 3,000 年我吃什麼？所以作為一個整體概念喊它萬歲完全沒有意義，如果不尊重每一個人，那就都變成了一些符號。我很喜歡《清明上河圖》這幅畫，但這其中也體現了這個問題，中國所有繪畫裏都體現了這個問題。譬如顧閎中的《韓熙載夜宴圖》直接體現了「官」為貴。中國很多藝術，若仔細推敲，會發現從來沒有把每個個人放在價值中心。

我們看這些作品，左邊是我在大英博物館裏拍的，也是維納斯的一個版本。中間這個大家都知道，是盧浮宮的《米羅的維納斯》。最右邊是狩獵女神阿爾忒彌斯（Artemis）。當你看到這些作品時，你覺得你和他們是同路人，感到的是對人類價值的稱讚。

藝術同樣也是一個時代的秘密，譬如「文藝復興」時代。我們的翻譯有一點問題，原文並沒有「文藝」的意思，只是 Renaissance（再生），意味著古希臘文明的再生，真正的意思是回歸，回歸到古希臘價值，即人的價值。

　　如果你在盧浮宮裏按時間順序反覆走下來會感悟到這樣一種啟迪：13、14、15 世紀的畫作都有很多宗教含義，但你走到達•芬奇這幅畫《蒙娜麗莎》面前，會感到所有跟宗教有關的東西都消失了。這在盧浮宮裏是一幅非常小的畫，但在歷史上的地位如此重要。我想一個重要原因是：這實際是一幅宣言——直截了當地告訴我們文藝復興的內涵：離開了教廷我們也可以這樣自信，離開了教廷也可以如此安詳。也許 500 年後的人們不一定記得當時的內涵，但如果按照時間順序看這些作品一定會看到這就是文藝復興的最終含義，從神本主義回到人本主義，這才是它的真正含義，文藝復興的整個含義也是如此。

　　這是希臘奧林匹亞的雕塑（公元前 400 年），右邊是米開朗基羅的作品「垂死的奴隸」，經過近 2,000 年，重新回歸到古希臘價值。有人說中世紀並不黑暗，肯定有其理由，但「人」在中世紀不再是中心，上帝、教廷才是，這也是不爭的事實。

　　那我們有沒有普世價值？孟子的一句話我非常喜歡「域民不以封疆之界，固國不以山溪之險，威天下不以兵革之利。得道者多助，失道者寡助。」這個「道」應該是一種價值，而孟子說的是不是這個意思是另外一回事，但人類真正強大，真正有意義的內涵是我們這些關於人的價值。我們應該有普世的價值，康德比喻為——「我們頭上的燦爛星空，我們心中的道德準則」。他說這兩種是他最敬畏和經常思考的。

　　這是我在我的一本書中總結的幾點價值，這些價值是：批判精神、競爭精神、思辨精神、人本主義精神，亦即「四個公理」，從「四個公理」推出的「兩個定理」，即民主和科學，還有一個原則——公民。既然「公理」是不證自明的，那麼為什麼這「四個公理」在我們民族中沒有出現？譬如批判精神——中國人最怕批判；競爭精神也一樣，人怕出名，豬怕壯；思辨精神也是；人文主義精神是前面我提到的。至於科學和民主更是我們一直沒有很好的學習或者引進，當然現在做了很多，有可喜的進步。另外是公民，現在仍然是一個夢想。

目前我們社會的改革，令我想到，公元前 580 年雅典的梭倫進行改革時，形勢跟我們現在差不多。當時雅典有很多貧窮的雅典人由於欠債變成了另外一些雅典人的奴隸，這個事情引起社會很大反響，窮人對此深惡痛絕可以理解，因為下一個成為奴隸的很可能是他自己。但這時很多貴族對此也憂心忡忡，覺得事情不能這樣繼續下去。我不知道現在我們這個社會有沒有這樣一些如此憂心忡忡的貴族。窮人有很多怨言這是可以理解的，但是貴族有沒有改革願望就不得而知了。但那時的貴族卻有，於是貴族推選一個人，這個人就是梭倫。梭倫制定的法律對貴族絕對有傷害：沒有任何雅典人可以因為貧窮而淪為奴隸，沒有任何一個雅典人可以擁有雅典人作為奴隸，沒有任何一個雅典人會成為另外一個雅典人的奴隸。他把很多欠債奴隸的欠帳一筆勾銷，這顯然會觸犯很多貴族的利益。但我不知道為何貴族同意了，梭倫成功了。我想我們也許要從《伊利亞特》、《奧德賽》中找原因。

公元前 580 年梭倫的改革後，在公元前 508 年克裏斯提尼時代實現了雅典民主，這個民主存在了兩百多年（六代人的時間），它成為我們今天世界制度的典範。梭倫在雅典是一個很好的演說家，伯裏克利也是一個很好的演說家，我想他們的演說一定是這樣開始的：

「雅典的公民們！」

「公民」這兩個字的內涵和號召力是巨大的。中國歷史上有刁民、暴民、臣民、良民，就沒有公民，到現在還忌諱公民，不知道為何。我們在走向憲政時，必定和公民同行。沒有公民就沒有憲政，而沒有憲政公民也做不成。

在這裏我們希望有一個很大的中國夢：走向憲政！走向公民！

張千帆：謝謝炎平先生從歷史、文化、藝術的角度探討中國自由和平等理念的缺失。在某種意義上，他是在分析中國的政治文化基因。確實，幾千年來在政治上中國人一直做的是奴隸，具有強烈的臣民情節。當然，我對傳統文化的解釋比他更樂觀、更有同情心一些，我們的傳統並非一團漆黑，但我很同意在政治人格上有嚴

重欠缺。我不懂藝術，他引用了大量的古希臘雕塑包括中國的圖畫來說明他的論點，非常有意思。很多是我第一次聽到的，讓我受益匪淺。譬如他提到華表，提到龍圖騰，北大西門上就有華表，我來來回回很多次，但從來沒有從這個角度想問題。還有中國歷史上的戲劇文化，這些都很能夠說明民族的心態。他提出我們沒有真正的「悲劇」，因為中華民族是一個樂感民族，喜歡追求快樂，這也是為什麼我們的歷史感或者未來感都是很樂觀，造成這個民族不會反思、深思自己的某些問題。也就是說，民族思維比較膚淺。用柏楊的話來總結就是民族的「劣根性」。這種傳統一以貫之，但近幾十年嚴重加劇。這個劣根性每個中國人都不能幸免，或多或少都附帶着。所以今天講「走向公民」，要從每個人做起。

剛才炎平主要是從理論的角度探索「公民」和公民文化到底是什麼。下面有請熊偉。熊偉一直站在民間實踐的第一線，所以請他講講在實踐中怎麼做一個公民！

熊偉： 非常感謝張千帆教授的邀請，張教授是在長期支持我。我一直認為選舉是民主的基礎，所以我稍後會以烏坎選舉作為今天的重要例子。

今天的題目是「走向公民社會」，我認為公民社會有兩個很重要的因素，一個是非政府組織，一個是公民。公民要有較強的社會責任感，要具備一定專業知識和技能。公民社會從一個角度來說，由非政府組織組成，我們新啟蒙是非政府組織，多年下來，是一個獨立和自由的平台。

正如烏坎選舉事件，當時的那位維權領袖，現在是烏坎的村委會委員。

我們主要推動公民參與立法，先簡單介紹一下比較專業的知識：什麼是公民參與立法。

公民參與立法是指公民和人大代表、政協委員合作，特別是和全國人大代表、全國政協委員合作，向各級人大及常委會、政協提

交議案、建議、提案，特別是向全國人大常委會提交議案、建議，推動有關法律（包括法規、規章、法律性規定、立法解釋、司法解釋等）的制訂及實施等。

公民參與立法的過程包括法律立項、法律起草前的調研、起草法律建議稿、徵集專家等建議（可包括學術研討會）、和全國人大代表合作向全國人大及常委會提交議案、建議（主要是在全國「兩會」期間，也可以是在閉會期間，也可以向全國政協、各級人大及常委會、各地政協等提交）、召開有新聞記者參加的研討會（發佈會等）、修改立法建議稿、法律實施過程中的監督等。

可能有一些朋友知道我在推動《村民委員會選舉法》（2002 年開始），民政部對此很支持，2003 年給國務院法制辦提交了一個報告，建議將《村民委員會選舉法》列入全國十屆人大常委會立法規劃，現在到了第十二屆，我認為有希望通過，因為有一個比較好的消息，5 月 2 日民政部頒佈了《村民委員會選舉規程》，實際具有《村民委員會選舉法》的雛形。現在政府換屆，可能會有轉機。

公民參與立法的重要時機是每年 3 月的全國「兩會」。今年兩會期間，我看了一下新浪微博，很多人在發牢騷，在嘲諷「兩會」。但其實很多全國人大代表，特別是基層全國人大代表，知識分子、民主黨派的全國人大代表很有責任感。我們要和他們多合作。

公民參與立法的重要特點是主動性、全程性，是公民主動和全國人大代表等合作，參與立法（包括實施監督等）的全過程。我1998 年就開始和全國人大代表合作推動立法，那時網絡不發達，全國人大代表是誰都不知道，只有翻報紙才知道，想盡辦法跟他們取得聯繫，現在好很多了。

我們的成績：從 1998 年開始，和全國人大代表合作提交議案30 個，200 多件。建議 100 多種，數百件。譬如《村民委員會選舉法》，2004 年時就有 14 個代表團同時提出。有的一個議案不斷修改，不少代表多次在「兩會」上提交，所以議案有 200 多件。建議有 100 多種。

和全國人大代表合作提交的議案（30 個）：

1. 關於制定《村民委員會選舉法》的議案；

2. 關於修改《刑法》第 241 條，嚴厲打擊收買婦女兒童犯罪的議案；

3. 關於修改《選舉法》的議案；

4. 於制定《村務公開法》的議案；

5. 關於制定《聽證法》的議案；

6. 關於制定《公共場所禁煙法》的議案；

7. 關於制定《煙害防治法》的議案；

8. 關於修改《土地管理法》的議案；

9. 關於修改《村民委員會組織法》的議案；

10. 關於修改《民事訴訟法》的議案（選民資格）；

11. 於修改《人民法院組織法》《法官法》《地方各級人民代表大會和地方各級人民政府組織法》，改革法院體制的議案；

12. 關於修改《全國人大常委會關於縣級以下人大代表直接選舉的若干規定》的議案；

13. 關於制定《選舉法實施細則》的議案；

14. 關於修改《全國人民代表大會議事規則》的議案；

15. 關於修改《刑法》256 條的議案（選舉訴訟）；

16. 關於修改《行政訴訟法》的議案；

17. 關於修改《教育法》的議案；

18. 關於修改《行政處罰法》的議案；

19. 關於制定《高等院校考試招生法》的議案；

20. 關於制定《公益廣告法》的議案；

21. 關於制定《人大代表議案、建議、批評和意見處理法》的議案；

22. 關於制定《違法行為矯治法》的議案；

23. 關於制定《國債法》的議案；

24. 關於對《道路交通安全法》第 18 條進行法律解釋，以規範電動自行車登記制度的議案；

25. 關於制定《電信法》的議案；

26. 關於修改《郵政法》的議案；

27. 關於修改《審計法》等相關法律，推動審計體制改革的議案；

28. 關於修改《代表法》的議案；

29. 關於修改《全國人民代表大會議事規則》的議案；

30. 關於制定《終身教育法》的議案。

很多議案國家採納了其中的一些建議，例如關於修改《刑法》第 241 條，嚴厲打擊收買婦女兒童犯罪的議案；例如關於制定《公共場所禁煙法》和《煙害防治法》的議案，2006 年我們就和全國人大代表合作提出，現在國家比較重視，去年衛生部和全國人大教科文衛委員會專門開了座談會，建議加快控煙立法的進程。但我們還需要繼續努力。

我們的工作也得到了媒體的廣泛支持，這說明公民參與立法不是敏感的事情，但需要低調地做，關於我們的報道有：(1)〈一個「編外代表」的參與立法之路〉，新華社《新華每日電訊》。(2)〈一位普通公民參與立法的 8 年歷程〉，《中國商報》。(3)〈期待從「無煙奧運」到「無煙中國」〉，《檢察日報》。(4)〈公民熊偉：「新啟蒙」的思想者〉，《中華兒女・青聯刊》。(5)〈一個公民草擬的「律」〉，《中國青年報》冰點人物。(6)〈一個尋常人參與立法的不尋常經歷〉，《民主與法制》雜誌。(7)〈最高法有關規定頒佈後公民首次建議制定司法解釋〉，《中國經濟時報》。(8)〈京人上書質疑春運漲票價〉，香港《大公報》。(9)〈個人命運和國家命運結合在一起，人生才更有意義〉，《中國青年》雜誌。

2013 年兩會，和全國人大代表合作提交 11 個議案，包括 4 個修改《刑法》打擊收買兒童犯罪的議案，有 4 個省的 120 多名全國人大代表簽名。其他還有修改《審計法》推動審計體制改革的議案、制定《公共場所禁煙法》的議案、制定《違法行為矯治法》推動勞教制度改革的議案等。

限於時間原因我談兩個重點，即我們重點要推動的法律：第一個重點是《村民委員會選舉法》，可能有一些朋友知道，我在烏坎住了兩個多月，幫助他們搞村委會選舉，其中有制度創新，例如「自薦與他薦相結合選舉村民選舉委員會」，一人一票選舉村民代表，秘密寫票箱及選舉會場的布置等等，在烏坎選舉時得到運用。下一步將在實踐中推動運用這些制度創新，繼續推動制定全國統一的《村民委員會選舉法》，這對推動農村基層民主將發揮積極作用。民政部近日公佈了《村民委員會選舉規程》，對制定全國統一的《村民委員會選舉法》也將發揮積極作用。

烏坎選舉的時候，吸引了境內外大批記者，因為民主往往體現在細節上，選舉會場的配置有很多技術，包括怎麼領選票，怎麼進來，怎麼填選票，怎麼出去等等。

2011 年我在北京海淀區競選人大代表競，觀摩了人大代表的選舉，其程度和規模不能和烏坎比，因為烏坎選舉全部採用秘密寫票。

我到烏坎後和村民合作，設計了一個秘密寫票箱，做得比較簡陋，就是一個盒子，人可以鑽在裏面寫。人在裏面寫，如果別人不特別去看是看不到的，這就是秘密寫票。

可能有些朋友參加過人大代表選舉，我們看到的秘密寫票處就是在桌子上擺一個牌子，說是秘密寫票處，實際很難保障寫票的秘密性。西方設有專門的秘密寫票間，成本可能比較高。我們這個比較簡單，就請村裏的木工找舊木材做的，成本很低，而且可以反覆用。

第二個重點是呼籲修改《刑法》第 241 條，嚴厲打擊收買被拐賣兒童犯罪。2011 年有「微博打拐」行動，社會關注，但最後公安

部說：微博打拐拍的照片沒有一張是被拐賣的兒童。説明方向有問題，但熱情值得讚揚，至少讓各界關注這個問題。

我認為，打拐的重點是：一要打擊「收買被拐賣的婦女、兒童」的犯罪；二要向群眾宣傳有關法律知識。只有把買方市場遏制住了，才能有效制止，如果買方市場任意泛濫，肯定制止不住。

向群眾宣傳有關法律知識是因為很多收買兒童的人是農民，不知道收買兒童是犯法的。

我們建議將《刑法》第 241 條第 1 款：「收買被拐賣的婦女、兒童的，處三年以下有期徒刑、拘役或者管制」，修改為：「收買被拐賣的婦女、兒童的，除三年以上七年以下有期徒刑」。以前的法太輕，而且買方很少被追究刑事責任，我的印象是多年前一個研究生被拐，買方判刑。

建議取消《刑法》第 241 條第 6 款：「收買被拐賣的婦女、兒童，按照被拐賣婦女的意願，不阻礙其返回原居住地，對被賣兒童沒有虐待行為，不阻礙對其進行解救的，可以不追究刑事責任。」小孩拐了，如果解救時，不阻撓解救就不追究責任，也就是說收買兒童不追究責任，如此導致中國拐賣兒童非常猖獗，這是非常重要的原因，如果這個不取消，打拐是不可能成功的。

我們和全國人大代表合作提交了建議，得到了公安部、全國人大法工委、司法部給全國人大代表的答覆。但因立法不公開，不知道這個法律為什麼得不到修改。今年我們將加大力度推動《刑法》的修改。

中國走向公民社會需要更多人參與推動，今天來了一些同學，所以給同學提一些建議：第一，多參加社會實踐，爭取在某一個比較專業的領域能夠成為專家，例如選舉、人大代表罷免等，我現在的重點是村委會選舉，2002 年我就寫了《村民委員會選舉法立法建議稿》，有 2 萬多字，每年都在改，現在改到第 7 稿，實踐中發現很多問題，所以不斷完善。我也關注人大代表選舉，發現很多漏洞，所以建議大家在某一個領域成為一個專家。

第二，多參與社會公益活動，多在非政府組織即 NGO 實習或者做志願者，或者自己創辦一個 NGO。有一種觀點是公民社會是由非政府組織組成的，我們社會需要更多的 NGO、更多的人做這個事，對公民社會早一點到來能夠發揮更大的作用。

我們現在在向民間智庫方向發展，如果北京有一百家像我們這樣的民間智庫，那對推動立法，對立法的民主化、科學化將會有非常大的作用。今年我們一家跟人大代表合作的議案有 11 個，而今年兩會有四百多個議案，佔四十分之一。有些事很簡單，有一定資源後做起來非常簡單。

第三，推動具體的制度建設，例如打拐就是要修改《刑法》第241 條。

第四，多參與社區公益圖書館。我在北京辦了一個社區公益圖書館，烏坎也辦了一個，張老師曾專門去這個圖書館做了一個講座，辦圖書館不是很難，需要聯絡更多人一起來做！

張千帆：感謝熊偉腳踏實地的報告。做公民不是高喊激動人心的口號和理念，而是踏踏實實的做一些很小、很細微的事情，而這可能也是我們在中國做公民的一個難點，尤其大家在做這些小事會發現，做這些事根本沒有意義、沒有結果，去做幹什麼？但我早說過，如果不做這些看似沒有意義的事情，有意義的結果永遠不會到來。在中國制度不完善的情況下，做公民確實有它的難處，但是如果公民沒有成長起來，中國就沒有任何希望。

> **提問：**開發商要地皮賺錢，到政府申請用地皮，政府批了，而且批的是我們家的地。同時出了一個公告，因城市建設需要，限你 15 日內搬家。請問林先生，你對「城市」這個名詞怎麼理解？

林炎平：這裏面有幾個概念，在國外不管是城市還是農村，你們家的地就是你們家的。任何一個政府不管是一個市政廳還是一個村政府，都沒有權力徵你們家的地，因為所有產權都是私有的，任

何一塊地（除非是政府的地），如果要徵你的地，你家的地正好在他設計的高速公路中，要告訴你「我想徵用你這塊土」。必須跟你談，如果你不賣給他，他的高速公路得拐彎。這樣的情況在國外很多，所以國外的舊城改造非常困難，譬如在市中心往往能看到很多舊房，但不能拆，因為是私人的私有財產，神聖不可侵犯，不管是以「城市」的名義還是以「農村」的名義、「國家」的名義，沒有任何一個級別政府敢動你這個，因為這是你們家的，是你的財產，你的財產神聖不可侵犯。

張千帆：中國這個「城市」和「農村」的概念非常詭異。你這個問題和城市概念沒有什麼關係，主要是政府的權力太大，而且政府直接參與到開發中，是一個利益相關人，急着要你搬走，給你 15 天時間。這即便從國務院自己的有關規定來看也是違法的。我們的問題是怎麼樣成為一個有體面、有尊嚴的公民，不被這樣趕來趕去的，我們需要做什麼。

> **提問：**感謝有這個機會聽林先生講公民。我在讀你的著作，所以就想問一個問題，記得你講哲學或者我們理解的社會價值觀念離功利距離愈遠，説明社會文明化程度愈高，我想知道 2010 年這個時代和 80 年代比較，這三十年的比較，距離更近還是更遠了？

林炎平：我在《我們頭上的燦爛星空》裏陳述過，你的陳述已經很準確了：一個社會的文明程度和社會活動的功利程度成反比，距離功利愈遠，社會文明愈高。譬如每天打獵，打完後就吃，很直接，説明文明程度很低下；但有如果很多人從事藝術創造，這個藝術不能吃也不能喝，就距直接功利比較遠，因此社會文明程度比較高。你説的問題，我們確實有很多困惑，經過多年的改革開放，在很多方面距離實際的直接功利比較遠，我曾在太行山上插隊，每天想着的就是吃飯，幹活是為了吃喝，沒有別的，我們幹什麼只視直接功利而已，現在有很多間接功利，譬如旅遊、幹很多別的事情，就這個角度而言我們社會的的確確進步了，和過去的毛澤東時代相比，我們社會進步很多。但另一方面，我們進步是否足夠多？這是

一個大問題，我們在很多方面仍然沒有擺脫「民以食為天」的理念，儘管我們有很多閑暇，但始終沒有擺脫「民以食為天」。儘管我們的物質進步了，而物質的進步一定會導致精神的進步嗎？對此我一直有懷疑，我覺得在社會創造上應該是精神的進步導致物質的進步，而不是反過來。所以我有點懷疑我們距離直接功利到底有多遠。

> **提問：** 首先我不同意你剛才關於幸福感的問題，因為朝鮮人的幸福感是最強的，美國人的幸福感並不強。我很認同你提到的觀念對歷史的影響，因為個人專政可能隨着暴君的死亡而結束，但意識形態會延續下去，請問林先生，你談到中西方文化理念不同時，有沒有注意到這樣一種現象：集權統治操控着司法、立法、行政、教育權力，壟斷了最關鍵的生產，孤獨的個性面對強大的制度只能絕望的反抗，怎麼打破這種路徑走向公民社會？

林炎平： 你的問題很犀利，的的確確有這種危險，並且這種危險並不是海市蜃樓。一直困惑我的是，這個民族有一種什麼樣的價值觀。你剛才講了那麼多，為什麼有的民族會把自由作為一種價值，而另一個民族，自由在辭典裏都找不到？在我們的文學作品裏找不到，過去的幾千年我們對自由平等毫無概念。那我們有多少樂觀？我有點困惑，但還是有點樂觀：至少這個世界上有很多地方已經有了這樣的嘗試，並且相當成功，在我們海峽對岸就有一個成功的典範。就這點來說應該感到樂觀，但看看周圍，這種悲觀是否為暫時的？我認為在我們民族中是非常長的惡夢，但這樣的惡夢僅僅靠民族自己的價值觀很難打破，必須引進新的價值觀——對自由和平等的追求，這樣的引進現在不僅僅是嘗試，我想對在座各位已經是一種嚮往了，哪怕是百分之十中國人的嚮往，情況就會很不相同，就這點而言，我比較樂觀。

張千帆： 現在大家普遍比較悲觀，不過這可能恰恰是起死回生、走向樂觀的希望，畢竟我們還沒有北朝鮮人民那麼「樂觀」。

提問：我是北大的一名理科研究生，對目前中國的科技發展表示憂慮：雅安地震突顯了中國直升機性能的不足，軍用航空機方面嚴重依賴俄羅斯國家，民用客機方面基本是國外進口，複印機、打印機、手機、電腦核心部分也基本從國外進口，實驗室的測量設備基本從美國進口，沒有一個國產的，可成天宣傳的航空航天發展得怎麼厲害，譬如航天方面，火箭怎麼厲害，其實性能與國外有很大差距，在可靠性、壽命方面差距比較大。我的問題是民主和科學技術的關係。

林炎平：你提到的這些問題應該說是我當年的想法，是一個非常嚴重的問題，但這個問題不是現在民族最重要的問題，只是一個症狀，不是病根子，我們沒有辦法治療這個症狀，只能治它的病根子。民主跟科學兩者的關係並不是它們本身的關係，它們只是「四個公理」（批判精神、思辨精神、人本主義精神、競爭精神）的推理，必然導致在這兩個方面的概念。科學以一種不妥協的方式尋求自然界的真理，而民主以一種妥協的方式尋求社會的和諧，這兩個定義也許不一定非常準確，但基本上說明科學絕對不能妥協，民主就是要妥協。這兩者實際並不能區分它們，割裂它們不大可能，譬如斯坦福大學一個教授約西亞・奧伯（Josiah Ober）寫了一本書《民主和知識》，舉了雅典例子，闡述了民主能夠充分調動人們的積極性、創造性，所以雅典在所有文學、藝術、科學、哲學，每一個方面都是在當時領先的。民主和科學這兩者不能割裂，在我們同時關注這兩者時，一定能解決我們真正的病根子，進而你說的那些症狀一定能消除！

張千帆：有時落後不一定是壞事。你想，一個人如果思維有毛病，身體還很強壯，是不是很可怕？把思想治好再強大也不遲。

提問：熊老師在 16 年中幫助國家進行立法工作，提交了 230多件議案和建議，鼓勵大家參與到公民立法過程中。但

> 就個人觀點而言，我覺得你這些年所做的事毫無意義，因為實踐並不缺法律，缺的是法律落實。你持之以恆的精神讓我欽佩，但如果你花這麼多時間做另外一件事會更加有效，譬如推動《公民權利和政治權利國際公約》在中國人大通過可能更有意義，這個事情解決的是一個根本問題，國家法律是在體制內解決我們自己的問題，如果這個公約推動執行可能有一些體制外的力量幫到我們！

熊偉：有一個觀點是：政治問題法律化，法律問題技術化，技術問題專業化。前面講了很多，因時間問題沒有詳細談，譬如修改《刑法》，打擊拐賣兒童犯罪，各個部門，譬如公安部、全國人大、法工委、司法部的回覆來看，我們的觀念影響到他們，他們在推動。中國立法民主化、科學化確實不夠。

張老師的點評非常有道理，「如果不去做看似無意義的事，那麼有意義的結果永遠不會到來。」譬如關於修改《刑法》，我們推動了近十年，但多年下來一直沒有修改，不過現在基本達成共識，沒有說你提得不對，可能今年全國人大改，也可能明年、後年改，肯定會有一個結果。

再譬如我們於 2002 年開始推動《村民委員會選舉法》，有些人肯定不高興，因為推動《村民委員會選舉法》就是推動民主，現在全國人大換了班子，政府也換了，民政部 5 月頒佈了《村民委員會選舉規程》。實際上，民政部在 2002 年之前就出了一本書，《村民委員會選舉規程》，這次民政部頒佈的《村民委員會選舉規程》，有很多精華部分跟那書是相符合的，十多年前做的事，到今天真正成為一個規範性質規程，這在十多年前是不可能的。

中國的改革，是增量改革，中國現行體制會維持比較長的時間，一黨制會維持比較長的時間，在這個空間裏做一些我們力所能及的事，不要「畢其功於一役」，不能說現在做的是沒用的。我現在說要花 15 年時間做推動《村民委員會選舉法》這個事，15 年或者

20 年，總有一天會推動。《村民委員會選舉法》累計有一千多人次全國人大代表提交議案和建議。我反感用「壓力」這個詞，用「壓力」有人會不高興。公民參與立法是很簡單的事情，每個人可以做。

張千帆：我們做事不能太急功近利。你講立法改進沒用，可能在英美國家、西方國家，改進立法有百分之八、九十的社會效果，在我們這兒可能只有百分之十、二十的效果，但不能說一點效果沒有，不值得努力。

> 提問：中國古話說「苛政猛於虎」，說改革開放 30 年是經濟改革，下一步改革是政治改革或者憲政改革，中國目前憲法是八二憲法，憲法主要管政府。我想問一下幾位先生怎麼評價中國目前的憲法一紙空文、半紙空文？第二，你們對中國憲政有沒有大致的時間表或者你們是樂觀還是悲觀？

張千帆：關於時間表，很多人問過我很多次。你講的時間表得回到炎平講的心態問題，你講的「時間表」是什麼時間表？是要看習近平總書記怎麼想，他是怎麼盤算的，什麼時間能做什麼能說什麼等等。總之，又成了自上而下的事情。這個時間表兩位先生都講了，在我們國家不會實現；如果我給你個時間表，你就坐在那裏不動，等着這個時間到來，會發現最後那個時間永遠不會到來。中國憲政也許有時間表，但這個時間表不在任何人手裏，因為它在我們每個人手裏。如果所有人都不努力，那就是一個空中樓閣，永遠不會到來。如果每個人都能做一點，像炎平、熊偉這樣，做你們力所能及的、自己認為有意義的事，中國憲政不會太久遠。

熊偉：我認為中國實現憲政要經過三階段：一是民主法治階段，在現有框架內一黨執政，推動法律的完善，包括《公民權利和政治權利國際公約》的批准，包括選舉法律，包村民委員會選舉法等等，需要大家和政府一起推動，這個階段的重點是發展基層民主。二是依憲治國，依照現行的憲法治理國家，還是共產黨一黨執政，

這個階段要大力發展社會組織。三是憲政，歷史的教訓要吸取，要腳踏實地做一些事，譬如張老師做一些普法性的工作，林先生推動公民論壇等，我們做我們能做的事，太遙遠的事可以不要考慮。

> 提問：兩個問題：第一，你們講到憲政，如果與時俱進，中國過十多年可能是世界老大，那有沒有比憲政更高的理念；第二，中西方對待利益衝突尤其對個人和集體時，有區別嗎？實現公民社會，通過哪些途徑實現？

林炎平：發明一個更加好的制度或者一個方式，這個夢可能做得太大了，中國真正的文明史是 3,000 年，對人沒有真正的先進理念。突然之間 GDP 第二，接下去是第一，這不能說明問題，我們今天的 GDP 建立在西方生產力紅利上，不要以為是自己創造出來的，我們所有的技術、真正的生產力是西方那麼多年的民主社會創造的，由於我們的勞動力水平很低，勞動力價格很低，所以在西方無法實現的生產力紅利湧入中國。就像一個池塘，自己搞，最後把水位搞得很低，水也臭了，外面江河湖海水位很高，有一個人把池塘通向江河湖海的水閘打開，外面的水湧入池塘。中國過去 30 年就是這樣，外面高水位湧進水塘裏，使開閘的人看起來非常偉大，他的確做了一個好的決定，但水塘的水位的升高不是由於他，而是由於外面江河湖海的水位。在這種情況下往往會激發出特殊的民族自豪感，覺得可以創造新的價值觀了。中國一直在創造新的價值觀，一直蔑視自由平等，一直以食為天。在這個理念下，如果再創造一個價值觀，還是這個，只不過會說「以食為天」比「自由平等」更好，如果像成吉思汗那樣佔領了全世界，肯定會把這樣的價值觀強加給別人，但這並不說明我們的價值觀好，而是說明一種落後戰勝先進，歷史上有這樣的狀況。